POSITIVE DISCIPLINE A-Z
正面管教
A-Z

日常养育难题的 *1001* 个解决方案

[美] 简·尼尔森　琳·洛特　斯蒂芬·格伦◎著

花莹莹◎译　　天　略◎译校

北京联合出版公司
Beijing United Publishing Co.,Ltd.

图书在版编目（CIP）数据

正面管教 A-Z：日常养育难题的 1001 个解决方案/（美）尼尔森，（美）洛特，（美）格伦著；花莹莹译. —北京：北京联合出版公司，2013.8（2019.9重印）

ISBN 978-7-5502-1838-3

Ⅰ.①正… Ⅱ.①尼…②洛…③格…④花… Ⅲ.①家庭教育 Ⅳ.①G78

中国版本图书馆 CIP 数据核字（2013）第 193269 号

POSITIVE DISCIPLINE A-Z: 1001 SOLUTIONS TO EVERYDAY PARENTING PROBLEMS
By JANE NELSON, ED. D., LYNN LOTT, M. A., M. F. T. AND H. STEPHEN GLENN
Copyright ©1993, 1999 BY JANE NELSON, LYNN LOTT, AND H. STEPHEN GLENN
New text Copyright ©2007 BY JANE NELSEN AND LYNN LOTT
This translation published by arrangement with Three Rivers Press, an imprint of the Crown Publishing Group, a division of Random House, Inc.
Simplified Chinese edition copyright©2013 Beijing tianlue books Co., Ltd
All rights reserved

正面管教 A-Z：日常养育难题的 1001 个解决方案

作　者：[美] 简·尼尔森　琳·洛特　斯蒂芬·格伦
译　者：花莹莹
选题策划：北京天略图书有限公司
责任编辑：王巍　昝亚会
特约编辑：王小彬
责任校对：杨娟

北京联合出版公司出版
（北京市西城区德外大街 83 号楼 9 层　100088）
北京彩虹伟业印刷有限公司印刷　新华书店经销
字数 355 千字　　787 毫米×1092 毫米　1/16　28.25 印张
2013 年 9 月第 1 版　　2019 年 9 月第 14 次印刷
ISBN 978-7-5502-1838-3
定价：45.00 元

未经许可，不得以任何方式复制或抄袭本书部分或全部内容
版权所有，侵权必究
本书若有质量问题，请与本公司图书销售中心联系调换。电话：010-65868687

谨以此书献给
我们所爱的人
和
全天下
希望孩子茁壮成长的父母

致中国读者

正面管教在中国正被越来越多的人喜爱并传播，我们感到既荣幸又兴奋。一种共同的情感纽带把我们联系在一起——我们爱我们的孩子。我们还有一个共同点，即我们想知道怎样向孩子表明这种爱，才能帮助孩子成为他们最好的自己。

你可能需要将本书中的各种建议作出一些调整，才能适合中国独特的风俗习惯和价值观。然而，如果你理解了这些建议背后的原理（而不是仅仅将它们看做是技巧），就会明白如何对其进行调整，以适应你和你的家庭。

除了理解建议背后的原理之外，你将会看到本书中有很多建议，所以，你可以选择最适合你和你的孩子的。

要记住，正面管教的所有养育工具的设计初衷，都是为了帮助孩子感觉到自己有能力，并且有处理自己在人生中可能会遇到的挑战的技能和适应能力。这些养育工具都满足正面管教的五个标准：

1. 帮助孩子感觉到心灵的联结。（归属感和自我价值感）
2. 和善与坚定并行。（尊重和鼓励）

3. 长期有效。

4. 教给孩子为培养良好品格所需的有价值的社会技能和生活技能。（尊重他人，关心他人，善于解决问题，合作）

5. 能让孩子发现他们多么能干。（鼓励建设性地运用个人的力量和自主）

祝福你们！

简·尼尔森　琳·洛特

引 言

哪个父母不想知道当孩子在商店发脾气、不肯吃早饭、咬其他孩子、晚上不愿上床睡觉，或早上拒绝起床时，自己该怎么办呢？哪个父母不希望用效果更好的、非惩罚性的方法帮助孩子学习自律、合作、责任感和解决问题的能力呢？这本书介绍的就是你能想象到的每一个养育问题，适合运用于所有年龄段的孩子，并且根据具体问题的字母①顺序排列，以便于你查阅。

当翻阅到你所面临的养育问题时，你会看到可以采取的解决方法，以及如何防止问题再次发生的建议。你还会看到有助于你更了解自己和孩子的成长的信息。最重要的是，每个主题都包含有很多养育要点，可以让你推而广之地解决其他问题，并且有助于你理解孩子在对你的行为的回应中学到了什么。每个主题还包括一个花絮（开阔思路），能让你看到其他父母是如何运用本书中的建议的。

随着你逐渐掌握正面管教的原理，你就能够获得自信、解决问题的技巧以及健康的自尊，使你能运用自己的心灵和最深处的

---

① 中文版以汉语拼音顺序排列。——编者注

智慧，找到自己解决问题的答案。

当你学着停止被动反应，而成为积极主动的父母时，你或许想把这本书放在手边，作为一个快速、简便的参考。很快，你会将这本书当做一锅能够滋养全家人身心健康的"营养汤"。坚持炖这锅汤吧，让香气溢满你的家。好好享用！

目　录

致中国读者
引言
第 1 部分　什么是正面管教

和善而坚定 / 2
决定你怎么做，然后去做 / 4
只做，不说 / 6
坚持到底 / 7
用信息和从错误中学习的机会替代惩罚 / 9
改进你的沟通技巧 / 12
对自己的期待要合理 / 16
开家庭会议 / 18
提供有限制的选择 / 20
设立界限 / 21
建立日常惯例 / 25
了解你的孩子 / 28

欢迎错误 / 29

积极的"暂停" / 31

同等地对待你的孩子们 / 33

专注于解决方案，并让孩子们自己想出办法 / 33

行动胜过言语 / 34

不要许诺或接受承诺 / 35

帮助孩子感受到归属感和自我价值感 / 36

运用鼓励，而不是赞扬和奖励 / 38

说"不" / 39

运用你的幽默感 / 40

过你自己的生活 / 41

避免给孩子贴标签和使用药物 / 42

有信心 / 43

确保把爱的信息传递给孩子 / 44

每次一小步 / 44

第 2 部分　正面管教解决方案 A-Z

爱发脾气或好斗的孩子 / 45

爱哭 / 52

搬家 / 55

悲观的孩子 / 59

不！ / 63

不愿意跟我说话 / 67

操纵 / 70

宠物 / 75

触摸东西 / 79

穿衣方面的权力之争 / 81

打人和打孩子的屁股 / 85

带孩子购物 / 91

单亲养育 / 95

电子产品：电视、视频游戏、iPod、电脑等 / 98

顶嘴和不尊重 / 103

独自入睡 / 107

发脾气 / 113

房间脏乱 / 118

肥胖 / 122

分离焦虑 / 127

分享与自私 / 130

干扰或烦人的行为 / 134

告状 / 138

公平和嫉妒 / 141

过度保护、溺爱和解救 / 145

害羞 / 150

"好孩子" / 154

哼唧 / 156

毁坏东西 / 160

家庭作业 / 163

家务活 / 168

价值观和礼貌 / 176

戒除不良习惯 / 181

进食和就餐时间的烦恼 / 185

就寝时的烦恼 / 190

撅嘴、抱怨和其他消极行为 / 195

看医生、牙医和理发 / 200

恐惧（父母们）/ 204

恐惧（孩子们）／207

离婚／211

练钢琴、舞蹈、运动和其他活动／216

临时看护／220

零花钱／223

旅行／228

恼人的两岁／232

尿床／236

虐待动物／240

朋友（择友）／244

朋友之间的争吵或打架／247

汽车里的烦恼／250

青春痘／254

倾听／257

缺乏动力和兴趣／261

如厕训练／267

撒谎或编造／271

生病／275

恃强凌弱／278

手机／282

收养／285

输不起／289

暑假／293

顺从／297

说脏话或骂人／300

死亡和悲伤／303

同胞竞争／308

同胞之间争吵或打架／312

偷窃 / 318

拖延 / 323

外出工作 / 326

玩具和整洁 / 330

违抗、不听话和叛逆 / 333

无聊 / 338

物质至上 / 341

午睡 / 345

习惯 / 348

洗澡的烦恼 / 352

消沉 / 355

性虐待 / 360

性探索和性教育 / 364

学校里的问题 / 369

养育方式的差异 / 373

要求过多 / 378

咬人 / 384

药物滥用 / 388

幼儿园和日间照料中心 / 392

再婚家庭 / 397

早晨的烦恼 / 401

注意力缺乏症 / 405

自杀和割腕 / 411

自慰 / 416

自尊 / 419

祖父母、外祖父母 / 422

第 1 部分

什么是正面管教

作为父母,你任重而道远。你要帮助孩子成长,让他们感受到归属感以及与家人的联结;你要教给孩子社会和生活技能;你要帮助孩子感觉到被爱;你要找到办法,确保孩子感觉到自己的特别、与众不同和重要性;你要保证孩子的安全。

你如何做到这些呢?通过管教。或许,你会认为"管教"是一种通过惩罚实现的控制手段,但正面管教与惩罚或控制无关,而是意味着引导、教育、训练、定规矩、技能培养,让孩子为未来的发展作好准备,以及专注于解决方案。正面管教是建设性的、鼓励的、积极肯定的、有益的、亲切友爱的、乐观向上的。由于孩子并不是生来就无所不知,所以父母需要找到能给孩子信心的方法。

正面管教始于孩子的出生,并持续其一生。没错,运用正面管教永远都不会太早或太晚,因为它基于相互的尊重,即你尊重孩子,并且尊重你自己。如果养育只关注孩子的需要,而忽略大人的需要,就不是相互尊重。这种养育会造成孩子对父母的依赖，以及勇气的缺乏。如果养育只关注大人的需要，而忽略孩子的需要，也不是相互尊重——这会导致屈从、恐惧和叛逆。

正面管教强调的是坚定与和善的平衡，以及对大人和孩子的共同尊重。因为正面管教既不娇纵，也不惩罚，它能为家庭带来希望、更多的技能以及爱。

你拥有的工具越多，你能教给孩子的就越多。本书的第1部分是为了让你对正面管教的27个基本工具有一个了解。这27个工具在本书中自始至终都会用到，因此，在查找具体问题的解决方法之前，一定要先阅读第1部分。

和善而坚定

许多父母都受着内疚感的折磨。这是因为他们对孩子要么控制过多（"我说了算"），要么过于娇纵（"我是个意志薄弱的人"）。有些父母则在控制过多和过于娇纵这两个极端之间反复摇摆，缺乏一致性。正面管教的父母则不走任何极端，他们坚持和善与坚定并行。你属于下面哪种类型的父母呢？

控制型：你拥有全部权力，孩子必须对你唯命是从，只因为你是父母。

娇纵型：孩子是宇宙的中心，他们拥有所有的权力。

和善而坚定型：孩子是家里的一分子，而不是宇宙的中心。你了解孩子的个性，并能够在不挫伤孩子心灵的前提下设立界限。

你还确定不了自己属于哪种类型吗？这里有更多的线索。无论是控制型还是娇纵型的父母，通常都是被动反应，而不是积极主动。这意味着，他们一直等到问题发生，才作出即时反应。和善而坚定型的父母却能退后一步，在行动前先观察并思考。他们的行为方式会让孩子看到应该怎么做，而不是不断地说"可以！"或"不行！"。控制型父母往往会追究孩子的责任或过错，并将惩罚作为首要的管教工具。和善而坚定型的父母寻求的是解决方案，而不是责备孩子，并且认识到能够改变而且必须首先改变的是父母自己。通过改变你自己，哪怕是最小的改变，你都能积极地影响孩子的行为。

娇纵型父母把大量的精力用在自己本应该怎么做、本能够怎么做或本打算怎么做上。当孩子把事情搞砸时，他们往往会为孩子感到难过，并且不愿意放手让孩子从自身的行为中学习。如果你是这种养育风格，那就是你的孩子在"养育"你，而不是你在引领孩子。你会对孩子过度保护，并且对孩子学习和成长的能力缺乏信任。你不会给孩子大量机会去培养"我能行"的信念。内疚将时刻伴随着你。

当你运用正面管教工具时，你会成为一个和善而坚定的父母，并且会消除自己的内疚感。你会允许自己和孩子犯错误，允许不完美，允许反复尝试。为什么呢？因为你知道错误是最好的老师，并且人类就是这样成长的。

和善而坚定的养育，是一步一步地实现的。你首先要想一想自己的长处和家人的长处。然后，要想一想你愿意改进哪些方面，并要每次致力于解决一个问题。这样，你就不会使自己或孩子难以承受了。

决定你怎么做，然后去做

正面管教的核心是学着改变自己，而不是尽量控制他人并让他们改变。如果你一直在试图控制自己的孩子，那么，你或许还没有考虑过你可以通过控制自己的行为、决定自己要做什么，而不是努力让孩子去做什么，来处理问题的可能性。

一旦你开始专注于改变自己的行为，你很快就会意识到要言出必行，而且必须将你的决定贯彻始终。为了不让自己陷入困境，你最好在开口之前先想想。与其说一些并不真正当真的话并在随后发现自己陷入了困境，还不如退后一步，把事情完全想清楚。这有助于你忽略那些细枝末节，处理那些真正对你重要的事情。

下面是一些实践"决定你要做什么"的例子：

- 一个妈妈的孩子11个月大，换尿布时总是挣扎，妈妈决定停止与孩子争斗。她说："我需要你的帮助。我会等到你愿意在给你换尿布时静静地躺着。"每次孩子挣扎时，她都会停下来，什么也不说，安静地等到孩子停止扭动。扭动一停止，她就会继续换尿布。没用几次，她的孩子就开始安静地躺着了。她始终没有表现出生气，只是耐心地等着，并确保孩子安全地待在尿布台上。

- 另一位妈妈发现自己总是在一遍遍地唠叨，而且她意识到似乎没有人听她说。经过一番思考之后，她告诉孩子们，她在说话前会确保让孩子们注意听，然后要说的话只说一遍。如果孩子们有问题，她很乐意回答，但她不会再重复说过的话。她始终坚持这样做，很快就发现在她说话时孩子们听得认真多了。如果有人没注意，他们会问某个兄弟姐妹刚才妈妈说了什么。

• 一位爸爸注意到，他的孩子们总是拖到快要睡觉时才去做作业，然后请求他的帮助。他告诉孩子们，他在每晚7点到9点之间随时愿意帮助他们做作业。第一次，他的一个孩子在9：30过来找他帮忙准备一项测试，他微笑着说："我知道你需要我的帮助，我很乐意在每晚7点到9点之间帮你。这次你只能靠自己了。"在这种时候，父母很容易觉得对不起孩子，或者认为最好给孩子更多机会（在"我告诉过你"的说教之后）。但是，如果你有勇气坚持自己的诺言，情况就会有很大改善，因为你是在让孩子从他们自己的行为中学习。要记住，只有你不再唠叨、提醒和说教时，这种方法才管用。

• 很多父母都知道了如何通过将车停在路边，一言不发地等待孩子们安定下来再出发，以避免行车的不安全。当孩子在商场里开始哼唧或发脾气时，父母带他们坐回到车里，避免了孩子在购物过程中大发脾气。父母只需要说："你一准备好我们就回去。"有些父母通过明确地告诉孩子，自己不会借钱给他们，并坚持执行，避免了孩子们的争吵和大哭大闹，并使孩子学会了管理自己的零花钱。告诉孩子，只有当每个人都系上安全带之后你才会开车，并言出必行，停止了无休止的权力之争。

你很容易就会唠叨、提醒和解释，而不是坚持执行。和善而坚定型的父母会将这些话省下来，用于谈论他们的孩子多么好，或者跟孩子谈有趣的话题，或者解释人生。

只做，不说

"决定你怎么做"的另一种方式，是用行动代替话语。你可以用一天的时间听听自己。你可能会很惊讶自己说了那么多没用的话。或者，去听听商店里父母与孩子的讨价还价、商场里的恳求、停车场里的唠叨，以及该从此处到彼处时的解释。如果父母们能够少说多行动，他们与孩子之间75%的问题很可能都会消失。因为父母说得太多，孩子对他们的话就充耳不闻了。

这种通过话语（"这么做""别那么做"）的养育，是父母们错误地将权力交给了对自己的话充耳不闻并且不按照父母的话去做的孩子的一种方式。然后，这些父母会给孩子贴上"不听话"的标签，而不是承认自己没有采用有效的养育方法。你完全可以拉着孩子的手走过去，或者将他们抱起来放到床上，或者在孩子因为洗澡而发脾气时将他们放在浴缸里。大喊大叫、唠叨、说教、恳求、命令和威胁都是不尊重的方式。要放弃数一二三的做法；闭上嘴巴，行动起来。你会对其结果大吃一惊的。

如果你决定少说多做，你的孩子也会开始注意到区别。不要一遍又一遍地要求孩子安静下来，你可以试试静静地等待他们注意你。如果孩子们为一个玩具争吵，你就一言不发地将这个玩具拿走，放到孩子们够不到的地方。你不需要通过言语让他们知道停止争吵后就可以把玩具拿回去。如果你的孩子用叉子猛敲桌子，或者去够你不希望他拿到的一个物品，只说一次让他停下来。如果孩子依然坚持这么做，你就将这件物品拿走，而不是再重复自己的话。

"通过话语养育"的最大错误，是询问孩子是否愿意做你知道他们需要做的事。你这么做过，而且你也听到其他父母这么做过。"你愿意系上安全带吗？""你愿意来吃饭吗？""你可以整理你的床铺吗？"答案通常都是："不，不，不！"

为了避免这个问题，要说："该系上安全带了。""吃饭时间到了。""我们在离开房间前要整理好床铺。""星期四是我们洗床单的日子。""我们需要这么做，吃完饭后收拾起餐具，放到洗碗机里。"如果你在孩子小的时候就练习这样跟孩子说话，他们长大后在自己家里的许多事情也会按照同样的方式去做。孩子不会挑战父母的决定，因为事情本来就应该这样，而且并不是每一件事情都需要争辩或讨论的。

另一个只做不说的建议是，在你对孩子提出要求前，要确保你们在同一个房间里。如果你能看着孩子的眼睛，与他们有目光接触，你成功的机会会更高。在孩子能听你说话之前，你必须先得到孩子的关注。在这方面，行动是一个很好的工具。如果你说话时能够站起来或走近孩子，而不是坐在椅子上向另一个房间里的孩子吼叫，注意一下你会取得多么立竿见影的效果！

坚持到底

坚持到底，能让你在教给孩子有价值的生活技能的时候，极大地减轻挫折感以及与孩子的冲突。坚持到底是一种行为方式，也是让孩子倾听并合作的一种有力方式。当你使用坚持到底这一工具时，作为一个父母，你就是极其积极主动的。

下面是如何有效使用坚持到底的方法。不要立即陷入到一个问题之中，而要先观察事情出现的模式，然后选择从何处入手。当你认为自己已经准备好改善一种情形时，要按照以下步骤：

1. 充分关注；
2. 认可孩子的感受，并在幻想中同意孩子的愿望（"我真希望我们能满足你的愿望"）；
3. 告诉孩子要做什么，而不是不要做什么；
4. 在孩子的帮助下找出一个解决办法；
5. 说出你的感受，并设立限制；
6. 用行动坚持到底。

下面是一个例子。每当妈妈打电话时，雪莉总是干扰。即便妈妈给她机会跟打电话来的人通话，雪莉还是坚持恳求说得更多一点或时间更长一点。如果妈妈不同意，她就会掐、咬、打妈妈。由于这个问题反复出现，妈妈决定对此事给予充分的关注。她考虑了自己能够坚持到底的一些选择。她挑了一个没有来电话的时间，对雪莉说："我知道你希望得到我的关注，或者和来电话的人通话。我理解，而且我真希望你能想聊多久就聊多久，但这不可能总是如愿。"

接着，她问雪莉是否有什么建议，能帮助妈妈在需要时通话不被打扰。雪莉说："我想通话，我不想让你打电话却不和我玩。"妈妈再一次说："我理解你的感受，但是我们需要这么做：当我接电话时，我会让你知道是不是你可以通话的人来的电话。如果不是，请你去玩填色书或乐高①玩具，直到我接完电话。我知道等待可能很难，但我相信你能做到，并帮助我接完电话。当我与别人通话时，如果由于你想得到我的关注而让我不能集中精力，我会感觉很烦。"

---

① Legos，乐高玩具，一种流行的儿童塑料积木游戏，乐高是德国的一个积木玩具品牌。这个游戏能够提升孩子们的各项技能，包括孩子的灵巧性、批判性思维以及耐心等。——译者注

然后，妈妈明确地告诉了雪莉会发生什么事情，并设立了界限。"雪莉，如果你觉得等待太难，我理解，但是，我打电话时需要安全感。如果因为你咬我或打我，而让我没有安全感，我就到阳台上打完电话。"

当电话再次响起时，妈妈就按照自己说的去做了。她请对方稍等一下，并告诉雪莉这个电话不是打给她的。她把雪莉带到乐高玩具旁，然后开始接电话。当雪莉走过来喊着"我想接电话"时，妈妈拿着电话走到了阳台上，并关紧了阳台门。

这个孩子学到了什么？她明白了你说话算数，而且你尊重她和你自己。她知道了自己可以合作并承担责任。她懂得了感到沮丧没有关系，但她不能总是随心所欲。她学会了相互忍让。

很多大人会问，打孩子的屁股一巴掌岂不是更容易，也同样有效果吗？惩罚或许能在当时解决问题，但它无法像坚持到底那样教给孩子这些技能，而且是对孩子的侮辱和不尊重。当孩子受到惩罚时，他们会感到愤怒或内疚。当感到内疚时，他们会相信"我不好"。当感到愤怒时，他们会产生"等着瞧"的想法。这都不是父母仅仅因为惩罚能更快地起作用而希望自己的孩子形成的信念。

用信息和从错误中学习的机会替代惩罚

正面管教不允许惩罚。为什么呢？数百项研究已经表明，惩罚不是取得积极的教育效果的最有效方式。相反，惩罚会造成伤害，让人感觉糟糕，并且是用恐惧作为一个刺激因素。

那么，为什么那么多父母使用惩罚或侮辱的方法呢？答案很简单。他们相信惩罚管用，相信自己是在对不良行为"做一些事情"，而不是允许自己的孩子"侥幸逃脱"。惩罚为这些父母的愤怒和沮丧提供了一个释放途径。还有一些父母使用惩罚的方式，是因为他们受到了自己经历的限制，并且缺乏使用其他方法的知识和技巧。他们相信打屁股、禁足或取消特权，是让孩子学习的最好方式。他们坚信孩子必须经受痛苦才会吸取教训。

许多父母采用惩罚的方式，是因为这让他们有一种控制感——尤其是当惩罚能够暂时制止孩子的问题行为的时候。他们不想娇纵孩子，所以，他们认为唯一的选择就是惩罚。如果这些父母能后退一步，客观地看待问题，那么，他们就会注意到，自己正在因为相同的行为而一次次地惩罚孩子。这很好地说明了惩罚不会有长期效果。如果你是这种情况，你会高兴地发现，在这本书中，你能学到许多不惩罚、不娇纵且尊重孩子的有效管教方法。

另外一些父母采用惩罚的方式，是因为人类的本性总是倾向于采取阻力最小的方式。在你形成新习惯之前，要想打破旧习惯几乎是不可能的。曾经尝试过戒烟或减肥吗？人类的大脑厌恶真空。与停止做你已经习惯了的事情而又没有新的事情代替它相比，开始一件新的事情会容易得多。

在愤怒和发泄负能量的时候，建设性的学习很少会发生。当孩子认为你在生他们的气时，他们的行为通常会更糟糕。管教要想有效，就需要理性和爱（和善与坚定并行）。你可以告诉孩子你对他的某个行为很生气，但生气地喊叫着要惩罚孩子，却会适得其反。这两者之间有很大的不同。

本书自始至终，我们会分享许多用彼此尊重的学习机会来代替惩罚的方法。正面管教的方法专注于教孩子知道他们的行为会对别人有影响，让他们知道如果他们正在伤害别人，大人会帮助他们停止这种伤害。孩子们还会学到，对某个情形有某种感受，并不是逃避处理这种情形的借口。下面是一些供你参考的例子：

- 你的孩子弄洒了果汁。惩罚型父母会喊叫、打孩子，或者生气地把果汁拿走。但是，你可以为自己和孩子各拿来一块抹布，并对孩子说："我们一起清理干净吧。"
- 你的孩子和小狗玩得太粗暴。惩罚型父母会责骂、吵孩子、唠叨、威胁、吼叫。你可以将孩子与小狗分开，并对孩子说："当你准备好和小狗温和地玩耍时，再和小狗玩吧。"
- 你的孩子忘了做一件家务。惩罚型父母会取消孩子的一项特权，而这件家务活还是没做。但是，你可以找到孩子，看着他的眼睛说："该做那件家务了。"如果你的孩子说"等会儿"，你可以说："我希望你能遵守约定。现在是做那件家务的时间。"
- 你的学步期的孩子打了你。惩罚型父母会反击、吼叫或威胁。你可以拉着自己学步期孩子的手，轻轻地拍在你身上说："拍，拍，拍。要轻轻的。"
- 你的孩子粗暴地玩着一个玩具。惩罚型父母会用情感勒索的方式对孩子说一些这样的话："你真是个小婴儿。你太自私了。你真是笨手笨脚"，希望这种羞辱能激励自己的孩子做得更好。但是，你可以将玩具拿走，放到一个安全的地方，并且对孩子说："当你准备好温柔地对待玩具时，可以告诉我。"如果你的孩子说"我准备好了"，但依然粗暴地对待玩具，你要再次将玩具拿走，并且对孩子说："当我决定再让你试一次时，我会告诉你。"

你会注意到，运用正面管教方法的父母没有对问题置之不理。他们是在保持平静、友善并尊重孩子和自己的前提下，积极地帮助孩子学习如何以更恰当的方式处理问题。

改进你的沟通技巧

作为父母，你的一部分职责是给出正确的信息，但是，更大一部分职责是要帮助自己的孩子学会独立思考。这可以通过学会用全新的耳朵去倾听来实现。倾听是父母最难学会的沟通技巧。下面几点建议，将有助于你在帮助孩子成为一个更好的思考者的时候，自己成为一个更好的倾听者。

问"启发式"问题

太多的父母会告诉孩子们发生了什么事，是什么原因造成的，对此应该有什么样的感受，以及应该怎么做。这种"告诉"，阻碍了孩子们发展自己的智慧、判断力、考虑后果的能力和负责任的能力，也阻碍了他们发展将错误看成是学习机会的才能。告诉孩子们发生了什么事、如何发生的，以及为什么会发生，是在教给他们思考什么，而不是如何思考。在一个充满同龄人压力、时尚崇拜和团伙的社会中，教孩子们思考什么而不是如何思考是非常危险的，因为你的孩子只会依赖下一个"专家"指点方向，而不是运用自己的批判性思考能力。

重要的是要记住，只有当你真正有兴趣想知道孩子的想法和感受时，才适合问孩子关于为什么、发生了什么以及如何发生的问题。在你准备好并且愿意倾听之前，不要问孩子这些问题。

通过问孩子"发生了什么事？你认为为什么会发生这件事？你对这件事有什么感受？你怎样才能把这次学到的东西用于将来？"，你就能帮助孩子发展思考能力和判断能力。

下面的例子显示了一位妈妈在自己 8 岁女儿的自行车被盗后，是如何问问题，而不是说教的。

朱妮塔哭着回到了家："我找不到我的自行车了。肯定是被人偷走了。"

妈妈："我真为你难过。我能看出来你有多么苦恼。告诉我发生了什么事。"

朱妮塔："我把自行车放在了萨莉家前院的草坪上，现在不见了。我恨那些偷自行车的人。太卑鄙了！"

妈妈："是够卑鄙的。可惜我们无法控制世界上的每个人，并让他们都变好。"

朱妮塔："是啊！"

妈妈："既然我们无法控制别人，那你能想到什么办法在以后保护好自己的物品吗？"

朱妮塔："我最好不把东西放在外面。"

妈妈："听上去你好像从这次痛苦的经历中学到了很多。或许待会儿你愿意谈谈需要怎么做才能再得到一辆自行车，以及你会如何保管好，以免再发生类似的事情。"

朱妮塔："我们现在不能谈吗？"

妈妈："我认为我们俩现在都太难过了。你认为我们需要多长时间才能感觉好起来，可以理性地谈这个问题？"

朱妮塔："明天怎么样？"

妈妈："我觉得不错。"

当孩子们告诉你一件事情时，你或许会忍不住为自己辩护、解释，对孩子应如何感受或解决问题进行一通说教。不要立即插手干预并替孩子解决问题，这是你帮助孩子对事情进行彻底思考并了解自身感受的大好机会。你可以通过问问题来帮助孩子进行更深入的探究:"你能告诉我更多一些吗?你能给我举一个例子吗?对那件事你还有什么想说的吗?还有呢?"多问几次"还有呢"是很有益的,要直到你的孩子想不出更多要说的。要相信你在这方面的本能。你的孩子在得到倾听和认真对待并知道需要考虑的都已经考虑过之后,感觉会好很多。你还可以问:"你希望我帮助你用头脑风暴来找出解决问题的其他办法吗?"但是,如果孩子没有请求你的帮助,就不要试图帮助孩子。

练习反射式倾听

帮助你的孩子感到自己被倾听并把事情想清楚的另一个方法,是反射式倾听。你要将你听到的反射回去。最好使用一些与孩子的用词稍有不同的词语,以免你听上去像个鹦鹉一样,但要准确地表达出孩子的意思。

这里有个例子。你的孩子说:"我讨厌卡伦。"你说:"你讨厌自己最好的朋友?"你的孩子回答:"是的,因为她在背后议论我。"你说:"她对别人说了一些不愿意当面跟你说的话?"你的孩子说:"是的。"

这时,你可以说:"我很高兴你告诉了我你的感受。你想要一个拥抱吗?"这会比试图解决问题,或者对孩子进行一次关于应该如何努力做朋友、原谅对方和不记仇的简短说教更有效。我们很容易这样做,但是通过让你的孩子表达自己的感受,而不是由你进行评判,你是在让孩子自己学习,因而你是在更好地养育。在这个例子中,孩子从妈妈那里得到了一个拥抱,而且,第二天她和自己最好的朋友又和好如初了。

列一个感觉词汇表

如果你希望孩子能够了解他们自己的感受并培养情商，就要从倾听孩子的感受开始，而不是试图通过解释来否认孩子的感受，或替他们平复自己的感受。你的孩子会从中了解到，有自己的感受并将感受表达出来是没问题的。如果你的孩子正通过行为表现出某种感受，而不是把它说出来，也就是说正在发脾气而不是谈论自己生气的是什么，那么，你可以通过把孩子的感受说出来，帮助他明确自己的感受。

技巧就在于使用表达感受的词汇。感受通常可以用一个词来描述：快乐、伤心、舒服、害怕、饥饿、困倦、愤怒、难过、无助、绝望、恼怒、尴尬、羞愧、高兴等等。

下面就是具体做法。你的孩子正因为完不成一副拼图而沮丧。他将一块拼图扔到了房间的另一头，并开始大哭。你可以对他说："你感到很苦恼，因为拼图太难了。当拼图很难拼到一起时，你不喜欢它，是吗？"

你的孩子的行为是在表现自己的苦恼，但是，他不知道自己的感受叫做"苦恼"，不知道这种感受有名称，并且有这种感受没关系。通过把这种感受的名称说出来，你是在教给自己孩子一个表达感受的词。

你可以更进一步，问孩子是否想让你帮助他一起完成拼图，或者是否想再试一下，直到将拼块转到吻合的位置。或者，你可以就让孩子对那个拼块苦恼，并对他说："也许过一会儿你感觉好一些后，会想再试一次。"

你还可以用同样的方式说出自己的感受。当孩子打小狗时，你可以说："我感到很担心，你可能打伤小狗，或小狗可能会咬你，我希望你能对小狗温和一些。"如果说出你的感受于事无补，你总还可以随时采取行动，把孩子和小狗分开，让孩子知道他和小狗的这种玩耍方式让你不安，他可以过一会儿再和小狗玩。

闭上嘴巴听

即便一个字不说，也能说出很多。当孩子跟你说什么事情时，你可以闭上嘴巴听，以避免说教或主导和孩子的交谈。你可以不时地回应"嗯"、"啊"之类的词，你会惊讶地发现，当你少说时，孩子会有多少话要说。

使用"我注意到"句式

不要问圈套式问题。圈套式问题是指你已经知道了一个问题的答案，却故意给孩子设圈套："你做家庭作业了吗？""你刷牙了吗？""你收拾自己的房间了吗？"不要问圈套式问题，而要使用"我注意到"句式。"我注意到你没有刷牙，现在去刷吧。""我注意到你没有做家庭作业。你计划什么时候完成？""我注意到你没有收拾自己的房间。我们是要找消防队帮忙，还是用你的零花钱雇一个清洁工？"

如果你的孩子说："我做过了。"你可以说"我弄错了"或者"很好，我想看看"。如果孩子是在欺骗你，你要努力解决权力之争或报复循环的问题（参见下文"四个错误行为目的"，第36页）。

对自己的期待要合理

你是否注意到，一旦有了孩子，你的时间就不再属于你自己了？当今的父母们试图成为超级父母，参与到孩子生活的方方面面。他们期望自己的孩子参加各种活动并在学校里出类拔萃，有健康的自尊，并免受生活的考验和磨难。此外，很多父母是单亲父母或在职父母，或者既是单亲父母又是在职父母。由于离婚和再婚，他们或许和需要养育的孩子不生活在一起。他们可能住在父母家，或者父母跟他们住在一起。这就对当今的父母提出了很多要求。

这就是照顾好你自己之所以很重要的原因，而且，你要降低对自己的期待，以便你能达到预期。你的家可以不像《美丽家居》杂志里的那样，你可以没有时间准备精致的佳肴，你可以等到孩子们大一些再去打高尔夫和网球。当你调整自己的生活方式，为满足孩子们对爱、陪伴和训练的基本需求而留出更多时间时，你或许没有办法像过去那样迅速而轻松地完成事情。要给自己留出点放松的时间。过去一个小时完成的事情，现在可能需要花上你一周的时间，那也无妨。要将能雇人做的事情尽量分派给别人去做。你可以雇人临时照顾孩子，以便你不用带着孩子出门办事。要学会让家里的其他人参与家务。要花时间训练他们，以便每个人都能参与。[1]

要从孩子的角度安排你的家居环境，以免为孩子的安全担忧。你可以限制孩子们在家里某些区域进行某些活动，比如要在餐桌上吃饭，在书桌上画画，在外面玩球，在家庭活动室打闹，等等。

要现实地对待你的预算。要知道孩子们的欲望与需要之间的区别。你没必要为了满足孩子的欲望而去购买名牌服装，或者去昂贵的地方度假。他们能够学着存钱，并分担购买自己渴望得到

---

[1] 关于让他人参与照顾自己和别人的更多详情，参见琳·洛特（Lynn Lott）和里奇·因特纳（Riki Intner）的《没有硝烟的家务》（Chores Without Wars），Taylor Trade Publishing 于 2005 年出版。——作者注

的一些非必需品。拥有电视、电话、汽车、手机、iPod、电脑以及其他很多东西，不是孩子们与生俱来的权利。实际上，太多物质的东西会把孩子们变成物质主义者，以至于没有了这些"东西"就不知道如何让自己快乐。

开家庭会议

让家人参与家务的最好方式之一，就是通过家庭会议。在学习如何解决问题的同时，家庭成员还能够学到沟通技巧、合作、尊重、创造性、表达感受，以及作为一家人如何快乐相处。家庭会议是每周留出来的一段固定时间。（有的家庭把这段特殊时间称为家庭会议；而有的家庭则称之为聊天时间或特别时光，因为有的家庭成员可能认为"家庭"这个词无法接受，比如在一个有继子女的家庭里。）不管你如何称呼，它都是家庭成员坐在一起谈论自己所思所想的一个地方。大多数家庭会议都有一个议程，通常包括致谢、上次家庭会议没解决的老问题、解决问题、日程安排，以及一个全家人都参与的有趣活动。在这段时间里，家庭成员之间可以相互说出对对方的感受、谢意，并一起交谈。

要确保没有其他事情让人分心，比如电视或电话。全家人要围坐在桌子旁或客厅里。如果某个家庭成员选择不参加，那就在他或她缺席的情况下进行，并要告诉他或她欢迎随时加入。要为你的家庭会议设立一个时间限制，可以从15分钟到半个小时。没有得到解决的问题，可以放在下次家庭会议上再处理。

在会议之前几天，要把会议议程贴出来。电冰箱是贴议程的一个好地方，每个人都能看到并在上面写内容。要把会议议程作为需要讨论的重要事项的一份提醒清单，以免你们在开家庭会议的时候忘记。除了作为一个提醒之外，这份张贴出来的议程还使你能推迟处理一些事情，直到所有人都在场帮助解决问题并想出解决方案。

每次家庭会议要从致谢和感激开始，以便每个人都有机会说出并听到一些积极的事情。根据家庭成员的年龄和能力水平，你们可以轮流主持会议、记录会议作出的决定。致谢之后，会议主席要按照议程依次提出讨论的事项，并帮助家庭成员轮流发言，进行有礼貌的沟通。最简单的办法就是依次轮流两圈，给每个人两次机会在不被打断的情况下说出自己对一个问题的看法或感受。如果轮到的人没什么可说的，可以说："过。"这是大家通过分享看法、倾听感受并提供解决方案，来练习解决问题能力的好机会。

重要的是，在实施一项变化之前，全家人要一致同意。在达成一致之前，你们或许不得不按照原有的方式进行。对有些家庭而言，这意味着在全家人提出一致的解决方案之前，由父母作出决定。有些事项需要全家人讨论数周才能达成一致。

头脑风暴（形成一份建议清单，不进行评价）能够为每个人提供更多可供考虑的选择。不要寻求一个完美的解决方案，而要建议家庭成员从头脑风暴提出的建议中挑出一个，试行一段时间。要再安排一个时间开会评估这个解决方案，并讨论每个人从试行中了解到了什么。

当每个人都专注于解决问题而非责备别人时，家庭会议的效果才会最好。家庭会议不应让任何人受窘，而且每个人都应当得到倾听并被认真对待。不必解决任何事情的交谈，是促进家人合作及家庭和谐的一个极好的方式。

提供有限制的选择

在恰当的时候,要给孩子提供至少两个可以接受的选择。这里的两个关键词是"恰当"和"可以接受"。很多时候我们给孩子提供的选择是不恰当的,尤其是对年龄小的孩子。例如,让孩子选择是否要刷牙,是否要上学,是否要伤害别人,或是否要做一些诸如爬上房顶之类的危险事情,就是不恰当的。"可以接受"意味着你愿意接受孩子的任何一个选择。比如,"你要么把零用钱存起来,要么就别买。""要么练钢琴,要么以后就别去上钢琴课了。""你必须在8:15或8:30上床睡觉。""把脏衣服放到洗衣篮里,或者就穿脏衣服吧。"有些父母不愿意不给孩子买东西或让孩子穿脏衣服,所以,他们不应该提供这种选择。

年龄小的孩子对有限制的选择能作出很好的回应。如果你说:"过马路的时候,你是想拉着我的右手还是左手?你来决定。"你的孩子会有一种权力感,而你依然是在教孩子并保护孩子。在选择之后加上一句"你来决定",尤其能赋予孩子力量。

随着孩子逐渐长大,给孩子选择的范围需要更大,否则你就会招致权力之争。比如,对于一个十几岁的孩子,你可以说:"你是愿意让我给你规定晚上回家的最晚时间,还是愿意和我一起商量呢?"大多数父母是告诉十几岁的孩子晚上回家的最晚时间,而不是让孩子参与讨论并倾听孩子的想法。这不仅不尊重孩子,而且会造成孩子的反叛。如果你和孩子对晚上回家的最晚时间存在很大的差距,你总还可以同意分几次协商减小两者的差距,并且每次试行一两周。

设立界限

父母们必须为年龄小的孩子设立界限,并让年龄较大的孩子参与帮助设立界限。你的职责在于设立界限所允许的范围,就像桥梁两侧的护栏。孩子年龄越小,两侧"护栏"应该越近。随着孩子逐渐长大,两侧"护栏"的距离应该增大,并且要让孩子参与设立界限。养育的艺术,一部分就在于知道何时放宽限制。通常,孩子们会帮你作出这种决定,既可能通过话语,也可能通过行为。如果你运用我们提供的沟通技巧,并定期开家庭会议,那么,孩子们会让你知道他们何时准备好了拥有更多的自由,何时能够参与制订相互尊重的新规则。

如果你观察自己的孩子,就会发现他们一次又一次不顾后果地挑战你所设定的界限。通常,孩子们会在你准备好让他们承担更多责任之前,就已经能承担更多责任了。这方面的一个例子是一位妈妈,她一直在教自己的儿子如何小心地过马路,让儿子牵着她的手先看看左右两边的车辆。有一天,儿子告诉她,他能够独自过马路,不需要妈妈的帮助。她还没有准备放手,但孩子坚持要去马路对面找朋友玩,并且说自己会注意车辆。由于妈妈很担心,她告诉儿子可以让他试一试,然后,她躲在了灌木丛中,以便在需要时能随时冲出去挡在飞驰而来的汽车前面。当然,由于孩子得到了很好的训练,他自己轻松安全地过了马路。

正面管教型父母会运用自然后果、逻辑后果和日常惯例为孩子设立界限。自然后果能简单而有效地让孩子学到东西。它们是自然发生的。站在雨中,你就会被淋湿。淋湿后,你就会想:"我得进屋拿雨伞或雨衣。"不需要别人提前告诉你这么做。不停地唠叨自然后果，通常会造成孩子只有在被命令、提醒或唠叨时才能做好事情。你就干扰了事情的自然秩序，并剥夺了孩子从自己选择的后果中学习的机会。

你可以通过让自己学会在行动之前等待并观察，看看孩子在没有你干预的情况下会怎么做，来练习运用自然后果。你总可以在看到孩子的行为之后再干预，因为当你允许一个自然后果发生时，它是没有内在危险的。你的孩子不会因为淋了几滴雨就得肺炎而送命。如果孩子不在乎自己淋湿，你总可以告诉她："宝贝儿，我希望你进屋穿上雨衣，因为下雨的时候我们需要穿雨衣。"更有效的说法可能是："宝贝儿，你要怎么做才不会被淋湿呢？"这是在让你的孩子独立思考，而且，当孩子说出显而易见的答案时，她会感觉到"自己在负责"。如果父母们能够抵制住控制、解救，或者因为孩子的选择而对其进行惩罚的冲动，孩子们就能自然地学习。

也有些时候，自然后果对于帮助孩子学习一项生活技能或吸取教训可能过于危险或不合适。在这些情况下，逻辑后果可以起到作用。困难之处在于，很多父母都严重地误解了逻辑后果，并且试图通过把惩罚称为"后果"而将惩罚伪装起来。惩罚，就是当一个孩子犯了错误，而你觉得需要对其进行猛烈打击，以便孩子能从痛苦中吸取教训时，你所做的事情。逻辑后果的核心，是要帮助孩子们为了将来而学习，而不是为现在或过去付出代价。允许孩子们体验自己的选择所带来的后果，有助于他们学到宝贵的人生经验。他们会了解到犯了错误没关系，可以再试一次。

当你真正地理解了如何使用并坚持一个逻辑后果时，你往往会感到内疚或难过。你可能会比自己的孩子更痛苦。事实上，这是你正在使用逻辑后果的一个确切标志。如果你的孩子经常忘记带午餐到学校，并且指望你开车送过去，你可以说："我很抱歉你忘记了带午餐。或许你的朋友们会和你分享他们的午餐。我今天不能去学校给你送午餐。"你很可能担心自己的孩子会饿坏，但事实是，你的儿子或女儿有可能吃得更好，因为朋友们会把自己的午餐中不喜欢吃的健康食品都给你的孩子。

后果，能让你的孩子从自己的选择和行为中学习。如果你和自己十几岁的孩子约定好，只要他给车加油就可以用你的车，当他不这样做，而你坚持按照约定执行时，他就能从中学到一些东西。大多数父母更喜欢说教，或再给孩子一次机会，或解救，或责备孩子，而不是对孩子说："当你攒下够付油费的钱时，欢迎你再用我的车。"太多的父母认为这种做法太无情，而且不公平，认为孩子会因为没有人"解救"而受苦，尤其是当孩子有重要的事情需要开你的车出去时。你还不如自己麻烦点儿，开车带儿子去；或者让他搭朋友的便车，或骑自行车出去，这都好过"解救"他。让孩子从一次小小的麻烦中吸取教训，就能够使他免于在今后的很多年里因为从来没有面对过自己行为的后果而出现问题。

最有效的逻辑后果，是那些让孩子一起参与设定的。问你的孩子有什么好的解决办法（用这个词比用"后果"要好），并一起选择一个逻辑后果，比你独断地指定一个后果要有效得多。下面这个例子表明了一位父亲如何通过问问题的方式，与孩子一起就在屋里玩球的问题设定了逻辑后果。

爸爸问："如果你们继续在客厅里玩球，你们认为可能会造成什么问题？"

孩子们想了一会儿，说出了几个答案："我们可能会打碎东西。你可能会冲我们发脾气。我们可能会让小狗太兴奋。我们可能会太吵。我们可能会玩得很开心。"

然后，爸爸问："你们有什么好的建议来解决这些问题吗？"

孩子们建议，更好的办法是到外面去玩，除非他们在玩碰碰球①。即便是玩碰碰球，他们也认为不在客厅里玩是个好主意。

父亲问："如果你们玩球时不遵守这些约定，你们认为一个相关的、尊重的、合理的后果应该是什么呢？"

孩子们一致同意可以让他们出去继续玩球，或者把球拿走，他们可以改天再玩。

因为孩子们参与了解决方案的制定，当父母以后按照约定执行时，他们就会更合作。孩子们并不是只有遭受痛苦才能学习的。但是，当你执行逻辑后果时，与孩子共情是可以的，就像下面例子中这位父亲所做的那样。

8岁的布伦特生气地撅着嘴，因为他不得不在草地上坐10分钟，而不是继续在游泳池里玩。尽管他事先已经同意，这是跑来跑去并把别人推进游泳池里要承担的后果，但他很不高兴。爸爸坐到他旁边，说："我知道在这儿等着很难熬，但你很快就可以再试一次了。你需要我给你拿一杯柠檬汁吗？"布伦特闷闷不乐地说："不用，谢谢。"但他紧接着问："嘿，爸爸，给我拿个橙子怎么样？"

技巧在于，每次专注于一个问题。要询问其他家庭成员的想法。当他们的想法不合适时，要使用有限制的选择。例如，如果你的孩子说"我根本就不想做"，你要给孩子一个有限制的选择，比如："你可以选择在早饭前或晚饭前做。根本不做，不是一个选择。"

---

① 碰碰球（Nerf ball），一种有弹性的泡沫塑料撞球，在国外用得比较多，经常用在一些课堂上的学生游戏中，做游戏的时候用来互相投掷。——译者注

建立日常惯例

父母与自己的孩子一起设立界限，最有力的形式之一就是建立日常惯例。问题在于，有时候，你形成的日常惯例并不是你所希望的。你是不是晚上常常需要花两个小时才能让孩子上床睡觉？你是不是要用一早上的时间对孩子唠叨、哄劝、提醒和喊叫，才能让他们准备好去上学？你是不是承担了家里所有的家务并感到怨恨？你猜怎么样？这些就是惯例，而且我们猜你肯定乐于建立新的惯例，使所有家庭成员都能更相互迁就并具有自发性和创造性。正面管教中的日常惯例有助于消除权力之争，而且让每个家庭成员都能对家庭有归属感并作出贡献。

好的日常惯例的确立，有助于父母们发展家庭的长远利益。这些长远利益是安全感、一种更平和的氛围、信任，以及孩子们需要的生活技能。这样，孩子们就有机会学习专注于情形的需要：做他们需要做的事，因为那是需要做的。孩子们能学会为自己的行为负责、感觉到自己有能力，并且与家人合作。

孩子们喜欢惯例，也乐于遵守。孩子年龄越小，惯例就越能让他们感到安慰。想象一下一个习惯了在故事时间之前享用饼干和牛奶的幼儿园孩子努力适应代课老师调整安排的情形。惯例一旦形成，就会由惯例说了算，父母就无须不停地要求孩子了。

一开始，你需要建立日常惯例。比如，我们要先换上睡衣，然后讲故事，然后拥抱，然后就该睡觉了。这与让幼小的孩子认定没有你在他们身边躺着就不能入睡完全不同。当你既和善又坚定时，你为孩子建立的惯例就会起作用，直到孩子逐渐长大并开始挑战你的这些界限。到那时，即使年龄小的孩子也能参与建立消除就寝前、早晨、就餐时以及家庭作业和度假等等烦恼的日常惯例了。比如，你可以问一个2岁的孩子："你睡觉前需要做什么？"如果她想不全要做的事情，你可以这样提醒："刷牙呢？"一旦你们列出了一份或许包括吃点心、洗澡、换睡衣、刷牙、为第二天早上选好衣服（这有助于消除早晨的权力之争）、晚间故事、拥抱的完整清单，就要帮助孩子决定需要完成事项的顺序。要制作一份睡前惯例表，然后在孩子做每件事情的时候为她拍照，并帮助她把照片贴到表上每个相应项目的旁边。孩子们喜欢在睡前惯例表上看到自己做每件事情的照片。

这时，日常惯例表就会说了算。在大多数情况下，你的孩子会热切地遵守自己的惯例。如果她忘了，你可以说："惯例表的下一项是什么？"当她能够说出来，而不是由你告诉她时，她会更合作。

最后，要以和善而坚定的方式用行动执行日常惯例表。遇到问题时，要求助于孩子的惯例表或清单，或者问孩子："我们是怎么约定的？"切忌解救和说教。

建立日常惯例的另一个建议，是要规定最后完成的时间。在制定惯例时，要按照最后完成的时间往前推，以估算出完成每项任务所需的时间。例如，如果你希望在周日下午2：00之前打扫完屋子，以便全家人有时间出游，就要想清楚需要完成哪些事情，这些事情需要花多长时间，以及每个人需要何时开始、何时做完。要注意，大多数日常惯例应包括所有家庭成员。我们发现，当家里的每个人都一起做时，日常惯例才最有效，而不是由父母把需要完成的任务清单留给孩子而自己外出。

下面是一些日常惯例的例子：

打扫房屋

每周挑一个时间，全家人一起打扫屋子。每个家庭成员可以选择打扫一两个房间，或者完成一两项家务，比如擦灰、吸尘，或清洗水槽。一旦每个人都得到与全家人一起干活的训练，一家人就能在一小时之内打扫完一所有六个房间的屋子。

晚餐的计划和准备

一个人做饭，一个人帮忙，另外有人布置餐桌，有人收拾。在家庭会议上，每个人都要至少选择一顿晚餐来完成上述一项任务。要制作一张"家庭晚餐计划表"，每个人都要列出自己想为每顿晚餐准备什么食物。这份计划表可以包括主菜、蔬菜、沙拉和甜点。在列购物清单时要参照这张计划表，以确保所需原料购置齐全。

日常购物

在商店购物时，要使用购物清单。让每个家庭成员从中选出自己负责在商店寻找的商品。全家人一起去商店，让每个人去拿自己清单上的商品。大家在收银台集合，付款，回家，并一起把物品拿进家、放好。

早晨和睡觉前的日常惯例

这些惯例详见本书第 2 部分的相关内容。

刷牙

孩子小的时候，需要父母帮他们刷牙。你要和孩子一起刷牙，并帮助他们用牙线清洁牙齿。随着孩子逐渐长大，把刷牙添加到他们在上学前（见"早晨的烦恼"，第 401～405 页）和晚上就寝前的活动清单中，会很有帮助。有些家庭一直采用全家人在睡前一起刷牙的惯例。如果你的孩子抗拒刷牙，不要唠叨他们，而要让牙医定期用氟化物治疗，以防止龋齿。贴小红花和贿赂是不尊重孩子的，因为这暗示着你的孩子没有奖励就什么也不干。

这也是不必要的，因为孩子喜欢干父母期望他们做的事。很多牙医和保健师都会花时间与你的孩子谈有关口腔卫生的问题，这会助你一臂之力。

这只是一些家庭建立日常惯例的几个例子。有益的做法是要现实一些，并要理解惯例或许不会在一开始就起到完美的作用。那些习惯了某种行为方式的孩子，需要时间才能相信自己的父母说到做到。要记住，抗拒变化是人类的天性，即便在我们想要改变或者知道改变是为自己好的情况下也会如此。如果你理解了这一点，你就能更轻松地遵循已经计划好的日常惯例，直到孩子不再抗拒。

了解你的孩子

我们愿意看到这样的保险杠贴纸："你了解自己的孩子吗？"而不是"你知道自己的孩子在哪儿吗？"正面管教要求你了解孩子的想法。你不一定要完全同意，但是，通过了解孩子的想法，你就能更好地了解到孩子的内在驱动力。

你的孩子有什么感受？我们希望你能经常问这个问题，以便现实地了解孩子内心的真正状况。如果你的女儿说她嫉妒家里的新宝宝，你要认真对待她的感受，而不是试图劝说她放弃这种感受。

你的孩子对生活的期望是什么？你的孩子的价值观、希望和梦想是什么？不是你的，而是你的孩子的。要进入你的孩子的内心世界，并努力理解和尊重他或她的观点。要对你的孩子充满好奇心，而不要试图让孩子适应你的价值观、希望和梦想。

另一个需要问的问题是：你对自己的孩子有信心吗？你相信自己的孩子是一个能够从人生的挑战中学习和成长的出色的人吗？如果你对孩子满怀信心，就更容易停止努力控制和惩罚他们，并开始用能教会孩子独立生活所需技能——比如，处理同龄人压力——并尊重孩子的方式支持他们。

欢迎错误

在你小时候，别人是怎样教你看待错误的？下面这些是你得到的讯息吗？错误是不好的。你不应当犯错误。如果你犯错误，你就是愚蠢、坏、无能，或者是一个失败者。如果你犯了错误，就不要让人发现。如果被人发现了，就要编个借口，即便不是真的。

我们将这些称为"疯狂的错误观"，因为这不仅损害自尊，而且会让人消沉和沮丧。当人感到沮丧时，很难学习和成长。

我们都认识一些在犯了错误后竭力掩盖，结果身陷困境的人。他们不理解，当一个人能够真诚地承认自己的错误、道歉，并努力解决自己造成的问题时，人们往往是非常宽容的。（如果政客们能够理解这一点该有多好啊！）

掩盖错误会让你把自己封闭起来，因为你无法解决被掩盖起来的错误，也无法从中学习。试图避免犯错，会让你变得死板、害怕。我们听说过这样一句话："好的判断力来自于经验，而经验来自于糟糕的判断。"[1]

---

[1] 我们在位于加州特拉基市一家 Squeeze Inn 饭店发现了草草写在浴室墙上的这句话。——作者注

你有一个机会帮助孩子改变这些疯狂的错误观。要告诉孩子，世界上的每个人都会不断地犯错误，只要他或她还活着。由于这是千真万确的，所以，将错误看做是学习的机会，而不是无能的表现，才是更合理的。

要教给你的孩子把犯错误看成是从别人那里获得宝贵帮助的机会。孩子们将会愿意为自己做的事情承担起责任，即使是犯了一个错误，因为他们知道这并不意味着自己坏或者会因此陷入麻烦。这意味着孩子们愿意承担责任，这是将错误当做一次学习机会的关键一步。

有时候，犯了错误需要你尽可能弥补，在无法弥补的情况下起码要道歉。要让你的孩子知道，如何对待错误比是否犯了错误更加重要。任何人都会犯错误，但一个有安全感的人会说："我错了，对不起。"如果一个孩子愿意弥补自己的过错，"矫正错误的三个R"会帮助他们这么做。

矫正错误的三个R

1. 承认（Recognize）错误，带着一种责任感而不是责备他人。
2. 和好（Reconcile），向被你冒犯或伤害的人道歉。
3. 解决（Resolve）问题，如果可能，共同想出一个解决方案。

如果你犯了一个错误，"矫正错误的三个R"能够帮助你对孩子作出弥补。而且，要记住，当你犯了错误后，要毫不犹豫地让孩子知道。你的孩子会非常宽容，并且能从你作出的榜样中学习。

积极的"暂停"

如今,父母们最常用的管教方式之一,就是某种形式的隔离或"暂停"(time-out)。他们采用一种惩罚性的态度,并对孩子说:"去你的房间想想你都做了些什么。"这些父母相信,内疚、羞愧和痛苦能够激励孩子今后做得更好。事实是,孩子们只有在感觉更好的时候才能做得更好。你无法用惩罚性的暂停通过让孩子感觉更糟,而激励孩子做得更好。惩罚性的暂停更可能导致孩子对自己感觉很差:"我不是个好人",或者对你有不好的感觉:"走着瞧,我会扳回来的——今后我会更小心,不被你抓到"。

另一方面,积极的"暂停"对孩子则是一种鼓励并感觉到自己力量的体验,而不是惩罚和羞辱,并且能够教给孩子一种有价值的生活技能。我们都知道,有时候,在我们做或说一些会让自己事后后悔的事情之前,最好先冷静下来。我们都听说过数到10或做深呼吸的古老建议。当"暂停"的目的是要给孩子们一个短暂的间歇机会,等到他们感觉好起来之后再尝试解决问题时,暂停对孩子来说就是鼓励性的。鼓励性的暂停提供了一个帮助孩子"感觉"好起来的冷静期,因为只有这样才能激励孩子们"做得"更好。

重要的是,要让孩子们参与建立一个有助于他们心情好转的空间。这里可以包括软靠垫、音乐、填充动物玩具、书籍。然后,要让孩子们给这个空间起一个除"暂停"之外的名字(因为很难克服"暂停"这个词的负面含义)。有的孩子会称之为"冷静角",或者他们"感觉好起来的地方"。

这个空间的使用方法如下。当你的孩子出现难以对付的行为时，要问孩子："你觉得去你的'快乐角'会不会好些？"如果孩子过于生气，并且说"不"，你可以接着问："你愿意我陪你去吗？"（为什么不呢。你或许和你的孩子一样需要"暂停"一会儿。事实上，你先做一会儿"暂停"或许是一个好主意。）如果你的孩子还是说"不"，你可以说："好吧，我想我要去。"然后，你就去自己的积极"暂停"区。这对于孩子们来说是多好的榜样啊。

有的孩子喜欢那种肚子上带计时器的可爱毛绒小羊玩具，这样，他们就可以带着这个玩具去自己的暂停区。当他们生气时，就可以决定他们认为心情好转可能需要多长时间，并定好计时器（或者请人帮忙）。[1] 这个小羊玩具还可以作闹钟，用来提醒孩子该做的事情——该打扫卫生了、该离开公园了、该做作业了，等等，这是让孩子对于花多长时间完成某项活动有一种控制感（通过设置计时器）的有趣方式。而且，当你需要时间感觉好起来时，还可以问孩子是否愿意把用于暂停的小羊玩具借给你。

要记住，积极的"暂停"并不是你的养育工具箱里唯一或最好的工具。而且，当你在使用时，将它作为二选一的选项或许会更有效："现在怎样才能对你最有帮助？是去'冷静角'，还是把问题放到家庭会议的议程上？"还有一个警告：即便是积极的暂停，也很少适用于3岁或4岁以下的孩子。[2]

---

[1] 获得用于暂停的小羊玩具，请登录 www.positivediscipline.com。——作者注

[2] 关于积极暂停的更多信息，参见《积极的"暂停"：50多种避免家庭和教室里权力之争的方法》，简·尼尔森著，Three Rivers Press 出版，2000年版。——作者注

同等地对待你的孩子们

如果你有不止一个孩子，那么，为了防止同胞竞争、出现好孩子－坏孩子组合以及伤害孩子们的情感，你可以使用的一个最方便的词语就是"孩子们"。成年人往往会形成挑某一个孩子毛病的习惯，而不是使用"孩子们"这个词同等地对待每个孩子。我们很难知道究竟是谁挑起了事端。你可能看到了大孩子在打他的弟弟，但却没有看到弟弟如何招惹了哥哥。不要试图搞清楚是谁引起了战争，而要说："孩子们，如果你们想继续打架，请到外面或另一个房间去打。"如果孩子们为谁应该坐在汽车的前排而争吵，不妨这么说："孩子们，在你们想出如何分配前排座位的办法之前，谁都不可以坐在前排。请你们想出一个自己什么时候坐前排的详细办法。"如果你的孩子们回答："这不公平。我没做错什么。"或者"妈妈，是汤姆的错，不是我。"你只需要说："我没兴趣找出是谁的错或指责谁，而是关心问题的解决。在你们想办法时，我很乐意和你们坐在一起，如果这对你们有帮助的话。"

专注于解决方案，并让孩子们自己想出办法

大人经常对孩子们有偏见，并且没有意识到自己多么严重地低估了孩子们提出他们能遵守的解决问题的方案和建议的能力。当大人参与解决孩子们之间的冲突时，往往会使冲突恶化。孩子

们能够自己想出既出色又有效的解决办法。他们采用的办法或许并不总是与成年人的一样，但是，很多成年人解决冲突的办法不如孩子们多。想一想，有多少次在父母们为了孩子的事正和邻居争吵时，孩子们却早已忘记了争吵的原因，开心地玩在一起了。给孩子们一个自己解决问题的机会吧！

许多父母认为，搞定每一件事情是他们的责任，并且认为只有他们才有好办法。尝试一下让孩子们自己想出该做什么，看看他们的创造性吧！

在一个家庭里，孩子们正为谁该玩任天堂游戏机而争吵。爸爸说："我现在要把游戏机收起来，直到你们能想出一个不争吵的玩法。你们解决了问题之后来告诉我，我会把游戏机还给你们。"

起初，孩子们都在抱怨，但过了一会儿之后，一个孩子说："我们已经说好了，约翰在星期一和星期三玩儿，我在星期二和星期四玩儿。星期五谁都不玩儿。我们商量好了。"

如果孩子们又开始争吵，爸爸只需说："你们重新想办法吧。原来的办法好像不管用了。你们商量好再来找我，到那时候再玩游戏。"

行动胜过言语

如果你想了解一个人，就要多注意他的行为，而不只是他说的话。人们有两种语言，一种是嘴里说的语言，另一种是行动的语言。他们可能嘴上说的是一回事，而行动却传达着不同的信息。人的嘴里可能说的是善意的话，但他们的行动会告诉我们真相。这是两回事。重要的是，父母对孩子要言行一致。如果你说自己只洗放在洗衣篮里的脏衣服，却又担心孩子穿着脏衣服去学校，于是去孩子的房间翻找要洗的衣物，你的言行就不一致。孩子们很快就会知道你说的是一回事，做的是另一回事。他们会很快学会在你言行不一致时不理睬你的话。另一方面，通过观察并多关注孩子的行为而不是言辞，对于相信孩子会成为什么样的人是很有帮助的。例如，你的孩子可能会说他在出去玩之前会收拾自己的房间，但是，如果你发现孩子的房间仍然一团糟，而他已经和朋友出去了，他就没有说到做到。当发生这种情况的时候，很多父母都会说："我真是没法信任我的孩子。"其实，如果你相信孩子会说你想听到的话，但却做他自己想做的事，你可以在孩子出去玩之前检查他的房间（见"坚持到底"，第7~9页）。阿尔弗雷德·阿德勒反复强调："要观察行为，而不是言辞。"人们经常说的是一回事，做的是另一回事。行为才是检验的依据。行动确实胜过言语。

当言语和行为一致时，你们就会走向健康的沟通。当言语和行为相符时，你对自己和他人就做到了尊重和鼓励。当言语和行为不一致时，你的沟通就会包含双重信息。

不要许诺或接受承诺

不要许诺，除非你打算遵守，并确定到时候能够遵守。不要说："明天我带你去购物。"而要等到你准备好去购物的时候，再对孩子说："该去购物了。你愿意和我一起去吗？"

向孩子许诺你会考虑某件事情，然后又忘记了答复孩子，会让孩子很失望。相反，要告诉孩子，你现在还没准备好考虑这件事。他们可以把这件事放到家庭会议的议程上，或者他们可以在你们商定的能够讨论这件事的时间来找你。作出承诺而不考虑清楚承诺的细节或征求你的配偶的看法，会把你逼入墙角，并且会在你和孩子之间造成怨恨。

如果孩子向你作了很多承诺，尤其是如果他们不遵守的话，就要对他们说："我不接受承诺，你真做到了再对我说吧，到时我会和你一起庆祝。"

帮助孩子感受到归属感和自我价值感

所有人的首要愿望都是感觉到归属感和自我价值感。每个人都在寻求得到归属和自我价值的方式。如果你的孩子认为自己没有人爱或没有归属，他们通常就会尝试一些方法来赢回别人的爱，或者会为了扳平而伤害别人。有时候，孩子们会感觉自己喜欢放弃，因为他们认为自己不可能把事情做好并得到归属。当孩子觉得自己没有人爱或者不重要的时候，他们往往会以错误的方式寻求归属感和自我价值感。我们称之为"四个错误行为目的"，包括：

1. 寻求过度关注；
2. 寻求权力；
3. 报复；
4. 认为自己能力不够（放弃）。

孩子们意识不到自己的错误目的，因为这些目的是建立在潜藏的信念之上的。一旦你理解了孩子们做出的一些行为是因为他们丧失了信心，你或许能够想出办法，在他们感到灰心的时候鼓励他们。当你能够处理孩子行为背后的信念,而不是只处理孩子的行为时,你会有效得多。

要鼓励丧失了信心的孩子,就不能对孩子的不当行为作出反应,而要对行为背后的动机(密码信息)作出反应。理解孩子的密码信息的最好方式之一,就是检查一下你自己对孩子行为的情感反应。如果你对自己孩子行为的情感反应是恼怒、内疚或担忧,你的孩子可能是在寻求过度关注。他的行为虽然令人恼怒,但他的密码信息是:"关注我,让我参与并发挥作用。"要多给孩子一些主动的拥抱。要安排固定的特别时光。要和你的孩子一起做头脑风暴,想出对你们双方都有益的得到关注的方法。

要忽略孩子为得到关注而作出的令你恼怒的尝试。相反,要让孩子知道你对他不断地要这要那感到恼怒,并要告诉他,如果他想得到关注,只需说出来就行。他可以通过说"我需要一些关注。我想要一个拥抱,想玩游戏,想告诉你一些事情,等等"来要求关注,并且你会很高兴地给他这种关注。

如果你对孩子行为的反应是感到愤怒或沮丧,这就标志着孩子的错误信念可能是寻求权力。他的行为看似挑衅,但他的密码信息是:"让我帮忙,给我选择。"要承担起你自己在造成这种权力之争中的责任,并要告诉孩子:"我可以看到自己对你控制太多了。难怪你会反抗。"在你和孩子都冷静下来之后,要让孩子帮助你一起考虑问题的解决方案。这将有助于你创造一种双赢的局面,而不是使权力之争恶化或变成报复。

如果你感到伤心、失望或厌恶,这些情感反应表明你的孩子隐藏的动机可能是寻求报复。要理解,这个让你或别人伤心的孩子,自己也感到伤心。他的密码信息是:"我很伤心,请认可我的感受。"要通过和孩子一起检查他为何感到伤心,来处理这种伤心。要为你可能做的伤害孩子的任何事情(即使是无意的)承担责任,或带着共情倾听是否是别人伤了孩子的心。要帮助你的孩子确定他怎样做才能使自己感觉好起来。不要因为你的情绪再让孩子伤心或排斥孩子，而要以能帮助孩子以一种积极的方式感觉到归属感和价值感的方式行事。

如果你对孩子行为的反应是感觉绝望和无助，就表明孩子认为自己能力不足（放弃）。你的孩子正在发送的密码信息是："不要放弃我，要一小步一小步地让我看到怎么做。"不要向你自己的失望让步。要通过将任务变得足够容易以确保孩子能够成功，来不断地鼓励孩子。要花时间训练孩子。要经常告诉孩子，你相信他学习和进步的能力。这将有助于你自然而然地想出积极而鼓励的活动，帮助孩子满怀着信心和希望前进。

运用鼓励，而不是赞扬和奖励

鲁道夫·德雷克斯是阿德勒学派的心理学家，也是《来自孩子的挑战》一书的作者。他说："孩子们需要鼓励，就像植物需要水。"鼓励，是一个过程，是向孩子表明那种能让他们知道自己足够好的爱。鼓励，能让孩子知道自己做的事与自己是什么样的人是两回事。鼓励，能让孩子知道父母不带任何评判地重视自己，就因为自己是独一无二的。通过鼓励，你能教会孩子犯错误只是学习和成长的机会，而不是应该感到羞耻的事情。受到鼓励的孩子会自爱并能感到归属感。

赞扬和鼓励是不同的。赞扬或奖励行为好的孩子很容易，但是，对于正在做出不当行为或自我感觉不好的孩子，你能对他们说什么呢？要知道，这正是他们最需要鼓励的时候。可以试试这么说："你的确很努力。""我相信你能处理这件事。""你很善于解决问题，我确信你能想出解决这个问题的办法。""无论怎样我都爱你。"

赞扬和奖励,教给孩子的是依赖于他人的外在评判,而不是相信自己的内在智慧和自我评价。不要这样赞扬孩子:"我真为你感到骄傲。"或"你得了个 A,我要给你一个奖励。"而要鼓励孩子:"你一定觉得很自豪。"或"你学习真的很努力,你值得这个 A。"

经常赞扬和奖励孩子,会促使他们相信:"只有别人说我好,我才算好。"还会让孩子尽力避免犯错误,而不是从错误中学习。相反,鼓励则教会孩子相信自己,相信自己做正确的事的能力。

你可以给自己的孩子写鼓励性的便条。在一些家庭里,家人轮流寻找需要说和做的相互鼓励的事情,他们还负责每周向其他家人致谢一两次。鼓励对于营造一种积极的家庭氛围大有帮助。

说"不"

说"不"没关系。如果你说的都是"不",就是个问题,但是,有些父母认为如果没有长篇大论的解释,自己就没有权力说"不"。例如,如果你的孩子知道吃点心的时间是吃健康零食的时间,而他们要吃冰激凌,你只说一个"不"就没关系。

当他们回答说:"为什么不行?这不公平。史密斯夫人就让她的孩子们在点心时间吃冰激凌。"你就说:"看着我的嘴,'不'。"

"噢,别这样,求求你了。别那么一本正经的。"

"你听不懂'不'的意思吗?"

"好吧,就这样吧。你真没劲。"

大多数孩子都清楚父母什么时候是真的在说"不"。他们能描述出父母的某种声调或面部表情，或者会提到父母开始数一二三。如果孩子不努力让父母改变主意，他们就不是孩子了，但是，用一个明确、清晰的"不"来对待他们的操纵，是完全恰当的。如果你感觉他们好像确实不理解你说"不"的理由，就要告诉他们，但要保持坚定——他们不一定必须同意你的理由。

拉米雷兹夫人认为，她必须说服孩子们接受她说"不"的理由。这只会招致孩子们想出更好的理由让她让步。有一天，她想起了要和善与坚定并行，便对孩子说："亲爱的，我爱你，而答案还是'不'。"女儿说："我简直无法相信。"然后，面带笑容走开了。显然，她终于相信了妈妈是当真的——并且是爱她的。

运用你的幽默感

养育有时候会变得过于严肃，尤其是随着孩子一天天长大。想一想你看着自己的小宝宝和学步期孩子的感受。他们做的每一件事似乎都那么可爱、讨人喜欢。看看你是否还能真诚地对自己说"他们不是很可爱吗"！

形成这种"他们真的很可爱"的心态，能帮助你正确地看待孩子的行为。当你将他们的行为看做是与其年龄相符的行为时，你就能够将其视为可爱的，而不是令人讨厌的。既然孩子是小宝宝时把食物弄得满脸满地都招人喜爱，那么，把一个十几岁孩子的房间看成是一种与其年龄相称的"可爱"怎么样？

要将孩子的穿衣打扮看成是他们个性的一种表达，而不是在表明你怎样和反映着你的养育方式。当孩子3岁时，他们可能想穿得像个超级英雄；7岁时可能想穿得像个棒球运动员，15岁时的日常服装可能是救世军那种松松垮垮的衣服。

有时候，父母们会忘记运用自己的幽默感，或者在与孩子相处时看不到事情幽默的一面。你大可不必整天都板着脸。当你看本地报纸时，可以试试告诉你的不愿做家务的孩子，报纸上有一篇关于他们的文章。然后，假装读报上关于你的儿子或女儿的访谈，并说他们多么喜欢洗碗，而且在忘记洗碗的时候很高兴父母能提醒自己。对于报纸上的星座图，你也可以这么做：假装正在看报上关于孩子的星座，并说上面写道："今天，我要记住拥抱父母5次。"

起外号也是帮助你保持幽默感的一种有趣方式，只要不是用来奚落或操纵别人。在一次滑雪中，一个孩子在其他人到达山顶之前就已经滑了下来，他的外号便成了"慢大侠"。他的哥哥压根儿就拒绝滑雪，喜欢别人叫他"你不能强迫我"。

对于那些在开始了一件事情后很难完成的孩子，可以试试让他们了解"开始－中间－结束"的概念。要让他们知道，他们在开始时做得很棒，中间做得也可以，但你等了好几年还见不到结果。之后，你可以问："那些结果怎么来啊？"当父母接受孩子的独特之处并运用幽默感时，孩子们喜欢父母开自己的玩笑。

过你自己的生活

太多的父母都试图让孩子延续自己的生活。他们希望孩子完成自己人生中没能实现的事情，或者认为孩子应该取得和自己一样的成就。他们不愿意花精力尊重孩子作为一个人的感受与愿望。

卡里·纪伯伦①在他的散文诗集《先知》中说得非常精彩：

你们的孩子，都不是你们的孩子。
乃是生命为自己所渴望的儿女。
他们是凭借你们而来，却不是从你们而来，
他们虽和你们同在，却不属于你们。
你们可以给他们以爱，却不可以给他们以思想。
因为他们有自己的思想。
你们可以荫庇他们的身体，却不能荫庇他们的灵魂。
因为他们的灵魂，是住在明日的宅中，那是你们在梦中也不能想见的。
你们可以努力去模仿他们，却不能使他们来像你们。
因为生命是不倒行的，也不与昨日一同停留。

过你自己的生活，意味着在支持孩子追寻他们的梦想的同时，要积极追求你自己的梦想。这不意味着忽视或娇纵孩子。这本书通篇讲的都是教育和引导孩子。当你有自己的充实生活时，你就会喜欢自己的孩子，因为你不会再依赖于孩子。

避免给孩子贴标签和使用药物

你注意到了吗？人们总是倾向于给几乎每个"不良行为"都

---

① 卡里·纪伯伦（Kahlil Gibran），1883~1931 年，黎巴嫩诗人、作家、画家，被喻为"艺术天才"、"黎巴嫩文坛骄子"，是阿拉伯现代小说、艺术和散文的主要奠基人，20 世纪阿拉伯新文学道路的开拓者之一。其散文诗集有《泪与笑》、《先知》、《沙与沫》等。——译者注

贴上关于精神或行为问题的标签：注意力缺乏多动症（ADHD）、对立违抗性障碍（ODD）、分离焦虑症、固执、抑郁……这个清单可以一直列下去。可怕的是，对于每一个标签，现在都有相应的药物。但是，这些行为大多数都是正常的。例如，被有些人贴以"对立违抗性障碍"标签的行为，通常是在控制型父母养育下的孩子的一种自然反应。即便你以爱的名义对孩子控制太多，也不会让他们形成归属感、自我价值感，以及今后需要的解决问题的能力。几乎在每一个案例中，当父母使用本书中介绍的各种正面管教工具时，孩子们就会放弃这些"行为"。

有信心

对孩子有信心，并不意味着相信他们始终会做正确的事，而意味着相信孩子会成为他们自己。这意味着，他们在大多数时候都会做出与其年龄相符的行为——就是说，他们不会像自己承诺的那样去洗碗或修剪草坪。不要对此感到生气或做出不尊重孩子的行为，这是你应该意料到的，你应该运用相互尊重的方法激励孩子。要相信你和自己的孩子能够帮助彼此从错误中学习。

对孩子有信心，并不意味着孩子已经作好了独立的准备。他们在学习生活技能的过程中，仍然需要爱、支持和帮助。但是，当你对孩子有信心时，你就不需要控制和惩罚了。信心会给予你耐心，以赋予孩子力量的方式教他们诸如共同解决问题、坚持到底、家庭会议以及问启发式问题，以帮助他们从错误中学习。对孩子有信心，包括把目光放长远，并且知道孩子现在的样子并不代表着他们永远都如此。

确保把爱的信息传递给孩子

确保把爱的信息传递给孩子，是你能够给予自己孩子的最伟大礼物。孩子对自己的看法，是通过他们对你对他们的感觉的感知形成的。当孩子感觉到爱、归属感和自我价值感时，他们就有了开发自己的全部潜能，从而成长为一个快乐、对社会有所贡献的人的基础。当爱的信息得到传递时，你对孩子的积极影响就传递给他们了。

帮助你的孩子感受到你的爱的最简单方式，是每天说很多次"我爱你"。要多给孩子拥抱、胳肢和亲吻。要和孩子一起计划特别时光的安排。孩子们需要与父亲和母亲单独相处的时间。在孩子小的时候，每天抽出时间与孩子单独相处是非常重要的。随着孩子逐渐长大，特别时光可以作为每周的一个惯例。在度过特别时光时，要安排一些你们都喜欢的活动。如果有其他孩子干扰，应要求他们离开。

不要忘记和孩子们一起玩耍。在地板上打闹、逛公园、一起烘焙或做饭以及玩游戏，都是一些不错的主意。重要的是要花时间享受乐趣。要在活动中留下一些家庭乐趣的美好记忆，而不是严肃地待在一起。家庭乐趣不必花费很多时间或金钱，需要的是身心的投入和玩耍的意愿。

每次一小步

成功之路最好是每次走一小步。如果你设立的目标太高，你可能永远都无法开始，或者会因为没有很快取得成功而气馁。如果你不停地每次迈出一小步，你就会一直向前，并且你和孩子都会从中受益。

第 2 部分

正面管教解决方案 A – Z

爱发脾气或好斗的孩子

"我女儿似乎总是很愤怒,并且在生气时会变得攻击性很强。她打妹妹、跟我吵架、踢玩具,还把玩具扔得到处都是,而且她的心情总是很不好。甚至连她的老师都抱怨她动不动就发脾气。对于一个愤怒的孩子该怎么办呢?"

理解你的孩子、你自己和情形

体验一种感受与表达情绪,比如发脾气,是有区别的。愤怒是一种感受,是随着你相信得不到自己想要的东西,或对一种情形感到无能为力而产生的。愤怒还可能是对伤心的一种掩饰。发怒的孩子，有可能是对自己的父母、其他孩子、自己、生活或对他们发怒的其他人感到沮丧。孩子们可能认为没有人关注自己或考虑自己的需要。孩子们通常都有充分的原因感到愤怒，即便他们有时不知道原因是什么。当孩子们被别人指手画脚和控制，并且没有选择时，就可能会感到愤怒。被过度保护的孩子常常会感到愤怒。如果成年人对孩子进行身体或语言虐待，孩子们会感到愤怒。而且，如果一个孩子看到父母用攻击性的方式回应别人的愤怒，他也会这样做。父母们往往以更多的控制和威胁来回应孩子的愤怒和攻击行为，使情况变得更加糟糕。如果你或你的孩子感到愤怒，你们之间可能出现了权力之争，摆脱这种权力之争并为合作而努力是很重要的。

建议

　　1. 要认可孩子的感受，"你真的很生气。感到生气没关系，但你能用言语而不是行动告诉我，你在生谁的气或什么事情让你生气吗？"要等待孩子的回应，并有兴趣地倾听，而不要说："你不应该生气。"

　　2. 有时候，孩子们在生气的时候辨别不出自己的感受。要让你的孩子知道，过一会儿也没关系，当他准备好之后可以随时找你谈。

　　3. 你可以通过搞清楚孩子想要什么（可能要通过猜测）并帮助他得到，来平息他的愤怒，比如，"你很生气，因为姐姐可以比你晚睡，你希望自己也能睡得晚一些。当你长到姐姐那么大时，你也可以像她一样睡得晚一些"。

　　4. 当孩子们争吵或打架时，不要选择站在哪一方，因为这是引起孩子们愤怒的主要原因之一。相反，要同等地对待他们，并且说："孩子们，我看你们现在很难解决这个问题。你们可以先冷静一下再试着解决，或者你们既可以到别的地方吵，也可以在这里把问题解决掉，但是我不会站在任何一方。"

5. 如果你的孩子好争论，可以试试让他们说最后一句话，或者拥抱他们，而不是再反驳。要询问孩子的想法，而不是告诉他们去做什么。当你意识到你们之间正在发生权力之争时，要停下来对孩子说："我不想控制你，但是我会感谢你的帮助。让我们看看我们都冷静下来之后能想出什么办法吧。"

6. 如果你的孩子正在用攻击行为伤害别人，要让孩子知道你认识到了他可能因为什么事情感到伤心和生气，但你不能让他伤害别人。如果你的孩子还小，要马上带他离开现场，并和他一起坐下来，跟他谈他生气的原因。如果孩子年龄比较大，要对他说："我爱你。等你准备好能谈一谈的时候，可以随时来找我。"然后，你就离开。如果孩子们需要一起坐下来解决一个问题，在他们讨论的时候，你要跟他们坐在一起。

7. 要避免以攻击回应孩子的攻击行为，这会造成权力之争，并且会让孩子看到一个与你期望的相反的榜样。还要避免对孩子的攻击行为作出让步，这会加剧孩子的攻击行为。

预防问题的发生

1. 要找找你可能在哪些方面招致了孩子发怒。你总是不断干涉孩子的事情吗？比如对孩子在学校的功课、朋友、穿衣等等总是长篇大论地说教？你总是唠叨孩子，而不是建立日常惯例并运用坚持到底的方法吗？你总是惩罚孩子，而不是专注于解决问题吗？你总是命令孩子，而不是请求吗？孩子们对"该吃饭了"的反应，要比"马上到餐桌来"好得多。

2. 要定期召开家庭会议，以便你的孩子知道他们每周都有一个场合和时间来谈论困扰着自己的事情、得到倾听，并找到对每个人都尊重的解决问题的办法。

3. 对于年龄小的孩子，要运用有限制的选择，而不是告诉他们怎么做。

4. 要让孩子参与制作日常惯例表，以便让惯例表说了算，而不是由你说了算。（关于如何让孩子参与建立日常惯例，见第25~28页。）当你问孩子"按照晚餐时间（睡觉时间、早上）的惯例表，接下来该做什么"时，他们会感到自己被赋予了更多权力。

5. 在孩子心情好时，可以提起你注意到他经常生气，并请他帮忙想出一个能表明自己生气而又不伤害别人的办法。可以建议孩子打枕头、听最喜欢的音乐，或找一个能让他冷静下来的特别地方。对于年龄大的孩子，可以建议他们把自己生气的原因写下来，或画一幅自己发怒的画。

6. 如果你是一位单亲父母，要避免在孩子面前说一些贬低你的前配偶的话。这往往会造成孩子心中对父母中的一方感到极大的愤怒，还会导致孩子对自己认为不好的那个父母以攻击行为进行反击。不要像对别的成年人那样对你的孩子说话。

7. 不要害怕表达你自己的愤怒。要学会说："我很生气。"当你用言语而不是通过发脾气来表达这些感受时，就为孩子提供了一个很好的榜样。

8. 要让孩子看到你以尊重的方式处理自己的愤怒。要表达你的真实感受：我对_____感到_____并且我希望_____。要让孩子看到你通过"暂停"冷静了下来，并以尊重的方式处理了自己的愤怒。

9. 要限制孩子看电视的时间，因为电视里充满了暴力。要监督孩子所看的电影。与孩子讨论视频游戏和音乐中的暴力。要明确地说出你的想法，但也要倾听孩子的想法。

孩子们能够学到的生活技能

孩子们能够知道，他们的感受与行为是不同的——感到愤怒没有关系，但不能伤害别人或做出不尊重的行为。孩子们能够了解他们有力量而且能够控制自己和自己的生活。没有人喜欢无能为力的感觉，孩子们更愿意知道他们如何才能不必为自己的需要而战，就能作出贡献并取得成功。

养育要点

1. 攻击与自信地主张自己的权利是不同的，帮助孩子理解这种区别是很重要的。要教会孩子要求自己想要的东西，倾听他们的看法。要让孩子看到如何在不伤害别人的前提下让自己的需要得到满足。

2. 要当心对男孩和女孩使用双重标准。有时候，男孩的粗鲁和伤害行为会得到原谅，而女孩坦率地表达自己的需要却会受到阻止。知道自己有任何感受都没关系，并且行为与感受是独立的，对男孩和女孩来说都同样重要。

3. 并非所有的愤怒都会表现出来。你可能有一个将所有怒火都憋在心里的非常愤怒的孩子。要留意一些迹象，包括在家人面前退缩、被动的攻击行为和药物滥用。

开阔思路

有一天，我正在凯马特超市作一些研究，就在我走到收银台的时候，那里正好有一场"如何逃避面对孩子的感受"的讨论刚开始。一个显然步入了青春期的13岁孩子（因为他的双脚像迈克尔·乔丹的脚那么大，而身体的其他部分则处在奋力追赶的不同阶段）正在因什么事而生气。我到他身边的时候，他的父亲开始介入，想帮助他："你为什么生气？你没有理由生气！你为什么这么胡闹？"

在那一刻，我真希望自己能够为这个男孩说几句话，诚实地回答这位父亲的问题。

"我之所以生气，是因为额叶系统的一个传导扰乱了压力梯度，在我的大脑边缘系统造成了微妙的变化，而且我吃了一顿过度丰盛的精加工的淀粉、糖、脂肪和碳水化合物午餐，因为这些食物很便宜，这让我不堪重负。而且，在教室里上课时，我要努力容纳老师讲课的"卡路里"，这让我要对付由此产生的难以承受的沮丧感。课间只有4分钟时间上厕所、开储物柜，然后去另一个教室上课。当我带着所有这些在我身体里咆哮的能量放学时，他们立刻又把我赶上了一辆校车，并告诉我：'坐下，不许说话，关上车窗，要不然我就告诉你的父母。'当我带着那些依然在我身体里咆哮的能量下了校车后，我喝了一瓶可乐，摄入了咖啡因和糖，吃了一块巧克力蛋糕，摄入了可可碱，它们直接刺激着我不稳定的下丘脑，这种不稳定是从酗酒的前三代人那里继承来的——我们甚至还没讨论过这件事。下丘脑分泌出大量的睾丸素在我体内横冲直撞并让我进入了青春期，并且成天都因为我要努力满足大人的期望而不断地遭受挫败和敌意而受到干扰。我实在应付不了，所以我很生气！"

一个13岁的孩子不可能说清楚这么多事情（甚至都意识不到），所以，这个孩子说的是："因为！"

爸爸吼道："你什么意思，'因为'？"

男孩最后说："我不知道。"然后，就不说话了。

这个男孩从这件事情中学到的是，他的父亲不想认真地探究问题以及有效的解决办法。他真正想要的是让这个男孩觉得之所以出现问题是因为自己又傻又笨，而且无能。

一定要记住，感受往往是很复杂的，并且往往不能明确地理解。上面的所有因素能够而且确实会影响我们的感受，尽管有时我们自己意识不到。

一个15岁的男孩和妈妈一起如约前来咨询。妈妈很担心儿子易怒的问题。他很快就要拿到驾照了，而他的妈妈害怕他如果不得到一些帮助的话，在开车时会把怒气发泄到其他司机身上。

心理咨询师问这个男孩因为什么生气。他说，他每次同意替妈妈干活的时候，妈妈又会反悔并且自己干。妈妈解释说，她之所以这么做，是因为她觉得儿子好像并不打算去干。

她的儿子就爆发了，用拳头捶着桌子，大喊道："你从来都不相信我！我告诉了你我会做，你为什么就不能信任我？"

母亲很吃惊地看着儿子在她认为这么无关紧要的问题上竟然这么大发脾气。当她意识到儿子有多生气时，她问："我们要怎么解决这个问题才能让我们都感觉好一点呢？我不想看到活儿没人干，你不想让我唠叨。"

心理咨询师建议，如果母亲想知道儿子是否记得该做的家务，他们可以约定一个非语言的手势信号。这位儿子说，只要妈妈问问他是否还打算干他答应要做的家务就行——只是不要替他做。

我们往往意识不到自己在怎样惹恼孩子，并对他们有多么不尊重。出现这种情况时，孩子就会愤怒。如果我们问孩子因为什么生气，并愿意倾听，他们通常都会告诉我们。

爱哭

"我的孩子太敏感了,以至于连帽子掉了都会哭。我发现这让人特别烦。我如何才能让他改变呢?"

理解你的孩子、你自己和情形

感受,能提供有关你是谁以及什么对你才重要的有价值的信息。孩子们需要知道,有任何感受都没关系。有些孩子很容易哭,因为他们天生敏感,并且这是他们表达自己的一种方式。还有些孩子哭是为了寻求关注、权力、报复,或者是表现自己的无能为力。有些孩子哭,是因为当时感到失望、愤怒或沮丧。当然,婴儿哭是因为这是他们唯一的沟通手段。关键在于要足够了解你的孩子,以发现这些区别,并具备有效处理每一种情形的养育技能。

建议

1. 让孩子坐在你的腿上(对于7岁以上的孩子,要坐在他们身边),问:"你愿意告诉我发生了什么事吗?"然后,要静静地倾听。
2. 当你的孩子说完之后,要忍住说教、解释或试图替孩子解决问题的冲动。要问:"还有吗?"这个问题往往能够鼓励孩子说出更深层的感受。
3. 在经过一段足够长的沉默时间,以确保你的孩子把话说完并感到平静之后，要问："你愿意和我一起用头脑风暴想出一些解决办法吗？"很多时候，并不需要找出解决办法。你的孩子只是需要安慰、得到倾听和认真对待。

4. 当孩子感到太生气或充满敌意而不愿坐在你的腿上，或不愿意说话时，你要说："不要压抑你的感受。你有权力这样感受。要允许自己感到难过。如果你想谈，就来告诉我。"如果孩子对你说话不尊重，你就离开房间，或者对孩子说："你愿意回自己的房间或能够帮助你感觉好起来的其他地方，直到你觉得愿意和别人在一起吗？如果你不愿意，我会回我自己的房间，等你准备好了可以来找我。"

5. 你可以使用反射式倾听，只需闭上嘴巴回应：嗯，啊。然后，要允许孩子自己解决问题——除非他请求你的帮助。

6. 你可以使用积极的倾听，这意味着要听出孩子话里的意思，并帮助他说出内心深处的感受：你真的感到很生气、伤心、烦躁——或者你认为孩子可能会有的其他感受。同样，有时候这就足够了。让孩子感觉被理解了，会对孩子特别有帮助。

预防问题的发生

1. 通过认可孩子的感受，可以早点开始教给孩子知道有感受没关系。当孩子说"我饿了"的时候，不要说："不，你不饿。你20分钟前刚刚吃过饭。"要说："我很抱歉你饿了。我刚刚把午餐收拾完，现在不愿意再做饭了。你要么坚持到晚饭时间，要么从架子上选一些健康食品。"这就同时尊重了你和孩子的感受和需要。

2. 要教会孩子真实地表达自己的感受："我感到_____因为_____我希望_____。"（当弟弟推倒我的乐高玩具时，我感到很生气，因为我很努力地搭成了那座楼房，我希望你告诉他别碰我的玩具。）真实地表达感受，并不意味着别人会和你有相同的感受，或满足你的愿望。

3. 鼓励孩子把让他们生气的事情放到家庭会议的议程上，以便全家人一起帮助寻找解决办法。

4. 孩子需要你无条件地接受他。如果他比较敏感，你要接受这一性格特点，即便他与你或你理想中的不同。如果你专注于积极的方面，也会有帮助。很多女性都希望自己能够嫁给更敏感一些的男性，也有很多男性希望能够娶个比自己敏感的女性。个性的多样化是世界能够如此有趣的原因之一。

5. 一旦孩子的某个行为变成了一种习惯模式，就要提前作出计划。要告诉孩子，你尊重他拥有的感受的权力。如果他需要你帮助解决问题，在准备好之后可以告诉你。要让孩子知道，在他生气时试图解决问题往往不会有效果，但是，如果待会儿他需要你帮助解决问题，随时可以来找你。（在孩子请求帮助时帮他们解决问题，与你因为感到需要解救或过度保护孩子而试图提供帮助，这两者之间有很大的不同。）

6. 不要将一个孩子与其兄弟姐妹进行比较，或者与其他任何人比较。这对孩子是不尊重的，并且是令人沮丧的。

孩子们能够学到的生活技能

孩子们能够学到，他们的感受很重要，别人会倾听他们的感受，并以尊重的方式认可他们的感受。孩子们能够知道，感受没有对错之分，只是感受而已。感受能传达有价值的信息。感受与行为是分开的。孩子们能够学到，通过表达自己的感受，他们的感觉能够好起来。他们会知道，有任何感受都没关系，他们能够处理自己的感受，而且他们的父母也是如此。

养育要点

1. 哭和笑都是释放压力的自然而健康的过程，无论对于男孩还是女孩都是如此。通常，那些被教导不能哭的人，不得不比别人笑得多，因为他们用笑来掩盖痛苦。

2. 为了孩子的心理健康，应该允许他们哭。然而，如果你认为孩子是在用泪水的力量来操纵你，那就要承认他们关切的事情，但不能受到他们的操纵。

3. 解决孩子的感受不是你的责任。你的责任在于接受孩子的感受，帮助孩子说出自己的感受并以尊重的方式表达出来。

开阔思路

朱利叶斯和奶奶在海滩度过了愉快的一天。到了该回家的时候，他求助于"泪水的力量"，开始大哭起来。当他呜咽着说不想离开时，你会认为他的心都要碎了。奶奶用一句话吸引了他的注意力，她问："你愿意和大海说再见吗？"朱利叶斯立刻把注意力从哭转移到了如何完成帮助大海感觉好起来的任务上。"再见，大海，我会想你的。我明天再来看你。"泪水止住了，朱利叶斯感觉到了安慰。大海也是。

搬家

"我们不得不搬家到另一个州去。我8岁的儿子非常难过。他受得了吗？"

理解你的孩子、你自己和情形

搬家可能会让人感觉压力很大，但通过一起收拾、一起计划和相互鼓励，也可以成为增强家庭凝聚力的一次机会。搬家对孩子来说是一种巨大的变化——但他们承受得住。离开熟悉的地方和人群，结识陌生人，适应新环境，都可能会有困难。表现出一定的共情，再加上下面的建议，会帮助你和你的孩子体验到一个更快乐的搬家过程。

你或许也在处理自己的丧失感，并因而在试图帮助孩子时面临更多困难。搬家造成的悲伤过程有时与亲人死亡造成的丧失感很相似。要理解这一点，并允许这个过程顺其自然。另一方面，有些家庭经常搬家，孩子们也将其看成了生活的一部分，都已经习以为常了，并不认为这有什么不好。所以，最好不要想当然。搬家可能对你来说很难，但对孩子来说却很容易接受；或者相反，所以，要确保了解每个家庭成员的感受，而不要想当然地认为自己知道。

建议

1. 要向孩子说说你的悲伤和兴奋，还要说说你将如何处理自己的悲伤。这会让你的孩子看到感觉难过和兴奋是很正常的。

2. 要花时间了解孩子的感受，倾听并帮助他们处理这些感受。通常，倾听就足够了。

3. 要避免过于专注于搬家的事情，而忽略了孩子。你让孩子参与得越多，他们就越不会觉得自己受到了忽略。

4. 要让你的孩子参与打包，并允许他们带上自己的重要物品。这不是与孩子争论他们想要保留什么东西的时候。把春季大扫除放到其他时间吧。

5. 要买一些家居杂志，以便每个孩子都能从中收集装饰自己的新房间的想法。

6. 当你们到达新家时，要帮助孩子了解新环境。要带孩子们去图书馆办张借书证；骑自行车在周围转一转；找到离家最近的公园和娱乐场所，看看是否有特殊的培训课程；浏览一下当地商会的网站，了解当地的独特之处；带你的孩子去最近的购物中心和电影院。（用不了多长时间，孩子们就会结识新朋友，而你的十几岁的孩子不会想让别人在这些地方看到他们和你在一起。）

预防问题的发生

1. 在一次家庭会议上做头脑风暴，让每个人都贡献一些让搬家变得更轻松的建议。

2. 要帮助孩子确定与以前的家所在地保持联系的方法。这些方法可以为孩子提供一种过渡，直到他们交了新朋友，对以前的家不再念念不忘。可以种一棵纪念树、安排故地重游，并把这些活动记到日历上，可以送朋友十个写有自己新地址并贴有邮票的信封来鼓励大家通信，安排出电话费的预算，让孩子有自己的电子邮箱，或鼓励每个孩子作一个剪贴簿，放上原来的家、最喜欢的地方以及朋友的照片。

3. 要和孩子讨论他们以前经历过的种种变化，比如开始了一个新学年、结交了一位新朋友或去一个新地方度假。要强调这种经历的收获，然后，要探讨搬家可能让孩子们有什么收获。

4. 如果有可能，要让孩子们参与寻找新房子或公寓。

孩子们能够学到的生活技能

孩子们能够知道，对丧失和改变感到难过没关系。他们还能知道，一起干活和一起计划有助于他们度过转换期并增强家庭的凝聚力。

养育要点

1. 要避免对孩子的挣扎和感受承担过多的责任。要表达接受和理解，但要避免解救孩子。
2. 要跟孩子说说你经历过的一些一开始让你感到恐惧和不安，但最终从中得以成长并学会了很多东西的改变。要将其作为一次个人的分享，而不是长篇大论的说教。
3. 要避免通过贿赂和要挟解决冲突，这样你才能表现出接受和合作，而不是操纵。
4. 家庭会议、惯例和传统在增强家庭凝聚力的同时，能为处理变化提供一种系统的方法。

开阔思路

乔斯琳有收集癖。她似乎无法扔掉任何东西，尽管她很讨厌家里成堆的东西以及装得满满当当的架子和柜子。一天，她决定和心理咨询师谈谈这个问题，以便找到让自己作出一些改变的办法。咨询师让她随便回忆自己小时候的一段经历。乔斯琳马上就想起了父亲失业后她们家要横跨美国搬到另一个地方去的事情。她的母亲一个人负责打包，包括扔掉了乔斯琳多年来收集的每件纪念品。没有人问她想要留下什么东西，或允许她参与打包。乔斯琳一下子就明白了。"哇！"她说，"我猜我是在确保再也没人能拿走我的宝贝。我从来没有意识到自己现在的行为会与这么久以前的事情有关。我猜我现在可以收拾屋子了，因为这次是由我决定保留什么、扔掉什么。"

悲观的孩子

"我对我的儿子非常担心和恼火，都不知道该怎么办才好了。对他来说，什么事情都不对或不够。我们刚刚为他举办了生日派对，是他自己计划的。他租了一个游戏机，邀请来了一个朋友，在派对结束时，我问他玩得是否开心，他说：'嗯，一般般。'如果他有一次听上去积极一点，我都会吓一跳。他想到的总是自己没有什么或没做过什么。"

理解你的孩子、你自己和情形

那些对自己拥有的东西似乎永远不知足的孩子很难相处，也很难让人喜欢。如果他们觉得受到了欺骗并将自己与朋友作比较，坚信所有朋友都拥有他们没有的东西，那么，他们可能顽固地坚持要那些与你的经济能力或价值观体系不相符的东西。当你的孩子不快乐时，你可能会认为这反映了你的问题，你肯定做错了什么事。你或许想让自己的孩子快乐、积极，因为这对他们有好处，而且会让你和其他所有人与孩子都更容易相处；但是，尽管你竭尽全力，事情却永远做不太对。悲观的孩子之所以形成这种心态和行为，是因为他们把这种方式当成了在家里寻找自己独一无二的位置、反叛父母的控制，或回应总是试图让他们开心的父母的一种方式。

建议

1. 要接受孩子。承认你的孩子看到的总是半空的杯子，或者快变成了爱发牢骚的奥斯卡①都没关系。但不要对孩子说这种话；只需要接受。另外，还要让别人（孩子的兄弟姐妹、亲戚和其他孩子的父母）避免给孩子贴标签。不要在你的孩子们之间作比较。

2. 不要问有悲观倾向的孩子诸如"你玩得开心吗？"或"你高兴吗？"之类的问题，除非你想扫兴。要试试你的幽默感："按照从1到10来打分，你今天过得有多糟？"或者，"用你的手告诉我，你有多讨厌这套新衣服。"

3. 要告诉孩子，你愿意听听他们的失望，但也想听一些积极的事情。

4. 当孩子抱怨时，要倾听，不要说话或试图替孩子解决问题。如果没有任何回报，悲观可能就没什么好处了。

5. 要避免落入陷阱。不要用你自己的悲观回应孩子，要用你希望孩子有一天能学会的积极心态为孩子做出榜样。在接受孩子的同时，你可以期待孩子会改善。

6. 不要模仿或嘲讽孩子。说"哦，抱怨开始了"之类的话，既无益，又不能鼓励孩子。

7. 当孩子把自己的问题归咎于别人时，要尊重地倾听，然后说："这是她的责任。你对这件事情应负什么责任呢？你想让我

---

① Oscar the Grouch，美国《芝麻街》节目中的木偶形象，是一个住在垃圾桶里的很爱发牢骚的小怪物。——译者注

帮助你解决这种情形的问题,还是只想告诉我你的感受?"

预防问题的发生

1. 要帮助孩子学习如何靠自己取得成功。比如,让孩子看到如何建立一个储蓄账户为自己想要的东西攒钱,列一个自己无聊时可以做的事情的清单,做一个自己值得感激的事情的清单。

2. 要教会孩子如何用"我感到_____因为_____我希望_____"句式表达自己的感受。

3. 每天都要与你的孩子共度特别时光,以便他能够通过和你一起做事来得到关注,而不是通过抱怨。

4. 要真正倾听孩子。或许他遇到了一个真正的问题,而你没有认真对待。

5. 如果你的另一个孩子心态很积极,要意识到你正在处理的很多问题其实是同胞竞争。(解决办法见第308~312页"同胞竞争"。)

6. 有时候,赞同孩子的看法并开个玩笑会很有帮助:"你认为我们应该怎么处置那个罪魁祸首?"通常,这就足以让孩子感受到你的支持了。

孩子们能够学到的生活技能

孩子们会知道生活有高潮也有低谷,他们能够并有责任让自己的世界成为他们希望的样子。他们能知道,宇宙并不是围绕着他们转的。

养育要点

1. 你越赋予孩子力量（而不是替他们解决问题或责骂他们），你和孩子就会越快乐。

2. 你要安排好自己的事情，过好你自己的生活，并且要明确你愿意为孩子做哪些事以及愿意和孩子一起做哪些事。要确保你的孩子知道，你有需要为自己和他人做的一些重要事情。如果这让你的孩子很烦恼，也没关系。要让孩子有自己的感受，而不要试图解决或改变孩子的感受。

开阔思路

伊恩坚信妈妈更喜欢弟弟，而且弟弟总能想怎样就怎样。无论妈妈怎么解释和哄劝，都无法让伊恩改变看法。他画了一幅全家人的画，弟弟的头上有一个光环，而他自己的头上长着一对犄角。妈妈很担心伊恩的心态，但也厌烦了他总是抱怨。

有一天，妈妈带伊恩外出吃午餐，她说自己遇到了一个严重的问题，需要他的帮助。让伊恩吃惊的是，妈妈说："我不知道该拿你弟弟怎么办。他总是假装好人，快把我逼疯了。我很烦，并且厌倦了他总是主动帮忙。你有什么主意吗？"

伊恩很震惊地坐在那儿，下巴压在桌子上。最后，他说："我不知道你能怎么办，因为他让我也很生气。我以为你更喜欢他呢。"

"好吧，伊恩，我猜我们需要再多想想这个问题。谢谢你听我说这些。现在我们要吃什么甜点呢？"

当他们回到家的时候，伊恩显得轻松多了。虽然还没有完全改变他的悲观，但他积极的时候多了，而且妈妈发现每当弟弟主不！

动提出多做一件好事时，伊恩都会对她眨眼睛。

不！（另见"倾听"和"恼人的两岁"）

"我的学步期的孩子总是说不。不管我是好好说让他做一件事，还是冲他喊叫，他都说不。他甚至在我让他挑选一本故事书的时候都说不。我听说过恼人的两岁，但这也太不可思议了。"

理解你的孩子、你自己和情形

太多的时候，"合作"这个词总被理解成"按照我说的做"！如果你的孩子说"不"，或拒绝做你让他做的事，并不意味着他们不合作。有时候，对于年龄很小的孩子而言，"不"只是一个说起来很简短、直接、好玩的词。孩子们可能根本没有"不"的意思——不要将其变成权力之争。或者，你的孩子可能正在经历一个正常的个性化过程——开始将自己作为一个独立的个体与你分离，或练习有自己的不同想法。不要阻碍这种自主，这是你更多地了解孩子的一段时间。如果在孩子努力维护自己的自主的时候，因为你的过度控制或惩罚而受到阻碍，他们可能会形成对自己的怀疑感，并对自己感到羞愧。然而，在培养一个盛气凌人的孩子，与帮助你的孩子个性化之间，有一个明确的界限。其平衡在于，在建立尊重和安全界限的同时，要学会培育并支持孩子的个性化过程，以避免变成权力之争。

建议

1. 忽略孩子的"不"。在可能的情况下，只需离开现场。如果需要行动，就闭上你的嘴巴行动。例如，如果孩子需要上床睡觉，你可以牵着他或她的手，领他或她去卧室。

2. 给孩子无法用"是"或"不"来回答的选择："你想穿那件黄色的睡衣还是蓝色的睡衣？""你想听一个长故事还是短故事？"不要问那些能用"是"或"不"回答的问题，而要用包含时间概念的问题：我们先要_____然后，我们_____；或者，你能多快坐到汽车座椅上？

3. 通过让孩子帮助并让孩子作决定，给孩子权力："我需要一些帮助来打扫这些东西。你愿意清理哪些，你想让我清理哪些？"

4. 转移注意力有很好的效果，无论是换个话题或做一项新的活动。

5. 倾听并认可孩子的感受。可以说："你很生气，因为你不能在外面多玩一会儿。你希望能继续玩。我也希望你能，但现在到吃晚饭时间了。我们一起去布置餐桌吧。"

6. 祝贺孩子："嘿！你开始自己思考并知道什么对自己最重要啦。"一个两岁的孩子或许不理解你在说什么，但这有助于你记住，对孩子来说，确立他或她是一个独立的个体，有多么重要。

预防问题的发生

1. 要了解孩子的发展适应性行为，这样，你就不会期待孩子做出（或不做）一些与他们的成长阶段不相符的事情。有了这种知识，你就会理解使用能教给孩子生活技能并促进合作而不是反抗的和善而坚定的方法的重要性。

2. 要避免命令孩子，而要给他们提供选择："我们该离开公园上车了。你愿意帮我拿钥匙还是拿钱包？""该睡觉了。按照睡觉惯例表，下一项该做什么？"要给孩子提供很多作决定和选择的机会，以增强孩子的权力感和自我价值感，而不是反叛。

3. 要当心"说不的怪物"。当孩子问你一个问题或提出一个请求时，你总是不假思索地说"不"吗？当学步期的孩子触碰一件不能碰的物品时，你每次都说"不"吗？许多父母不停地对孩子说不，还奇怪孩子为什么跟他们学。当孩子很小的时候，要用转移注意力的方法让他们看到自己能做什么，而不是说"不"。当孩子的年龄再大一些时，要找到说"是"或"行"的办法。例如，当孩子说"我不想按你说的做"时，你要回答："行，我能理解。把这件事放到家庭会议的议程上怎么样？或者把你认为更好的想法告诉我，以便我能再考虑一下，怎么样？"

4. 通常，3~5岁的孩子对每一件事情都说不，只是因为他们喜欢"不"这个字。如果你发现这不可爱，并且你不喜欢，就别再问他们可以用"是"或"不"回答的问题。

5. 永远不要说孩子是"坏小子"或"淘气丫头"。孩子们可能会做出不可接受的事情，但他们不是坏孩子。

6. 不要低估孩子们的理解力。要和孩子聊天，并解释一些事情，然后等等看孩子是否理解了你的意思。比如，你可以说："如果你总是玩旋钮，音响可能会损坏。如果你想放音乐，可以来找我，我们一起把音响打开。"

孩子们能够学到的生活技能

孩子们能够知道，父母将他们作为一个独立的人来尊重，并且会帮助他们在自己的能力范围之内拥有尽可能多的自主权。他们还能知道，父母不会坚持完全控制他们，而会让他们参与并随时为他们提供支持和指导。

养育要点

1. 当孩子寻求自主时，要认为他或她是可爱的、讨人喜欢的。这有助于你避免不假思索地反应并招致权力之争。要记住，这个过程是必需的——那些没有成功地个性化的孩子，在长大成人后可能会成为总是寻求别人赞同的人。

2. 不要太表面化地理解"不"这个词，以至于将其变成权力之争——你的孩子或许根本不是"不"的意思。有些学步期的孩子对任何事情都说"不"，所以，要认真听，并确保在具体的语境中理解这个词。

开阔思路

在理解了个性化过程之后，奈特夫人松了一口气。她一直陷于和儿子严重的权力之争中。她认为让儿子在意她并按照她说的去做是她的责任。她越说"是的，你要这么做"，儿子就越说："不，我不会那样做。"

现在，她开始运用幽默感。当儿子再次说不时，她紧紧地拥抱住儿子，并且说："你是什么意思，不？我要胳肢你，直到听见你说是。"很快，他们就笑作一团，而权力之争也被抛在脑后了。

还有一些时候，当儿子说"不"的时候，奈特夫人会说："实际上，这就是我的意思。"然后，她会唱："不，不，一千个不。"权力之争就又被化解了，她会温柔地把孩子领到需要做的事情那里。

不愿意跟我说话

"我 11 岁的儿子不和我说话。当他放学回来的时候,我努力让他看到我对他感兴趣,会问他这一天过得怎么样。我得到的回答通常只有两个字:'还行'、'没事'、'是啊'、'没有'、'扫兴'。如果我幸运一点,能听到三个字:'不知道'。他以前经常和我聊天。现在我想他是恨我。"

理解你的孩子、你自己和情形

你有一个快要进入青春期的很正常的孩子。他不恨你,但他恨你的审问。这就是这个年龄的孩子对询问的看法。他们的一些理由包括:保护他们突然变得宝贵起来的隐私;害怕你不赞同;在他们试图理清自己的想法、感受和愿望时产生的内心混乱;以及将对家庭的忠诚转向对朋友的忠诚。有时候,年幼的孩子不听,是因为他们知道父母说的不一定当真,除非开始大喊大叫。其他孩子不听,则是因为父母控制欲太强,不听是孩子用以争取一些权力的消极方式。有些孩子可能是内向,从来就不健谈。在孩子的生活变化无常的这个阶段,无条件地接受他们是至关重要的。

建议

1. 对于十几岁的孩子和十一二岁的孩子来说,不要认为他们是针对你的。要知道这是正常的，如果你学会了良好的倾听技巧，这个阶段就会过去。

2. 当孩子在和你说话时，你要倾听。要对孩子所说的事情问一些问题，即便是电子游戏或者你不太了解的事情，要让孩子看到你对她想谈的事情很感兴趣。很多孩子不再和父母说话，是因为父母很快就会露出不赞同的表情，或者很快就开始说教。要学会闭上嘴巴听。试着将自己的回应限制为"嗯、哦"。你会惊讶地发现，当孩子感受到有人倾听时，她会说那么多。

3. 如果你在大喊大叫，要立即停止。要用一种尊严和尊重的方式说话，然后就等待。孩子们是从大人的行为中学习的。

4. 可以试试幽默。对于小一点的孩子，可以伸出手指在面前舞动，追在孩子后面说："挠痒痒怪兽来了，哪个孩子不回答妈妈，要被挠痒痒了。"

5. 另一种可能的办法是放弃说话，而尝试手语或写便条。

预防问题的发生

1. 在晚上找个时间，让孩子和你一起坐在沙发上，"因为我想只和你一个人待一会儿"。不要问问题。让孩子感受到你无条件的爱和接纳。

2. 定期召开家庭会议，让孩子们有机会在互相尊重的基础上学习沟通和解决问题的技能。

3. 进入孩子的内心世界。当孩子在说话的时候，要尽量理解他话语中更深层的含义。可以试试这样说："你是不是在说＿＿＿＿？"

4. 做一个沉默的倾听者。到孩子所在的地方去，什么也不说。一位母亲早上会坐在浴缸边上，看着女儿作上学前的准备。她不问任何问题。很快，女儿就开始喋喋不休地说起自己的事来。一位父亲在儿子进屋时会放下报纸，说一声："嗨！"他会把报纸放在一边，忍着什么都不问。有时候，儿子会一屁股坐到沙发上，两个人享受着无声的陪伴。有时候，儿子会开始说起自己一天中发生的事。另一种做法是给放学回来的孩子拿出饼干，不问任何问题。开车送孩子时，也是一个静静地倾听的好机会。

5. 要有好奇心。只问那些能让孩子多说一些的问题："我不确定我理解了你的意思。""你能再多说一些吗？""你能给我举个例子吗？""上次发生这种事情是什么时候？""还有吗？"但是，你必须有真正的好奇态度。

孩子们能够学到的生活技能

孩子们能够知道，他们是被无条件地爱着的。在他们感觉想说话的时候，他们能得到倾听、认真对待，以及对他们的想法、感受和主意的认同。他们有一个安全的环境成长、变化并探究自己是谁。

养育要点

1. 要形成健康的自尊，孩子的想法、感受和主意就必须得到倾听和认真对待，即便父母并不完全同意。
2. 孩子们只有在感觉到你的倾听时，才会倾听你。

开阔思路

山姆拒绝跟妈妈聊天。他的妈妈是一位婚姻、家庭和儿童发展咨询师，专长是青春期的心理咨询。妈妈抱怨说："山姆，其他十几岁的孩子都喜欢和我交谈，而且愿意花钱得到这一待遇。"

山姆说："如果你用跟他们交谈的方式和我交谈，我可能也会喜欢。"

所有的妈妈都只能说："说得好！"

操纵

"我的孩子经常操纵别人，为了得到自己想要的，她甚至会撒谎或背地里告状。她似乎毫不在意别人的想法或愿望。最让我担心的是，她已经开始操纵她的朋友和老师了。"

理解你的孩子、你自己和情形

操纵是一种后天习得的行为。许多父母都没有意识到自己怎样"以爱的名义"教孩子学会了操纵。当他们以为自己在为孩子做好事时，比如对孩子们再讲一个故事的要求作出让步，或者因为孩子恳求或发脾气而答应买一个玩具，他们就是在教给孩子操纵。如果操纵不管用的话，孩子们就不会做出操纵行为了。当父母们一次又一次地对孩子的操纵让步时，不用多久，孩子们就会形成一种信念："只有当我能为所欲为时，我才有归属"或"爱就意味着让别人按我的想法去做"。

有些孩子尝试操纵可能是因为他们觉得自己很无力，并且不知道还有什么其他办法能够让自己的需求得到满足——或者他们可能觉得受到了伤害，并试图把操纵作为一种报复手段。还有一些孩子可能由于丧失信心而操纵父母，因为他们不知道自己有能力处理沮丧，或者没有学过与他人一起寻找双赢的解决办法。一个丧失了信心的孩子，需要的是能教给他们以尊重的方式代替操纵的那种鼓励。

建议

1. 有时候，孩子们操纵父母，是因为他们知道，如果自己恳求父母的时间足够长或发一通脾气，"不"就会变成"好"。别再让孩子的操纵管用，孩子就会停止试图操纵你。不要说"不"，除非你是当真的，并且能和善而坚定地坚持你的决定。"拥抱着说不"会非常有效。

2. 当你感觉孩子在操纵你时，要给孩子一个拥抱，并且说："让我们花时间平静下来。"这可能就足以避免操纵了。或者，在你摆脱孩子的操纵企图时，可以试试把手放在孩子的肩膀上，让孩子知道你在乎他，但不会被他操纵。在教给孩子可以直截了当地说出自己的要求之后，不要和他们博弈，而要通过说"我会等待一个以尊重的方式提出的要求"来回应孩子的操纵。

3. 说出事实真相："在我听起来，你好像在试图通过恳求（发脾气、要求得到关注、撒谎）来操纵我。以前我允许了这种方法。现在，我相信我们可以找到一个双赢的解决办法。你有什么主意吗？"

4. 当孩子恳求你再多讲一个睡前故事时，一个字也不要说。给孩子一个吻，就离开房间。如果她追在你后面恳求，要和善而坚定地（紧闭双唇）牵着她的手，带她回她的床上，需要这样做多少次就做多少次。或者，如果孩子在商店里恳求你买一个玩具，要问他："你存下足够的零花钱了吗？"如果孩子回答"没有"，你就说："让我们回家算一算你需要多久才可以攒够买这个玩具的钱。"（见第223~228页"零花钱"。）

5. 当孩子告诉你，你的配偶说如果你同意，他们就能做某件事情时，要说："我和妈妈（或爸爸）会私下讨论这件事，然后回答你。"之后，要花些时间和你的配偶待在一起，这样，孩子就不会再学着挑拨你和你的配偶作对。你还可以让你的孩子知道，他们需要征得父母双方的同意才能作出一项决定。

预防问题的发生

1. 在一次家庭会议上，提出你意识到了操纵行为，并且你愿意通过头脑风暴帮助大家找到满足自己需要的其他办法，或找到相互尊重的解决办法。

2. 你要为自己在教会孩子操纵方面应承担的责任道歉。你可以说："我犯了一个错误。我原以为让你为所欲为是在表达我对你的爱。我没有教给你，我对你能处理自己的沮丧有信心，也没有教给你制订一个让你的需要得到满足的计划，或者找到对每个人都尊重的解决办法。改变，对你和我来说或许都不容易，但会让我们更爱对方。"

3. 如果你认为孩子的操纵是因为她受到了伤害并且想报复，要问她苦恼的原因。如果孩子不知道或不会表达，你要猜一猜。例如："是因为你觉得小宝宝得到的关注比你多吗？""是因为你觉得别人总是指使你，而操纵能让你觉得自己有力量吗？""是因为你对我和妈妈（或爸爸）离婚感觉很伤心，需要我们更多地保证我们爱你吗？"

4. 如果你注意到一个孩子操纵自己的兄弟姐妹或朋友，不要在发生冲突时干预。要在事后询问这个孩子的兄弟姐妹或朋友是否愿意你提供一些帮助，以搞清楚如何对待这个操纵别人的孩子。

5. 要让孩子帮助你建立睡前或早晨的日常惯例表（见第25~28页"建立日常惯例"），然后让惯例表说了算。当孩子试图操纵你时，你可以问："我们日常惯例表的下一项是什么？"

6. 你总是太快地说"不"或"我们以后再谈这件事"吗？有时候，孩子们之所以操纵，是因为他们在努力真诚、坦率地对待父母时，什么也得不到。

孩子们能够学到的生活技能

孩子们能够知道，他们的需要和感受是重要的，父母会帮助他们搞清楚如何不用操纵就能让自己的需要得到满足。他们能够知道，有时候他们得不到自己想要的，他们能够处理这种失望。孩子们还会知道，他们无法通过操纵改变重要的日常惯例，比如在规定的时间上床睡觉。

养育要点

1. 有时候，最好的办法是管好你自己的事，不要插手孩子与其他人的关系。他们会搞清楚发生了什么事，并且能处理，或者他们会出于自己的考虑而愿意对另一个孩子让步。

2. 你为孩子树立了一个通过操纵来达到自己目的的榜样吗？如果是这样，你需要更直接地表达自己的需要。要直接要求你想要的，并愿意接受"不"的回应。你的孩子会看到你的行为，操纵就不会再是孩子解决问题的一种方式。

开阔思路

10岁的布雷特对爸爸山姆说："妈妈说我可以在斯基普家过夜，而且我明天上午不用参加棒球比赛了。"

山姆非常生气，说："你必须参加比赛，我不在乎你妈妈说了什么。"

当天晚些时候，布雷特的妈妈海伦问山姆："你为什么告诉布雷特他不能在斯基普家过夜？"

山姆反问道："你为什么允许布雷特不参加棒球比赛？"

海伦愣住了。"山姆，我怎么会那么说呢？我想我们已经强调过，如果孩子们决定打球，他们参加所有比赛有多么重要。"

"是啊，我也是这么想的。"山姆回答。

"我想是有人在利用我们，是时候阻止布雷特再这么做了。我们要告诉布雷特，在他做自己想做的事情之前，必须征得我们两个人的同意。如果你认为他在编故事，就带他到我这里问我的意见。"

山姆微笑着说："我喜欢这个主意。我想这些游戏该结束了。"

那天晚些时候，布雷特走到爸爸身边说："妈妈说我可以自己去商店。待会儿见，爸爸。"

"等一下，儿子。我们去确认一下。我对你一个人去商店没有意见，但我们一起去看看妈妈会怎么说。"

"可是，爸爸，妈妈向来都同意我去商店。"

"很好。那么问一下也不会有任何问题了。"

布雷特显得有点胆怯，不情愿地跟在爸爸后面。

"海伦，布雷特说你答应他自己去商店。我也没有意见。"

"对不起。"海伦说，"我刚告诉布雷特，在出去之前必须先打扫他的房间。他打扫完房间后，我同意他去商店，如果你也同意的话。"

布雷特咧嘴笑了，说："爸爸，我就是这个意思。"他跑上楼开始打扫自己的房间。海伦和山姆悄悄地笑了。

宠物

"我怎样才能让我的孩子遵守她要照顾宠物的诺言呢?"

理解你的孩子、你自己和情形

所有的孩子都想要宠物,而且所有的孩子都会很快忘记自己许下的照顾宠物的诺言。很难找到一个始终记得照顾自己宠物的孩子,也很难找到一个不为此苦恼的父母。这有助于我们把这个问题看成是正常的,然后,要把它作为一个教给孩子责任感的连续过程的机会。(这里的关键词是"连续过程"。)

建议

1. 要接受你的孩子不会总是记住照顾宠物的事实。要接受你可能需要提醒孩子(这不是通过让宠物挨饿而让孩子从自然后果中学习的时机),并在提醒时要和善而坚定。你甚至可以问孩子哪种提醒对他们最管用。他们可能会选择用哑语、用手指向需要做的事,或问他们需要做什么,来作为提醒。接受,是你避免心烦和生气的关键。

2. 你还可以把孩子的宠物当成你的宠物,并承担起责任——并且让你的孩子分担责任。

3. 你的期望要现实。要制订一个便于检查的时间安排,比如:"在我们坐下来吃饭之前,要先喂小狗。"如果盛狗粮的盘子是空的，并且小狗看上去很饿，要用坚持到底的办法，并问孩子在晚饭前喂小狗是谁的责任。

4. 要感激孩子们以自己的方式为宠物做的事情。不要轻视孩子对宠物的爱抚、与宠物玩耍、说话以及带宠物散步。

5. 如果你的孩子就是不能照顾好自己的宠物，你或许想要给他一个选择："我们可以照顾宠物，或者为宠物找一个有人照顾的新家。"要坚持到底，尽管面对孩子们的眼泪这会很难。不要怀有报复心理。只需说："我知道这很难。我也会想念我们的宠物。或许过几年我们就能准备好再试一次了。"（见第90~91页"开阔思路"。）

预防问题的发生

1. 在决定养宠物之前，要和孩子们讨论拥有宠物的快乐和责任。要把养宠物需要承担的责任列出来。

2. 如果宠物需要花钱买，在买之前，要让孩子们挣钱并为买宠物的钱作出贡献。要让孩子们为买宠物粮、宠物用品和为宠物看病的费用提供赞助（哪怕只有10美分或1美元）。这会增强孩子们对宠物的重视程度。

3. 在每周的家庭会议上讨论出现的问题，让孩子参与寻找解决办法并达成一致。在下一次会议上，要讨论那些不管用的解决办法，并制定新方法。

4. 要避免责备、羞辱和让孩子内疚，并且要不断地寻找解决办法。接受孩子可能经常需要提醒的事实，并不意味着不再把这个问题当做是一次不断地寻找解决办法的机会。

孩子们能够学到的生活技能

孩子们能够知道，尽管他们没有能始终承担责任，但父母始终会以尊严和尊重的方式让他们负起责任。机会和责任是密切相关的。

养育要点

1. 当孩子们逃避责任时，通过接受这是孩子们的正常行为——而不是孩子有缺陷，或孩子坏——你能让自己免于太伤心。孩子们在生活中有其他优先考虑的事情，但他们仍然需要学会承担责任。

2. 如果你想养宠物，不要把孩子作为借口。去找一个宠物，并好好照顾它。

开阔思路

很多时候，那些似乎很惨痛的失败其实是值得分享和珍视的大好学习机会。我儿子诺亚的第一个宠物，罗丝，帮助他知道了犯错误是学习的好途径。他还知道了我们作为他的父母会说到做到——后果是算数的。

诺亚要求养宠物时，只有5岁。我们都很清楚这需要花时间训练，因此，我们了解、比较并一致同意养一只乌龟。宠物店告诉我们，乌龟会携带疾病，养乌龟不是一个好选择，并问我们是否喜欢养一只小仓鼠。仓鼠喜欢被人拿在手里，而且从不咬人。它们需要的只是食物、水、一个干净的笼子以及大量的爱。这非常适合我们。诺亚同意每天给仓鼠喂食、打扫笼子，并和仓鼠玩。诺亚花了 2 美元买下了罗丝。我们花了 30 美元购买罗丝的必需品，并开始了训练。我们认真教诺亚如何给罗丝喂食、如何关爱她。一开始，我们是一起做的，然后是诺亚一个人做，我们在一旁看。很快，他就了解了所有的步骤，并自信地照顾起了宠物。

然后，新鲜劲就过去了。我们的家庭会议的议程上，似乎总是会出现罗丝。我们用信号、挂照片来提醒诺亚喂仓鼠。我们又一次将这件事分解成一个个的小步骤。我们提醒、哄劝、讨论。由于这是我们第一次养宠物，我们过了太长的时间才向诺亚说明了将会有的后果。如果要留下罗丝，那么一直到月底，诺亚都必须承担起照顾罗丝的责任。他没有做到，这意味着要给罗丝找一个新家。

诺亚哭了。我体验到了坚持执行一项似乎伤透了孩子心的后果所带来的痛苦。最终，一个朋友的 12 岁的孩子同意领养罗丝，并且诺亚也同意了。

在罗丝离开的那天，诺亚哭着说："我只是个小孩子，我很忙。我没有时间照顾她！"我们同意他的话，并说没关系，说他太忙了，而罗丝需要一个能得到很好照顾的地方。他这时知道了这不是他养宠物的合适时间。

诺亚很快就从失去仓鼠的悲痛中恢复了过来。他喜欢去看望罗丝——大概每六个月去一次。他有一段时间没说想罗丝了。我们都认为现在还没准备好养狗、鸟甚至养鱼，但过一段时间我们会再试一次。

触摸东西

"我已经对我那 7 个月大的孩子说过一百遍不要按电视机按钮了，但他就是不听。数一二三不管用，打他的手也没有用。我该怎么办？"

理解你的孩子、你自己和情形

在孩子探索自己的世界的时候，想摸东西是很正常的。因为孩子的正常行为而惩罚他们，真是太不应该了。最新的大脑研究表明，因为孩子的发展适应性行为而惩罚他们，会阻碍其大脑的最佳发育。惩罚很有可能给他们造成怀疑和耻辱感，而不是健康的自我价值感。

这并不意味着应该允许孩子摸他们想摸的任何东西，而是意味着我们需要运用和善而坚定的方法——不是惩罚——教给孩子可以摸什么，以及不可以摸什么。

建议

1. 对于年龄小的孩子（以及大一些的孩子）来说，行动胜过语言。如果你不想让孩子触摸某样东西，只需要告诉孩子一次不要摸。当孩子再去摸时，要立即和善而坚定地带她离开那件物品，并给她看一个可以摸的东西。

2. 要让你的孩子看到如何摸一个物品，而又不损坏物品或伤到孩子。比如，"我们可以闻一闻这些花，不要摘。"或者"我在饮水机下一放好杯子，你就可以按这个水龙头开关了。"

预防问题的发生

1. 在家里作好安全防护，能减少你的唠叨，并增进孩子大脑的最佳发育。要将贵重物品放在孩子够不到的地方，在电源插座外面装上防护罩，固定好孩子可能会损坏或会伤到孩子的物件。把孩子可以随便触摸的物品放在架子的下层。

2. 布置一个专门的区域，让孩子在那里可以安全地玩耍，比如一个游戏围栏或一个厨房橱柜，里面放上好玩的东西，让你的小家伙可以拿出来玩，并随意扔在地上。对于学步期的孩子来说，长时间被限制在游戏围栏里或高脚餐椅上是不健康的。

孩子们能够学到的生活技能

孩子们能够知道，有些事情是超出界限的，他们在了解什么是界限的过程中，会得到尊重的对待。父母会通过作好安全防护，让他们的探索更安全，来尊重他们的需要。

养育要点

1. 很多父母觉得自己的孩子应该学会不摸任何东西，并且，当孩子降生后，他们拒绝改变家里的布置。这表明，这些父母不理解孩子的发育，以及孩子的发展适应性行为，这会让孩子知道：他们的需要不重要，而且他们碍手碍脚。

2. 通过让孩子看到可以做什么，而不是不可以做什么，你就能减少权力之争。很多在某个年龄认为很有趣的东西，到孩子稍大一点时就会对其失去兴趣。

开阔思路

当布雷特还是个婴儿的时候，我们在家里作了安全防护。我把自己那些水晶收藏品都打好了包，收起来了一段时间。当他长大一些后，我认为可以将那些藏品拿出来了，但总有这样或那样的理由没办法拿出来——2 岁时走路不稳，4 岁时行为莽撞，然后是玩棒球、足球和篮球。等到他离开家去上大学后，我拿出几件藏品摆在了书架上。我丈夫在一次兴奋地玩拼字游戏时，因为匆忙跑去拿词典而打破了一个。我在打扫卫生时打碎了另一个。现在，我们有了孙子。我觉得与其说是防护孩子，还不如说是防护所有人。如果你想欣赏自己易碎的贵重物品，要将它们放在透明的盒子里——即便在孩子们长大离开家之后。

穿衣方面的权力之争

"当孩子拒绝穿我选的衣服时，我该怎么办呢？"

理解你的孩子、你自己和情形

你希望孩子学会独立思考，但很多时候你都在替自己的孩子思考，尤其是在孩子可以有发言权而又不会有危险的那些方面，比如决定自己穿什么衣服。你希望自己的孩子能形成健康的自尊，却不给他们感受自己能力的机会（这是健康的自尊的一个最基本要素）。通过找出孩子在哪些方面能够拥有积极的力量，你就能避免许多权力之争。衣服就是其中的一个方面。如果你不再担心孩子着装"不当"时别人会怎么想,你就能让选择衣服成为孩子形成个人风格和表明自己个性的机会。

建议

1. 是的,你可以按照自己的喜好打扮小婴儿。但很快,你的孩子将开始对自己喜欢穿什么和不喜欢穿什么有自己的看法。要尽早让孩子自己挑选衣服。要问自己:"是我的孩子衣着整洁、颜色协调重要,还是他的能力和自信更重要?"当他们穿着不搭配或"糟糕"的衣服出门时,要微笑着忍一忍。要让他们体验自己的选择所带来的自然后果,并且让他们自己从中学习。他们会从同龄孩子那里得到大量的反馈——或者他们没准会开启一种新潮流!如果你的孩子有兴趣学习色彩搭配,你可以通过给他们提供几种选择来帮助他们,让孩子把你看成是一名顾问,而不是你说了算。

2. 随着孩子形成更强的个人品味,要让他们和你一起去买衣服,并在你的预算之内作出一些选择。要让他们参与事先的计划,提前决定好自己需要什么——要买多少裤子、上衣、鞋子、袜子和内衣。要帮助他们算出需要花多少钱,以便他们知道如果在一件衣服上花费太多,就不得不放弃另一件。

3. 当孩子的穿着对你来说很重要时(比如公司总裁要来你们家用餐),要告诉孩子着装方式为什么对你来说很重要,并请求孩子合作。要和孩子协商:"我不会每周六天都烦你,所以,如果在这件对我来说很重要的事情上,你愿意按我说的做,我会很感激。"

4. 如果你确实担心孩子的着装,可以在孩子们到校时在学校门口坐10分钟。你或许会发现,如果当天的衣服是由孩子自己挑选的,你的孩子的打扮可能会跟其他孩子的非常相配。

5. 如果你的孩子需要穿校服去上学，但有些早晨坚决不想穿，或挑战学校的规定，要让孩子体验自己的错误选择造成的自然后果（学校的规定）。

6. 所有的孩子都会经历穿衣风格令人担忧的阶段：太多的黑色、太暴露、太多松松垮垮的低腰裤子。你可以轻松自然地跟孩子说说你的感受，只要你倾听他们的感受。只要你的话听起来不像是在说教，孩子们就会对你的想法感兴趣。

预防问题的发生

1. 要在晚上留出一段时间（作为睡前惯例的一部分），让孩子们选择第二天想穿的衣服。当他们有充分的时间挑选时，往往会很快就作出选择。孩子们经常会把有限制的时间当做反抗的时间。当他们被要求在一定的时间内选择衣服时，他们往往想穿衣柜最下面的那件衬衣，并坚持让你在20分钟内洗熨完毕，因为这是世界上他们唯一能穿的衣服。

2. 在冬季，要把夏装收拾到收纳箱里（在夏季，要把冬装收拾到收纳箱里）。这会减少不合理的选择。

3. 要给孩子们一笔买衣服的零花钱（见"零花钱"，第223~228页）。如果孩子们知道自己必须坚持到下一次发买衣服的零花钱时，他们可能会更好地爱护自己的衣物。

4. 如果孩子与朋友们换衣服穿，不要干涉。很多孩子都通过交换找到了增加自己衣服品种的方法。如果孩子的衣服丢了或没有被还回来，要通过让孩子等到下次发买衣服的零花钱来补充丢失的衣服，让他们体验自己行为的后果。

5. 要尊重孩子的愿望，以避免招致孩子的反叛。如果你担心你的朋友对孩子的着装风格会怎么想，就问问自己，朋友们会不会真的认为是你挑选了那些衣服。

6. 要教孩子把脏衣服扔进洗衣篮里，而不是继续穿着。

孩子们能够学到的生活技能

孩子们能够知道，自己的选择是受到尊重的，只要他们不伤害自己或他人。他们能够从自己的错误中学习，并形成判断能力。他们还会知道，有些时候尊重比展现个性更重要。

养育要点

1. 尊重会带来尊重。当你对自己的孩子表现出尊重时，孩子们才更有可能尊重你的合理期望。

2. 孩子们需要一些小"叛逆"来试探自己的权力，并认识独立于父母之外的自己。当你允许他们在一些不会造成危害的方面（比如自己挑选衣服，即便你无法忍受他们的选择）叛逆时，他们就不那么需要到再大一点的时候在一些有危害的方面叛逆了，比如吸毒。在干涉孩子的一个选择之前，要问自己两个问题：这个选择会威胁到我的孩子的生命吗？当我不在孩子身边时，他是不是有一天需要自己作出选择？如果不会威胁到孩子的生命，并且如果你希望孩子在你不在他们身边时能够作出正确的选择，那就后退一步，不要干涉。

3. 要趁你还能够在孩子身边给予支持并发挥一定的影响时，允许孩子作选择和犯错误，而不要等到他们独立生活之后，因为没有学习过如何选择而犯更大的错误。

开阔思路

一位父亲给我们讲了他女儿的故事。他女儿很有时尚意识。

他给了女儿一笔买新学期衣服的钱，她立刻跑了出去，并决定用这笔钱只买一套拉夫劳伦的最新款，而不是买好几件衣服。父亲谨慎地和她探讨了这个决定的后果："宝贝儿，你考虑过自己每天都穿这套衣服会是什么样吗？"

"是的，我考虑过了，爸爸。这套衣服真的很好、很重要。这就是我想要的。"

父亲问："你知道自己会在什么时候拿到下一笔买衣服的钱吗？"她确认自己知道将在十二月拿到下一笔买衣服的钱，而现在才九月初。确认之后，她去买了那套拉夫劳伦最新款。

不到一个星期，她就厌倦了总穿那一套衣服，朋友们甚至问她到底洗过没有。这激发了她的创意。由于没有预算，她就找来爸爸的几件有点磨损的特大号T恤，拉出缝纫机，给T恤加上了束带、花边、缎带、饰扣和贴花。就这样，她一直坚持到了十二月。当她得到下学期买衣服的钱时，她买了几件可以换着穿的非名牌衣服，以便能多些灵活性。

如果这位父亲指出女儿缺乏判断力，并出去为她买几件新衣服，他就无法让孩子学到许多重要的东西。在体验自己的选择所造成的至多有些麻烦和尴尬的后果的过程中，他的女儿变得更自信了。当她再出去买衣服时，她表现出了更好的判断力，并更加清楚地知道了自己在做什么。

打人和打孩子的屁股

"我已经试过了能想到的各种办法，让我的女儿别再打她的弟弟。有时候，她还会打我。这真的让我很生气。惩罚似乎不管用。我打过她的屁股，并让她道歉，但第二天她又打人。"

理解你的孩子、你自己和情形

当我们不停地打孩子时，怎么能教会孩子不能打别人呢？这让我们想起了一幅漫画，描述的是一位母亲一边打孩子屁股，一边说："我要教给你不能打比你年龄小的孩子。"当孩子们打人时，可能是他们的情感受到了伤害。（孩子们可能会仅仅因为没有马上得到自己想要的，就感到伤心或沮丧。）你可能也会感到伤心和沮丧，因为你希望自己的孩子能尊重地对待他人，你甚至担心孩子的行为是你作为父母的一种反映。或许，你会出于羞愧和尴尬而过度反应，不尊重地对待你的孩子，试图向周围的其他成年人证明你不会对孩子的这种行为放任不管。

最可能的情况是，你的孩子只是没有语言能力或技能让自己的需要得到满足，他们的攻击行为（打人）是因为不知道除此之外还能怎么做。学步期的孩子无论在语言能力，还是社会能力方面都很不足，当他们在一起玩的时候，很容易变得很沮丧。当他们缺乏用语言表达所发生的事情的能力时，有时候就会导致打人或其他攻击行为。学步期的孩子打人，是其发育阶段的一种正常现象。监督并和善而坚定地对待学步期的孩子，直到他们能够学习更有效的沟通方式，是父母的职责。如果孩子们能够得到大人的帮助（训练技能），而不是给孩子做一个暴力的样板（以打孩子回应孩子的打人行为），孩子们就会随着年龄的增长度过打人这个阶段。

建议

1. 要拉着孩子的手说："不可以打人。我很抱歉你感到伤心和生气。你可以跟我说说或打这个枕头，但人不是用来打的。"

2. 要帮助孩子处理愤怒（见"爱发脾气或好斗的孩子"，第45～51页）。

3. 对于不到4岁的孩子来说，在带他们离开现场之前，可以试试给他们一个拥抱。这在让孩子看到不可以打人的同时，为孩子示范了一种爱的方法。拥抱不会强化孩子的不良行为。

4. 你永远无法真正知道孩子从多大年龄开始能理解语言。因此，即便你认为孩子无法理解，也要说一些诸如"打人会伤害别人。我们找一些你能做的其他事情"之类的话。

5. 要让孩子看到他们能做什么，而不是告诉他们不能做什么。如果你的孩子有打人的习惯，你要密切监督。每当她开始打人时，你要一边温柔地抓住她的手说："轻轻摸一摸。"一边做给她看。

6. 当你的3～5岁的孩子打你时，要决定你怎么做，而不是试图控制孩子。要让孩子知道，每当她打你时，你会把她放下，并且离开房间，直到她准备好尊重地对待你。在这样告诉过孩子一次之后，就要按照你说的去做，一个字也不要说。要立刻离开。

7. 过后，你可以告诉孩子："那真的很疼。"或"那伤害了我的感情。如果我做了什么伤害你的感情的事，我很愿意知道并且道歉。当你准备好之后，你的一个道歉会帮助我感觉好起来。"不要命令或强迫孩子道歉。

预防问题的发生

1. 在你的孩子还不会说话时，要花时间训练孩子，但在孩子再大一些之前，不要期待这种训练能"生根"。（对于还不会说话的孩子来说，监督是主要的养育方式——还要加上分散和转移其注意力。）要帮助孩子练习温柔地抚摸家人或动物。要让孩子看到如何轻轻地抚摸，并且说"拍，拍"或"人是用来拥抱的，不是用来打的"（见第90~91页"开阔思路"）。在孩子的年龄大到足以理解你的话之前，这样做的同时依然需要监督。

2. 要教给会说话的孩子，感受和行为是不同的。感受没有好坏之分，只是感受。要告诉你的孩子，他有任何感受都没关系，但不可以打人，即便他很生气。他可以告诉对方："我生气了，因为＿＿＿＿，我希望＿＿＿＿。"要帮助孩子做头脑风暴，想出用对自己和他人都尊重的方式对待自己的感受的方法。一种可行的办法是，告诉别人他不喜欢什么。另一种可行的办法是，如果他受到了不尊重的对待，可以离开现场。

3. 要让你的孩子参与创建一个积极暂停区。要告诉她，有时候我们需要时间冷静下来，直到在做其他事情之前感觉好起来。不要送孩子去做暂停，而要让她知道，她可以在任何时间选择去自己的专门暂停区，只要她认为这有助于她感觉好起来。有时候，当她不想使用自己的专门暂停区时，要问她是否能让你用一下，直到你感觉好起来——或者，你可以创建你自己的积极暂停区，并让孩子看看如何用它来帮助自己感觉好起来。

4. 要用无条件的爱，并通过教给孩子有助于他们感觉到自己的能力和自信的方式，找到鼓励孩子的办法。

5. 永远不要打你的孩子，以此向孩子表明打人是不可接受的。如果你打了孩子，要使用"矫正错误的三个R"向孩子道歉，以便孩子知道你打人也是不能接受的（见第30页）。

6. 要认真考虑一下，看看你是否有哪些行为伤害了孩子而没有意识到。当出现了一个问题时，你是否经常让孩子回他自己的房间，经常责骂和批评，总是挑孩子的错？如果是这样，那么，你的孩子可能感到真的很伤心和愤怒，打人就是他回击这个世界的一种方式。要多鼓励、多肯定，停止伤害孩子的行为，看看你是否没有注意到孩子打人行为的改变。

孩子们能够学到的生活技能

孩子们能够知道，伤害别人是不可以的。他们的感受不坏，他们不是坏人，而且他们可以得到大人的帮助，来找到对自己和他人都尊重的方式。孩子们还会知道，他们做了什么并不能定义他们是怎样的人。他们不会因为打人就成了坏孩子，但打人的行为是不可接受的。

养育要点

1. 要注意孩子不良行为背后隐藏的气馁信念。一个经常打人的孩子，其行为背后的错误目的是寻求报复，他的信念是"我感觉不到归属和自我价值，这让我很伤心，所以我想报复"。当你尊重孩子的感受并帮助他们行为适当时，孩子会感觉到鼓舞。

2. 很多人都把《圣经》里的告诫"省了棍棒，惯坏了孩子"[①] 作为打孩子的一个借口。《圣经》学者告诉我们，这里的棍棒是指牧羊人用的棒子，从来没有被用来打过绵羊。它是权威或领导的一种象征，牧羊人用其他棍棒温和地轻戳和引导羊群。我们的孩子绝对需要温和的引导和激励，但他们不需要被打或被羞辱。

3. 不要为了向旁观者表明你是一个好父母，并且不会让孩子脱逃某件事的惩罚而打孩子。你和自己孩子的关系要比这一点重要得多。

---

① 《圣经》原文"spare the rod and spoil the child"，意指"孩子不打不成器"。——译者注

开阔思路

在赛琪的父母外出度假时,奶奶有机会照顾自己18个月大的孙女一个星期。赛琪有了在感到沮丧时打人的习惯(或者,似乎只是为了好玩)。她会打奶奶,打小狗——有时根本没有明显的原因。奶奶密切观察赛琪,每当发现赛琪开始要打人时,就会抓住她的手,对她说"轻轻地摸",同时奶奶会握着赛琪的手,让她轻轻抚摸自己的脸颊或小狗。很快,赛琪又开始打人,但她会先看看正在说"轻轻地摸"的奶奶。赛琪会咧嘴一笑,并轻轻地摸一摸。没过几天,赛琪就学会了轻轻抚摸,而不再打人了。(让孩子们看到自己能做什么,要比告诉他们不要做什么有效得多。)

他:有时候,为了让孩子吸取重要的教训,就需要打他们。比如,我会打自己2岁的女儿,以教她不要跑到马路上。

她:在你为了教自己2岁的女儿不要跑到马路上而打了她之后,你会让她在无人照看的情况下在车水马龙的大街边玩耍吗?

他:哦,不会。

她:为什么不呢?如果打她能教给她不要跑到马路上,为什么她在无人照看时不能在马路边玩耍呢?你需要打她多少次,才觉得她能学会呢?

他:嗯,在她六七岁之前,我不会让她在无人照看的情况下在繁忙的大街边玩耍。

她:这个案例就到这里。在有危险的情况下,父母有责任监督自己年龄小的孩子,直到孩子的年龄大到足以有能力处理这种情况。在孩子发育到某个阶段之前,打无法教会他们任何事情。

然而，你可以温和地教他们。当你带孩子去公园时，要引导他们看马路两边是否有车辆过来，并让他们告诉你什么时候可以安全地过马路。然而，在孩子六七岁之前，你仍然不会让他们独自去公园。

研究表明，大约85%的父母在感到沮丧时都会打12岁以下的孩子，而只有8%～10%的父亲相信这是有尊严或有效的。65%的父母说他们更愿意通过积极的方式改进孩子的行为，但不知道怎么做。本书会告诉你怎么做。

带孩子购物

"我去商店时，因为不能雇临时保姆，只能带着孩子一起去。他们到处跑、到处藏，而且还大发脾气，直到我给他们买了玩具或零食。我看到过其他孩子和父母一起购物，他们似乎都很规矩。是我的孩子有什么问题吗？"

理解你的孩子、你自己和情形

我们在商店和购物中心看到的言行不当的父母几乎与行为不端的孩子一样多。我们看到父母大喊大叫、打孩子、提出与孩子的发展阶段不符的要求、向难以取悦的孩子让步，并贿赂孩子。有些父母不想再带孩子去购物，其实他们的孩子更不愿意去。但是，当你不得不带着孩子一起购物时，有一些办法能让这个过程更有乐趣。

建议

1. 在出门前，要和孩子讨论你希望他们有怎样的行为。很多孩子不知道父母对他们有怎样的期望。要让孩子事先知道你会怎么做，然后，如果孩子出现不良行为，要平静地带他们回到车上，并让他们知道当他们准备好之后，可以再试一次。然后，你要闭上嘴，给他们时间平静下来。如果他们没有平静下来，你可能需要带孩子离开，改天再来。如果你让孩子事先知道当他们行为不端时会发生什么事情，并且和善而坚定，不说教或羞辱孩子，这个办法会很管用。

2. 如果商店里有带儿童座椅的购物车或手推车，要将孩子放在里面。如果他们爬出来，要告诉他们不可以，并让他们坐回去。要用行动坚决执行，尽量少说话。孩子们知道你什么时候会说到做到。

3. 不要把无人看护的孩子独自留在车里或商店里等你，哪怕只是几分钟。这不安全，而且孩子会很害怕。

4. 如果可以的话，要给孩子一件事情做，比如帮忙推购物车，在商店里帮你包装食品，或者帮忙拿东西。可以把要买的东西递给学步期的孩子，让他们放到购物车里。

5. 如果你的孩子跑开了，要追上他们，让他们牵着你的手或拉着购物车。你越快采取行动（而不是站在另一条走道上冲他们喊叫，或者置之不理），孩子就越能明白你会说到做到。

6. 如果孩子太不守规矩，你要有灵活性，并愿意缩短购物时间。有时候，你不得不把自己要买的东西先放下，换个其他时间再试。如果孩子在商店里发脾气，你可以静静地等他们发完，在结账时紧紧抱住他们，或者拥抱他们直到平静下来。不要让他们的眼泪影响你。

7. 如果孩子想为自己买点东西，就到该给他们零花钱的时候了（见"零花钱"，第 223～228 页）。

预防问题的发生

1. 如果孩子们帮忙计划菜单的话，他们会更有兴趣在商店里找各种原料。

2. 如果孩子们有买衣服的零花钱，就要和每个孩子单独约好专门买衣服的时间，而不要将他们的时间和你给自己买东西的时间安排在一起。不要催促他们。

3. 建议孩子们挑一件可以随身携带的玩具或者书，以防他们感到无聊。

4. 不要承诺如果孩子守规矩，就给他们买零食或玩具，这是一种贿赂。如果你想形成购物结束后安排一件好玩的事情的惯例，要确保这个惯例不取决于孩子的行为。如果孩子知道购物结束后你会给他们买热巧克力或者有其他款待的话，购物过程会有趣得多。

5. 给孩子一笔零花钱。如果他们想要一些特殊待遇，就告诉他们可以用自己的零花钱买。如果他们的零花钱不够买一件东西，要帮助他们想出如何攒够这笔钱，而不是为他们提前支付。

6. 如果你不是去给孩子买东西，你可以请朋友帮忙照看他们，或者让配偶照顾孩子，也可以将孩子送到日托中心。

7. 要向孩子解释，有时你不得不带他们去购物，你理解这个过程对于他们来说或许不那么好玩，你感激他们的帮助。要问孩子你可以做点儿什么来让购物过程更愉快。

孩子们能够学到的生活技能

孩子们能够学会互相迁就，以及如何让自己愉快。他们还能学到如何在商店不迷路、帮助家人购物以及合作。

养育要点

1. 在公共场所冲孩子大喊大叫、打屁股或者威胁孩子，是一种羞辱和不尊重。（在家里这样做也是对孩子的羞辱，但有其他人在场时更糟糕。）你可以让孩子们知道你很生气，并且会在车里、家里或家庭会议上和他们谈谈让你生气的事。

2. 如果在带着孩子们购物时，时间短一些，会让他们更乐意和你一起去。要确保所用的时间不会让孩子累或者饿。

开阔思路

有些孩子喜欢在书店和商店里到处逛，而有些孩子讨厌这么做。比起那些被生拉硬拽且压根儿没有人考虑其需要的孩子，那些有过简短的购物经历、对自己的钱有控制权并有零花钱的孩子，更加喜欢购物的过程。

有一对夫妇决定帮助他们讨厌购物的十几岁的儿子了解购物过程的乐趣。他们在旧金山安排了一天时间，没有其他事情，就是愉快地购物。他们带孩子们去吃了午餐，让孩子们在大商场里坐着电梯上上下下，看宠物店、漫画书店以及折扣店。他们做了自己认为孩子会喜欢的每一件事情——甚至坐了缆车。

这几个男孩却动不动就发脾气，不停地抱怨，一整天都很郁闷。为什么呢？没有人问过他们是否愿意参与这项活动。他们只是被认为会喜欢这种经历，但因为没有参与制订计划，他们觉得自己是被迫的、受控制的，便有了这种反应。如果父母事先问问孩子，并且让孩子帮助计划这次活动，孩子们或许会有更多的参与感，那一天或许会有截然不同的结果。

单亲养育

"作为单亲父母，我感到很内疚。我害怕孩子会因为缺一位父母而被剥夺很多东西——我真的没有时间既当爹又当妈。当我把时间用在自己身上时，会觉得自己很自私。我的孩子会因为我的无能为力而遭受多少痛苦呢？"

理解你的孩子、你自己和情形

认为单亲家庭的孩子会被剥夺更多东西，是一种错误的看法。不幸福的父母由于"为了孩子好"而在一起，给孩子树立一个不健康关系的榜样，其实要糟糕得多。孩子们遇到麻烦时，我们经常听到单亲父母遭到指责，然而，很多成功人士都是由单亲父母养大的。对孩子产生最大影响的，并不是你的婚姻状况，而是你的心态和养育方法。

建议

1. 你不必因为是单亲父母而补偿孩子——或者试图既当爹又当妈。做一个有效的父母就足够了。要培养一种对单亲的好心态："情况就是这样，我们可以尽最大努力，甚至因此而受益。"

孩子会从你的态度中得到极大的力量。

2. 不要听信孩子那些通过将你与你的前夫或前妻作比较来操纵你的企图。要诚实地说出你的感受，自信地说出你的立场："人们做事的方式不一样。在我们家，我们可以相互尊重地共同决定事情应该怎么做。"

3. 要帮助你的孩子处理因只有一位父母在身边而产生的失望，或者因父母离婚而产生的愤怒。要帮助他们表达自己的感受，并为他们想做的事情制订计划。（所有的感受都是可以接受的，并且是宝贵的。而行为则是另外一回事。理解了感受和行为之间的区别，会让孩子们从中受益。）要帮助孩子学会通过诚实地表达感受来维护自己，并说出自己的需要与愿望，要理解别人可能不会对他们事事满足。

4. 如果你的孩子威胁说要去跟你的前夫或前妻一起生活，你要问自己：我的孩子只是因为生气想要让我伤心吗？我的孩子是想逃避做家务活吗？她是真的认为和对方生活在一起会更好吗？我的孩子需要时间与他爸爸（或妈妈）建立更亲密的关系吗？要记住，很多双亲家庭的孩子也会威胁要离家出走，而这可能只是生气时的正常反应。冷静下来后，要和孩子一起核实一下各种可能性："我想知道你是不是因为_____而生气？"接下来，要一起寻找这些问题的解决方法。（另一个关于如何处理这种情况的例子，见"开阔思路"，第98页。）

预防问题的发生

1. 要看到单亲养育的好处。你不必因为如何养育孩子而争吵。认为父母双方共同养育孩子总是更容易，是一种错误的看法。两个人会经常因为对孩子应该多么宽容或多么严格而争吵，或相互指责对方没有花足够多的时间陪孩子。不要将父母双方共同养育的情形理想化。篱笆另一边的草往往并不是更绿。

2. 单亲养育的另一个好处是，孩子们有机会感觉到自己是被需要的。至关重要的是，不要为了补偿孩子而娇纵他们。要召开家庭会议（哪怕只有一位父母和一个孩子），让孩子参与制订家务活计划、解决问题以及筹划娱乐活动。在单亲家庭，孩子们绝对有机会作出有意义的贡献，感觉到自己被需要、倾听并被认真对待。

3. 要给每个孩子都安排特别时光（每天 10 分钟或每周 30 分钟），让孩子们有能期待的具体时间。当你因为太忙而不能满足所有孩子的要求时，要平和地说："我现在没有时间，但我真的很期待咱们的特别时光。"

4. 要建立一个包括大家庭成员和朋友在内的支持网络，以帮助你照顾孩子，给孩子提供男性或女性的角色榜样，并且一起度过快乐时光。

5. 加入或者发起一个单亲养育课堂。有成百上千的单亲父母需要支持——就像你一样。

6. 如果你离婚了，而你的前配偶不负责任，你就要决定自己怎么做，而不是浪费时间为对方的行为生气、沮丧或失望。要接受你的前配偶可能不会改变。如果你不能依靠前配偶，就要制定一个备用方案。

7. 要找到"装满你自己的杯子"的方法，并照顾好自己的需要，这样你才有精力和热情和孩子相处。不要为把时间花在自己身上而感到内疚，要将其视为给你和孩子的一个礼物。

孩子们能够学到的生活技能

孩子们能够认识到生活中会出现各种情况，有些情况他们可能并不喜欢。他们能够从生活的挑战中学习、成长并且受益。他们无法控制发生的每一件事，但是，他们能控制如何处理这些事情。

养育要点

1. 强调单亲养育的好处，并不意味着不存在问题，而意味着将双亲养育理想化并且对单亲养育抱否定态度，是无济于事的。

2. 你的孩子会受到你的心态的影响。如果你的行为像个受害者，你的孩子很可能也会觉得自己是受害者。如果你抱着乐观、勇敢的心态，你的孩子很可能也会采取这种心态。

开阔思路

有一位妈妈，在孩子们威胁要去跟爸爸一起生活时，说道："好吧，但是你们只有一次机会离开，只有一次机会回来。如果你们第二次想离开，那就是个永久的决定了。"没有一个孩子接受这个建议，因为他们知道妈妈说到做到。他们意识到，妈妈是在认真地对待他们，并且尊重他们想和爸爸一起生活的权利，但不会被他们操纵。这使他们开始思考自己是否真想这么做。经过思考之后，他们决定还是待在妈妈这里，并且在定期召开的家庭会议上运用了自己解决问题的技能。

电子产品：电视、视频游戏、iPod、电脑等（另见"手机"）

"如果我允许，我的孩子们整天都会玩视频游戏或看电视——除了他们想在耳朵里塞上 iPod 的时间。他们能连续几个小时在电脑上同时跟多达 26 个人即时聊天，他们用两个拇指发手机短信的速度比我用全部十个手指打字的速度还快。他们的脑子会被榨干吗？会不会因此难以集中注意力？他们的道德和社会交往能力会怎么样？我担心他们在上网时会看到的东西。他们对那些电子玩意儿爱不释手，很难拉他们去参加有社会交往的晚餐。我知道应该限制他们使用电子产品，但我不知道怎样赢得这场战争。"

理解你的孩子、你自己和情形

欢迎来到多任务时代。电子产品已经很多了。我们猜，在本书付印之前，还会有更多的电子产品发明出来。电视、视频游戏、DVD 播放器、iPod、手机、电脑和互联网——都不是坏东西，但是，当每个人都沉溺于电子产品（通常同时操作多个电子产品）而顾不上身边正在发生的事情时，就会成为一个真正的问题。你已经不再和家人一起用餐了吗？你们是否不再进行面对面的讨论、开家庭会议、一起玩游戏以及边开车边交谈了？电子产品可以是娱乐工具并提供信息，当有意识地运用时，还能帮助孩子发展很多可用于其他方面的技能。然而，过度使用会造成严重的问题。你可以通过决定自己怎么做、保持和善而坚定，并让孩子参与制订健康地使用电子产品的准则，来消除与孩子的"战争"。

建议

1. 给年龄小的孩子有限制的选择。"你可以看一集或两集电视节目，你自己选择。""你可以玩半小时视频游戏，或看半小时电视。""你可以在晚饭前或饭后看半个小时电视。""你每天可以有两个小时的屏幕时间。你可以根据自己的选择确定怎么分配，我会看看是否适合我。"

2. 在孩子的房间里不要放电视机。要和孩子一起坐下来看电视，而不是只审查你不喜欢的节目。要和孩子们谈谈他们所看的节目内容、他们喜欢其中的什么，以及是怎么认为的。当出现暴力场景时，要关掉电视。

3. 要和你的孩子讨论播放的广告，并与他们一起探讨广告在宣扬什么。

4. 决定你要做什么以及你不做什么。如果你不想让自己的孩子花太多时间看电视或玩电脑游戏，那就不要买这些东西。如果孩子不得不自己挣钱买，他们就会做一些除了紧盯屏幕之外的事情。

预防问题的发生

1. 注意你自己的行为。如果你过多地看电视或过度使用其他电子产品，你就无法说服孩子相信看太多的电视或过度使用电子产品对他们不好。相反，如果你过着一种平衡的生活，就能为教孩子过一种平衡的生活打下坚实的基础。

2. 也许有一些电视节目你不希望自己的孩子看，因此你要负责制定出看电视的原则。随着孩子逐渐长大，需要让他们参与这种原则的制定。你需要定出所有有关屏幕时间以及其他电子产品使用的准则，直到孩子的年龄足以参与进来帮助你一起制定。

3. 要利用家庭会议来讨论电子产品的使用。要和孩子们坐在一起，使用报纸或电视指南帮助他们事先计划好本周想看的电视节目。要一起确定可以有多少时间使用其他电子产品。如果你有数字录像机，可以录制孩子们喜欢看的节目，并确定一个你也在场的观看时间。

4. 要帮助孩子列出一份他们喜爱的活动的清单，以便他们无聊时能够找一些其他事情做，而不只是打开电视或玩电子游戏（见"无聊"，第338～341页）。

5. 要和孩子谈谈电视和视频游戏会上瘾，让他们知道你为什么担心并希望限制他们看电视和玩视频游戏。

6. 要让孩子知道，他们需要确定一种轮换着玩视频游戏或选择要看的电视频道的方法。如果他们为此争吵，要么就关掉游戏机或电视，并让他们知道可以待会儿再试一次，要么就由你来决定，直到他们想出每个人都接受的轮换办法。

7. 可以试着每周或每个月安排一天时间，全家人都不看电视或使用其他电子设备，看看家人能够从这种体验中学到什么。

8. 要记住，除了电子产品之外，任何活动都有可能让人上瘾（见"药物滥用"，第388～392页），所以，任何活动都不能过火。要知道兴趣和上瘾之间的区别。

孩子们能够学到的生活技能

孩子们能学会如何事先计划并考虑对电视、视频游戏和其他电子设备的使用，而不是养成不加选择地使用的习惯。孩子们会形成不滥用的习惯，这有助于他们处理潜在的其他物质滥用问题。

养育要点

1. 在吃饭时，要关掉电视和其他电子设备，和孩子们聊天。
2. 当你不在家监督的时候，不要期望孩子们能够遵守电子设备的使用约定。如果你认为他们严重违反了约定，可以切断电视电源并没收其他电子产品，直到他们准备好遵守承诺。

开阔思路

下面是有关孩子们看电视习惯的一小部分统计数据。（如果引用有关各种屏幕时间的全部统计数据的话，就会占用大量篇幅。我们这里只列出电视习惯的数据，并认为其要点适用于所有其他电子产品。）

- 在美国，2~17岁的孩子每周看电视的时间平均近25个小时，或者每天3个半小时。其中，将近1/5的孩子每周看电视的时间超过35个小时。20%的2~7岁孩子的卧室里有电视机，这一比例在8~12岁孩子中达到46%，在13~17岁孩子中达56%。孩子们看电视所花的时间，比除睡觉之外的任何其他活动都要长。

- 在一个全国性的教育研究中，参与调查的学生说他们每周花在看电视上的时间是做家庭作业时间的4倍。

- 有些程序以频繁的视觉和听觉变化，通过干扰大脑的自然防御机制，人为地操纵大脑集中注意力。多任务操作会导致某些人的大脑进入一种过度兴奋的状态，使得他们在想集中注意力的时候很难做到。

- 有些电视节目和其他电子产品可能会通过改变大脑的电脉冲频率，阻碍正常的心理过程，对大脑产生催眠效果，并且可能会神经性上瘾。

詹森一家有妈妈、爸爸和五个男孩。在儿子们还很小的时候，妈妈和爸爸就决定家里只放一台电视机（体积非常小，不用的时候可以盖起来），并且只有在他们确实非常想看某个电视节目时才拿出来。随着孩子们逐渐长大，他们意识到了电脑的益处，以及通过玩某些视频游戏能够培养的能力。所以，他们买了一台电脑放在客厅，以便他们能够随时了解电脑的使用情况。家里的每个人（包括妈妈和爸爸）不得不协商电脑的使用时间。孩子们不能买视频游戏，除非妈妈或爸爸检查后确保不含暴力或色情的内容。当孩子们想要iPod时，他们不得不先提出一个如何合理使用以及如何挣钱付款的计划。在一次家庭计划中，他们决定购买三部手机，而且每个家庭成员（除了爸爸）都提出了自己在什么情况下需要带手机外出。这都需要计划、协商、互相尊重和合作。其结果就是电子产品使用时间的平衡。

顶嘴和不尊重

"我让女儿把她的鞋捡起来，她回答：'你为什么不捡？你是妈妈。'我简直无法相信。她为什么这么不尊重我？更重要的是，我对此该怎么办？我不能就这么饶了她，但我越惩罚她，情况就越糟糕。"

理解你的孩子、你自己和情形

孩子的顶嘴和不尊重行为的原因有很多。有时候，孩子们只是在试探自己的权力，尤其是接近青春期的孩子和青春期的孩子。另一方面，这可能是他们觉得自己受到了不尊重的对待（或许父母总是对他们提要求或下命令），是在反击。孩子们顶嘴还有可能是为了得到一个回应，或仅仅因为当天过得不开心。另个可能的原因是，没有人教过孩子（通过例子或其他方法）要有礼貌地沟通和互动。

建议

1. 要用一种平静、尊重的口气告诉孩子："如果我曾经那样对你说话，我道歉。我不想伤害你或被你伤害。我们可以重新开始吗？"
2. 从1数到10，或采用其他方式的积极"暂停"，避免以"顶嘴"回应孩子。要避免这样的反驳："你不可以这样对我说话，小丫头。"
3. 把孩子的"顶嘴"作为了解情况的一种信息（这可能是在告诉你有些事情出了问题），并且要在你和孩子都平静下来后进行处理。要想想你在哪些事情上将问题变成了与孩子的权力之争。
4. 要关注孩子的感受，而不是关注孩子的不尊重行为。要对孩子说类似于这样的话："你现在显然很生气。我知道，当你那样对我说话时，我也很生气。让我们都花点时间'暂停'一下，平静下来。当我们都感觉好一些之后再谈。我想听听你因为什么事情生气。"
5. 不要用惩罚来"控制"孩子。当你和孩子都平静下来之后，你们能够找到一个对双方都尊重的解决方案。
6. 把你的感受告诉孩子："当你那样跟我说话时，我感到很伤心。等会儿我想和你谈谈把你想要什么或你的感受告诉我的另一种方式。"或者，你可以说："停一下，我想知道我是不是做了什么伤害你感情的事，因为那肯定会伤害我。"
7. 不要用命令作为回应。要决定你自己怎么做，而不是你想让孩子做什么。一种可能的处理方式是走开。不要试图控制孩子的行为，而要控制你自己的行为。要平静地离开房间，一个字也不说。如果孩子跟着你，就去散散步或冲个澡。在一段冷静期之后，要问孩子："你现在准备好和我谈谈了吗？"如果你让孩子提前知道你要做什么，是最有效的。"当你跟我说话不尊重时，我会离开房间，直到我们都感觉好起来，能够在爱和尊重的气氛中进行沟通。"

8. 要运用你的幽默感。要说："我一定是听错了。我相当确定你是想说'妈妈，你介意帮我把鞋子捡起来吗？因为我太懒了，现在不想捡'。"

9. 如果你不是太生气，可以试试拥抱你的孩子。有时候，孩子们还没有准备好接受你的拥抱。另外一些时候，一个拥抱能为你们营造出一种爱和尊重的氛围。

预防问题的发生

1. 要愿意审视一下，自己是否因为对孩子不尊重，而教会了他让你痛恨的这种行为？你因为对孩子控制过多或过于娇纵，而造成了一种权力之争的氛围吗？

2. 要确保你没有对孩子提出不尊重的要求，"触怒了孩子"。不要命令孩子，而要在家庭会议上一起建立日常惯例。

3. 不要说："把你的鞋子捡起来。"而要问："你的鞋子怎么了？"你会惊讶地发现，问比告诉要有效得多。

4. 一旦你和孩子都平静下来，要让孩子知道，你爱她并愿意找到一个对双方都尊重的解决方案。要承担起你的责任，和孩子一起找出一个解决方案。

5. 如果你对孩子有了不尊重，要向孩子道歉："我能够看到当我命令你捡起鞋子时，我对你很不尊重。我不尊重你，又怎么能要求你尊重我呢？"要让孩子知道，你不能"强迫"她尊重你，但你会努力做到尊重她。

6. 要定期开家庭会议，以便全家人学会尊重的沟通方式，并专注于解决问题。

孩子们能够学到的生活技能

孩子们能够知道，父母愿意承担起自己在双方互动中的责任。他们能够了解到，顶嘴不会有效，但他们会有另一个机会进行有礼貌的沟通。

养育要点

1. 很多父母想通过"设立界限"和加强控制来让孩子知道他们的不良行为逃脱不了惩罚。这会使事情变得更糟，而且也教不会孩子尊重地沟通。

2. 这是将被动反应变为主动行动的一个好时机。当孩子伤害你的感情时，你很容易以惩罚作为报复。在你试图教会孩子尊重时，却给孩子树立了一个不尊重的榜样。

3. 要记住把错误看成是学习的机会——对你和孩子都如此。

开阔思路

一位母亲在感谢信中写道："我现在激动得说不出话来了，因为我15岁的女儿刚刚进来说'妈妈，你今天打算洗衣服吗？这样我就可以把牛仔裤洗了，或者我应该在上学前把它放进洗衣篮里吗？'"

"这是多么好的一个开始啊！感谢家庭会议和平静的交谈，我们不再像以前那样喊叫、反击和感到生气了。"

2岁半的罗斯把他的帽子扔到了人行道上,并且说:"我不想戴这个帽子。你捡起来替我拿着吧。"

奶奶看着他说:"我肯定从这儿走过的很多人都喜欢这顶漂亮的帽子。如果你不想要了,就扔在人行道上让别人捡走吧。"

罗斯显得很吃惊,两只小手叉在腰间想了一会儿,然后捡起了帽子。

奶奶说:"如果你现在不想戴,你愿意把它放进背包里吗?我很乐意帮你打开背包。"罗斯走过去,把帽子放进了背包,双手叉腰,面带笑容一摇一摆地走在人行道上。几个旁观者为奶奶竖起了大拇指。

独自入睡

"我们1岁大的孩子不肯待在自己的小床里——他会一直哭,直到我们把他放到我们的床上。我听说过'任由他哭',可那好像太残忍了。但是,现在我和我丈夫都睡眠不足——更别提享受独处的时间来聊天、拥抱等等。我们怎样才能让孩子在他自己的床上一觉睡到天亮呢?"

理解你的孩子、你自己和情形

很多父母都是"家庭床"的拥护者,允许孩子经常睡在他们的床上。如果是你选择了让孩子睡在你的床上,那另当别论。为尊重你的个人选择,你不用再看这一节了。然而,太多的父母允许孩子和自己睡在一起不是出于自己的选择，而是因为他们觉得似乎不得不如此，而且他们对此并不开心。如果是这种情况，仅仅因为让孩子和你睡在一起似乎比对孩子进行睡眠训练更方便，或者因为你认为孩子无法独自睡觉，就是对孩子的不尊重。这可能会剥夺他们形成对自己的能力感和自立感，而且你可能在养成孩子很难改变的习惯。你完全可以在不伤害孩子自尊的情况下，教会孩子在他们自己的床上睡觉。

如果你不确定是否应该支持"家庭床"的观念，医学博士理查德·费伯的研究可能会帮助你作出决定。他建议，孩子们需要一个自己睡觉的地方，无论是在父母房间里睡在自己的床上，还是在他们自己的房间里。这样，孩子们就能学到一些有价值的东西：我在自己的空间里有能力处理事情，我不是世界的中心，我是家里的重要一员，但我的父母也很重要，他们也需要时间休息和恢复活力。

如果你有一个新生儿，从开始就用本节"预防问题的发生"里的一些建议，能让你免去很多麻烦。如果你已经帮助孩子养成了与你一起睡觉的习惯，那就是时候通过采取下面的建议来戒除这个习惯了（见"戒除不良习惯"，第181～184页）。

建议

1. 不计其数的父母已经发现任由孩子哭是有帮助的，如果你坚持，这通常不会超过3～5天的时间。从用时最短的角度来说，这个建议是最成功的。然而，我们会提供其他建议，以防你无法忍受孩子哭。这些建议中有很多是为了帮助你鼓起勇气来做最终对孩子最有益的事情。要记住，尽管小鸟不愿意飞，但鸟妈妈还是会将小鸟踢出鸟窝。你知道为什么。我们知道，对于一个母亲来说，没有什么事情能比听到自己的孩子哭更令人心碎的了。但是，当你记住哭也是一种沟通时，你会知道哭可能意味着很多事情。你的孩子可能是在告诉你："我不喜欢这样，即使这是为我好。"我们在本书中一再建议你要允许孩子有自己的感受，而不要解救他们——让他们体验不完美的情形，以便他们能学着增强自己忍受失望的能力，并知道自己不仅能够承受得住，而且比自己被父母娇纵和解救的自我感觉更好，是非常重要的。孩子们既有自己的需要，也有自己的愿望。重要的是，要照顾他们的所有需要，而不是他们的所有愿望。他们需要睡觉。他们的愿望可能是和你睡在一起，但这对他们和你可能都不是最好的。要有勇气做那些从长期来说对你和孩子最好的事情。只要你在白天和孩子有大量的时间在一起，抱着她，和她一起玩等等，孩子就不会因为哭着睡觉而觉得你不爱她或受到心理创伤。

2. 有些父母会雇专业人员到自己家里来帮助孩子学会睡一整晚。大多数专业人员采用的方法与我们这里的建议是相似的。唯一的区别是，父母不必听孩子的哭声。我们希望你有勇气和孩子一起经历戒除的过程，而不是留给一个陌生人去处理。

3. 有位妈妈在丈夫承担"任由孩子哭"的责任时，不得不去自己的姐姐家睡。对这位父亲来说，这很难，但对妈妈来说则会更难。还有一位妈妈，在孩子学着自己入睡的那三个夜晚，把枕头盖在自己的头上，打开收音机，自己也哭了三个晚上。另一位妈妈在孩子学习自己入睡的五个晚上，睡在了后院搭的帐篷里。她们都说，一旦孩子学会了自己入睡，在白天也会更开心，并更容易照料了。

4. 有些人建议在婴儿或者学步期的孩子哭的时候，父母去孩子的卧室，轻轻拍一会儿孩子的后背，然后离开。这个办法对有些孩子管用。另外一些人则说这样做似乎是在戏弄孩子。如果你觉得可以接受这个建议，那就试一下。（"开阔思路"里的案例给出的是另一种情形，因为那个孩子已经会说话了。）

预防问题的发生

1. 很多人认为应当把婴儿哄睡着之后再将其放到床上。他们摇晃孩子，给孩子喂奶，当孩子睡着后，把她放到床上。让他们惊讶的是，孩子往往会立刻醒来，并开始哭。我们建议，到了睡觉时间，喂完奶，换好尿布，拍好嗝，然后在孩子醒着的时候就将她放下来，以便孩子学着自己入睡。如果孩子在吃奶或用奶瓶时睡着了，你可能甚至需要弄醒她。要记住，孩子的小小烦躁不是一个悲剧。这可以成为孩子自我安抚的一种方式。

2. 孩子到3个月大的时候，就可以睡一整夜了。（有些孩子达到这个"里程碑"会更容易一些。）如果是母乳喂养，到3个月大的时候，孩子白天的吃奶量已经基本固定了，夜里其实并不需要吃奶。三个月以后的孩子在半夜醒来时，让他们自我安抚并再次入睡，完全是可以的——这可能意味着孩子会哭。

3. 在新生儿护理室里的婴儿，因为护士比较忙碌，就是裹在紧紧的襁褓里睡觉的，直到喂奶时间。如果他们哭了，护士就让他们自我安抚，小家伙们确实能做到。在回到家以后，有多少这样的婴儿因为父母不能忍受他们哭或者相信他们必须和父母睡在一起而形成了睡眠问题呢？你可能由于自己的心态而造成不必要的问题。

4. 越来越多的人建议，婴儿趴着睡会更舒服，而且睡得更好。另外一些人则相信必须仰面躺着睡，以防婴儿猝死综合症。还有些人建议让婴儿侧着睡。我们不推荐哪种方式最好，但我们建议你去咨询你的医生，并且通过网上的育儿专题帮助你搞清楚这个问题。

孩子们能够学到的生活技能

孩子们能够学到，他们有能力自己处理睡觉这一自然的身体功能，而不用依赖其他任何人。他们能学会自信和自立。他们能够知道自己所有的需要都会得到满足，但并非所有的愿望都能得到满足。

养育要点

1. 要对你自己和你的决定有信心。信心能够产生一种孩子们能够感受到并且作出回应的能量。如果你对自己和孩子有信心，你就会做出相应的行为，你的孩子也会这样。
2. 在能让父母监控孩子的每一次呼吸的婴儿监视器出现之前，数以亿计的婴儿也都活得很好。
3. 记住，你也需要睡觉，这样你才有精力在白天以最好的状态对待孩子。

开阔思路

梅勒妮·米勒是一位正面管教导师，住在华盛顿州的柯克兰。她跟大家分享过这样一件事：下面的解决方案是对我的需要的尊重——在睡觉前，我需要宝贵的半小时来做我自己。我或许会读一本书，看看报纸，或者只是坐在一个安静的房间里。这也是对我儿子的尊重，因为他似乎需要一个和善而慈爱的妈妈来让他放松下来入睡。

整个过程是这样的。先进行常规的睡前惯例。我希望这种惯例的最后一项是抱着孩子读一本书。然后将他放到床上，告诉他要帮他按摩后背。要问他是否愿意让你帮他按摩后背4~5分钟。给孩子一个选择，使他能够对这个情形有一定的控制。在按摩过后背之后，要告诉他，你必须去刷牙，或者换睡衣，或者要为明天早上准备咖啡，看邮件……总之，是孩子不想参与的一些无聊的日常琐事。然后，告诉他你会在1分钟后回来。我是将拇指和食指捏得几乎靠在一起，让孩子看到1分钟时间大概有多长；将拇指和食指完全张开，让孩子看到30分钟有多长。有时候，孩子们需要这种视觉化的比喻。然后，要确保在1分钟内返回……头一个晚上，你可能甚至在30秒内就想返回，以便孩子不会有机会跳下床来找你。当你回到孩子的房间后，要简单地给他按摩一下后背，并告诉他："我得去换睡衣了，我会在2分钟内回来。"要不断重复这个过程，并逐渐延长离开的时间，直到你回到孩子的房间时他已经睡着。在头几个晚上，可能需要花一些时间……孩子在床上躺1分钟可能会很难，但不要放弃。你只需保持平静，按照需要调整离开的时间，不断重复这个过程。

　　这个方法对我儿子很有用。现在，只需要我稍微在他背上按摩几下，他就能睡着。我将这个办法告诉了我养育班的其他父母，他们也发现很有效。第一个宝宝睡在带蚊帐的婴儿床里，为了防止小猫钻进去，婴儿监视器白天和晚上都开着。他的父母因为听着监视器里的每一声呼吸，晚上基本不能合眼。第二个宝宝也睡在婴儿床里，但没有蚊帐，也没用监视器，但他的房间挨着父母的房间，以便父母听到他是否在哭。第三个宝宝跟父母不睡在一层楼上，没有用监视器或蚊帐……结果，他在三个孩子中睡得最好。

发脾气

"当我的孩子躺在地上又踢又哭时——尤其是在公共场合，我该怎么办？"

理解你的孩子、你自己和情形

孩子发脾气既令人愤怒，又令人尴尬。有时候，孩子发脾气是因为他们累了，却被父母拖着去一些他们没有办法或能力应对的地方。你的孩子可能以一种不易察觉的方式尝试过让你知道他的愿望和需要，但你没有注意到。或者，你可能因为给孩子命令太多、太长，导致孩子进入了一种焦虑和恼火的状态。其他一些时候，记住孩子的行为可能有一种目的（见第36页"四个错误行为目的"）会有帮助。

发脾气是一种沟通方式。如果孩子第一次发脾气就能有效地吸引你注意、阻止你或让你生气，你的孩子或许会认为这就是与你建立联系的方式。要有效地改正这种行为，你必须先通过不助长这种行为的方式来对待这种行为。之后，你可以寻找发脾气背后的的密码信息，以及（或者）你自己当初怎样诱发了这种行为。

建议

1. 要相信你的孩子最终能处理自己的感受。当我们总是试图解救孩子或为他们解决所有问题时，我们就剥夺了他们形成对自己能力的信念的机会。要让你的孩子拥有自己的感受，不要认为你需要阻止或者改变他们的感受。不要在孩子发脾气的时候作出让步——别再试图在这时取悦你的孩子。如果你选择以下任何一种方法，在实行时要抱着共情的态度，而不是抱着你需要控制或拯救孩子的态度。

2. 对于有些孩子，当他们发脾气时，抱住并安慰他们，就会有帮助。要通过说这样的话来认可他们的感受："生气没关系。每个人都会这样。我在这里，我爱你。"另外一些孩子不想被抱住。你可以坐在他身边，给予情感支持，而不用说什么。

3. 对孩子说"不"没关系，她为此生气也没关系。（在你得不到自己想要的东西时，有时候不是也会感到生气或心烦吗？）要说："我知道你很生气，这没关系。你希望得到自己想要的东西。我可能也会有同样的感受。"然后，就静静地等待或者转移孩子的注意力。

4. 对待孩子发脾气的另一种方法是干脆视而不见。带着共情的态度静静地站在那儿，等到孩子发完脾气。

5. 有时候，最好的方式是只行动，不说话。带孩子到外面，把她放在车里，让孩子知道发脾气没关系，当她平静下来后，你和她可以再试一次。

6. 对于年龄小的孩子，分散注意力是很有效的方法。不要吵架或争论，而要发出一些好玩的声音，唱首歌，或者说："让我们一起去看看那边有什么。"

7. 孩子发完脾气后，不再提发脾气这件事或许更合适。如果你的孩子是在用发脾气进行情感勒索，你不买账，她很快就会放弃。或者，等孩子平静下来后，你可以问她是否愿意你帮助想想以后解决类似问题的办法。然后，你可以通过启发式问题（见第12页"问'启发式'问题"）来帮助她找出一个解决办法。

预防问题的发生

1. 正如前面的建议 1 里提到的那样，父母们犯的最大一个错误，就是认为自己需要保护孩子免于感到生气或失望。防止未来出现问题的最好方式，或许就是改变你的心态，允许孩子有自己的感受。当孩子们能够有自己的感受时，他们就很少需要通过大发脾气来表达自己的看法了。

2. 在比较心平气和的时候，问孩子是否愿意学习一些对待沮丧的好方法。如果孩子同意，就教她用语言说出自己的感受，而不是用冲动的情绪表现。

3. 注意你自己那些可能会引起孩子发脾气的做法。你或许在和孩子争论、盘问她、控制她并与她争吵，直到她被激怒而大发雷霆。

4. 一起制订一个计划。问问孩子，在她发脾气时，希望你怎么做。要在你们能心平气和地讨论时做这件事。要提供一些选择，比如："你是喜欢一个拥抱，还是喜欢我在旁边等你发完脾气，或者喜欢去自己的积极暂停区（见第 31～32 页，积极的'暂停'）直到感觉好起来？"孩子可能会有其他主意。孩子们更容易接受自己事先参与选择的计划。

5. 决定你要做什么，并事先让孩子知道。例如，你可以决定带孩子回到车上，耐心地看一本书，直到孩子平静下来，并告诉你她准备好了再试一次。或者，你可以决定马上回家，改天再试。无论你怎样决定，都要以尊严和尊重的方式坚持执行。也就是说，要闭上嘴巴，只采取行动。你能说的唯一有用的话是："等你准备好的时候，我们再试一次"（如果你只是决定回到车里），或"我们可以明天或者下星期再试"（如果你决定回家）——而且，最好在你们都平静下来之后再说这样的话。

6. 在去公共场所之前，进行角色扮演。（与"角色扮演"相比，3~6岁的孩子更容易理解"假装"这个词。）描述你期待的行为，让孩子假装你们正在那个公共场所，并按照你期待的那样做。然后，让他们扮演一次发脾气，你则按照你们事先制订的计划作角色扮演。互换角色会很有趣。你来扮演发脾气的孩子，让你的孩子来扮演父母的做法。

7. 将发脾气问题放到家庭会议的议程上，让孩子们用头脑风暴想出该怎么做。在你们将各种想法列出来之后，让那个经常发脾气的孩子从中挑选出她觉得对自己最有帮助的建议。

孩子们能够学到的生活技能

孩子们能够认识到，生活充满了起伏坎坷，而他们有能力处理自己的感受。他们会知道发脾气和情感勒索不会让他们得到自己想要的，还有更恰当的方式表达自己的感受。

养育要点

1. 让孩子知道自己有感受很正常，并且即便在他们发脾气的时候你也爱他们、接受他们，是给予孩子的一份大礼物。

2. 有些孩子（还有一些成年人）喜欢在接受不可避免的结果之前咆哮一通。这是他们的风格，并且不会伤害任何人。一旦咆哮过后（或发完脾气），他们往往会高高兴兴地去做需要做的事情。不让他们咆哮的狂风吹到你的船帆，就不会掀翻你的船。

开阔思路

贝尼托太太和她4岁的女儿艾玛事先确定：如果艾玛不遵守

早上的日常惯例，没有在 7：30 该出门时穿好衣服并作好去幼儿园的准备，妈妈就会将她的衣服放在一个纸袋里，艾玛可以在到幼儿园之后坐在车里换衣服。（她不能在汽车行驶过程中换衣服，因为她们规定必须系着安全带。）由于这是在她们都平静的时候讨论决定的，艾玛很开心地同意了。

两个星期后的一天，艾玛没有及时换衣服，还穿着睡衣。贝尼托太太将她的衣服装进了一个纸袋里，说："该走了。到幼儿园后你可以坐在车里换衣服。"

艾玛有点闹脾气："不！我不要！"

妈妈说："该出发了。你是想自己上车，还是想让我帮你？"

艾玛看得出来妈妈是认真的，所以她自己上了车，但还在大喊："我不想在车里换衣服！你太坏了！我恨你！"

妈妈说："我不会因为你发脾气而责怪你。换做我也会这样。"然后，她不再说话，保持着沉默，让艾玛有着自己的感受。

当她们到达幼儿园时，艾玛撅着嘴（一种无声的发脾气），拒绝下车。妈妈说："我要进幼儿园了。你准备好了就进来。"（贝尼托太太把车停在了车道上，她坐在幼儿园主任的办公室里能看到自己的车，以确保艾玛的安全。）

艾玛坐在车里，撅着嘴待了大约 3 分钟。然后，她换好衣服，进了幼儿园。妈妈只说了一句话："谢谢你遵守了我们的约定。我很感激。"

几个星期后，艾玛又一次没来得及换好衣服。这次，她直接上了车，没有发脾气。她和妈妈在去幼儿园的路上聊得很开心。到幼儿园后，妈妈说："你想让我坐在这里等你穿好衣服，还是在办公室等你？"艾玛说："我想让你在这儿等我。"妈妈已经告诉过艾玛，如果她磨蹭，妈妈就会去办公室等她，所以艾玛很快穿好衣服，开心地和妈妈一起进了幼儿园，与妈妈吻别，然后就跑去和朋友们玩了。

房间脏乱

"我的孩子们拒绝打扫自己的房间。他们床底下有脏衣服，柜子里有脏盘子和变质的食物，玩具扔得到处都是。无论我唠叨和抱怨多少次，似乎都看不到他们房间的状况有任何改善。"

理解你的孩子、你自己和情形

房间脏乱和不完成作业，是我们从父母那里听到的对所有年龄孩子的两个最大的抱怨。这两个问题在很多家庭都变成了一个真正的"战场"。通常，孩子们共用一个房间，这就变成了发生争执的另一个主要原因。有些家庭不介意让孩子们对自己的房间想怎么样就怎么样。但是，如果这对你来说很重要的话，让孩子的房间至少表面上有点秩序是可能的。帮助孩子们整理和打扫他们的房间可能是值得你努力的，因为孩子们能够从这个过程中学到很多有价值的生活技能。然而，要想取得成功，你需要花时间训练并随时监督孩子。

建议

1. 对于年龄小的孩子，重要的是要和他们一起收拾，以便孩子不会觉得无处下手。你可以坐在孩子房间的正中间，捡起一个玩具，问："我想知道这个应该放哪儿？你能放给我看看吗？"要等到孩子把这个玩具放好，然后再开始另一个。每周至少要这样做一次。

2. 很多 3~5 岁的孩子会收集纸片、石头、绳子和其他宝贝。当他们不在家的时候，你可以将这些东西拿走。如果孩子反对，要让他们帮忙将物品分类，但通常年龄小的孩子都不会错过这些乱七八糟的东西，并且会重新开始收集。当孩子到了能留意和在乎这些东西的年龄时，要尊重他们的宝贝，不要管他们。

3. 如果你给孩子买了太多的玩具，你可能要对孩子房间的脏乱承担部分责任。这很容易纠正。要建议孩子挑选出一些玩具放到一个架子上，到玩的时候再拿下来。你还可以建议孩子把不再玩的玩具清理出来捐给慈善机构，为其他孩子带去快乐。

4. 不要因为孩子做了他们需要做的事情而贿赂或奖励他们。收拾自己的房间，是孩子需要承担的帮助家人的责任，而且他们不需要有奖励才去做。不应该将零花钱与收拾房间联系起来（见"家务活"，第 168~176 页）。同样道理，不要威胁孩子说，如果他们不能保管好自己的物品，你就要拿走。

5. 有些父母会选择对孩子脏乱的房间视而不见。他们允许孩子们随心所欲地安排自己的房间，但会让孩子们一起想出保持共用房间干净整洁的办法。

6. 另一个可能的办法，是给你的孩子一个选择："你是想自己收拾房间，还是希望我收拾？如果我收拾，我会扔掉所有看起来没用的东西。"另一个选择可以是："你是想自己收拾房间，还是用你的零花钱雇一个清洁工？"你的语气将决定这个选择是否会被孩子尊重地接受，以及是否会招致权力之争。

7. 对于那些为共用一个房间而争吵的孩子，要建议他们一起想办法解决或者在家庭会议上解决。

预防问题的发生

1. 要让孩子在如何装饰自己房间的问题上有发言权。孩子们对颜色和装饰有自己独特的喜好，而且重要的是，房间是孩子的而不是你的。要确保孩子有足够多的收纳箱和架子放自己的玩具和各种物品。

2. 对 2～10 岁的孩子来说，这样说往往会比较管用："你的房间应该保持成这样。你可以玩玩具，或者把东西拿来拿去，但是用完之后要将东西放回原处。"如果你心平气和地说这些话，有些孩子会很高兴地遵从你的意愿。如果你的孩子想要更多的发言权，可以采用其他建议。

3. 在家庭会议上，要和孩子们建立一个收拾房间的日常惯例。对于上了学的孩子，一个非常管用的办法，是让孩子在早饭前将房间打扫干净。如果孩子忘了，只需把她的盘子倒扣，作为一种非语言信号，提醒她在坐下来和家人一起吃饭之前先收拾好房间。当孩子们参与制订计划时，他们就会很合作地将计划执行到底。你对干净整洁的预期要现实一些。如果孩子们把东西推到床底下或者用被子盖住皱巴巴的床单，就由他们去吧。

4. 随着孩子逐渐长大，让孩子们每周抽出一天时间打扫他们的房间会更管用。他们需要把脏盘子送到厨房，将要洗的衣物放进洗衣篮，吸尘、擦灰并更换床单。给他们规定一个最后期限会最管用。比如，房间必须在每周六晚饭前打扫干净。如果你无法在场执行最后期限，就不要指望孩子们会收拾他们的房间。

5. 每年两次和孩子一起整理他们的衣物，把那些不适合再穿的衣服清理出来，捐给救世军之类的慈善团体。你们还可以将过季的衣物收起来。

6. 你或许希望和孩子们讨论一下你对他们房间的最低要求，尤其是当孩子大一些的时候。比如，你可以说："我对这种状况不满意，但我愿意忍受你们随意安排自己的房间，只要满足我的最低标准。这就是，每天将脏盘子送到厨房一次，每周用吸尘器清洁一次地板，每个周末换一次床单。"

孩子们能够学到的生活技能

孩子们能够学会如何保持日常惯例，为家庭作出贡献，整理并保管好自己的物品以及合作。他们还可以探索自己的喜好，并通过装饰和安排房间来表达自己的个性。

养育要点

1. 一个干净整洁的房间在你看来可能很重要，但对你的孩子来说却无关紧要。如果你选择把这件事作为一个战场，你的孩子可能会仅仅为了赢得战斗而让房间始终脏乱。要用长远的眼光来看问题——记住，很多整洁的成年人都曾经是邋里邋遢的孩子。

2. 不要担心你的朋友们会看到孩子的房间并怀疑你持家的能力。你的朋友们能够分辨出你的标准和孩子的标准之间的区别。

开阔思路

克丽丝塔和弟弟汤姆喜欢装饰他们的房间。每隔两三年，他们的品味就会彻底改变——从马戏团主题和小猫咪到棒球运动员和芭蕾舞演员，再到摇滚歌星和电影明星。有时候，他们在墙上和天花板上都贴满了海报，而有时候他们将墙涂成艳粉红色或黑色。他们的房间反映着他们独特的个性、兴趣和品味。

汤姆和克丽丝塔帮忙粉刷了他们的房间，并挑选窗帘和床罩的面料。他们将希望得到的海报列在生日或圣诞礼物心愿单的首位。偶尔，他们会为了布置自己房间的某种新格局而把家具搬来搬去。有几年，他们的房间干净而整洁；另外几年则乱七八糟。他们各自房间的门上通常都至少挂一个牌子，上面写着"进来"、

"别进来"或"当心"。

父母鼓励这两个孩子做他们自己,并表达自己的独特性。他们喜欢表达自己个性的机会,而父母也很喜欢看到他们个性发展的每个新方面。这是我们对你和你的孩子的祝愿。

肥胖

"我总听人说儿童期肥胖症很普遍。我的孩子们到现在为止还不错,但我想知道自己是否需要为孩子将来出现这个问题担心或作好准备。"

理解你的孩子、你自己和情形

根据我们的研究,尽管世界卫生组织将肥胖症列为十大最可预防的健康隐患,但全世界依然有3亿人口过度肥胖。仅仅在美国,就有900万6岁及6岁以上的孩子过度肥胖。这意味着这些孩子有大量多余的身体脂肪,而不只是多了几磅或还没消失的婴儿肥。他们摄入的热量超出了消耗的热量。

如果你的孩子有这种风险,你当然就有理由担心。你如何知道孩子是否有风险呢?除了孩子的体重之外,你要问自己下面几个问题:他们不爱活动吗?他们吃大量高脂肪、多糖和多盐的快餐或垃圾食品吗?他们喝大量汽水或其他含糖饮料吗?如果是这样,他们就很可能出现一些严重的健康问题,包括关节承受的压力过大、易骨折、呼吸问题、睡眠呼吸暂停、高血压、高胆固醇、肝脏疾病以及II型糖尿病。更重要的是,他们通常会因为超重而遭遇很多社交和情感问题。

肥胖更多地是一种生活方式和健康意识问题，而不是基因或身体问题。减少和消除儿童期肥胖症的关键，在于多进行体育锻炼、更健康的饮食习惯，以及加强健康教育。

建议

1. 当你的孩子央求要喝汽水和吃垃圾食品时，只需要说"不"。要和善而坚定。要让孩子有自己的感受，并予以认可："看着其他孩子吃垃圾食品而你自己却不能，一定很难。"

2. 如果你已经决定孩子们每周可以吃一次垃圾食品（比如每周二），而他们却在其他时间想吃，要问孩子："我们对于什么时候可以吃垃圾食品是怎么规定的？"如果孩子一直恳求，你只需闭上嘴巴听。

3. 当你有时间时，如果孩子恳求吃垃圾食品，你就让孩子和你一起查阅网上的相关信息，让他们知道你为什么不允许。

预防问题的发生

1. 要开始让孩子们了解营养知识以及食物中脂肪、糖分和盐分的含量。要看食品上的标签，并教你的孩子也这么做。

2. 订阅一本健康饮食方面的杂志或购买相关烹饪书籍。每周至少要和孩子们一起按照健康食谱做一顿饭。

3. 每天和孩子们一起散步或进行一项身体活动，比如骑自行车、远足、游泳、玩球或嬉闹，哪怕只有10分钟时间。

4. 关掉电视，限制电脑的使用时间。

5. 参与孩子学校里的事务，以便能影响学校提供更加健康的午餐或点心。

6. 减少孩子每份食物的量。

7. 永远不要强迫孩子吃，或必须吃干净盘子里所有食物。

8. 不要将食物用作奖励或惩罚。

9. 要尽可能经常和孩子们一起吃饭，并且不要开着电视。一起布置餐桌、端饭端菜，并聊聊一天的生活、时事或其他与谁吃得多少无关的话题。

10. 不要买汽水或含糖饮料。可以试试在冰箱里准备几罐水，并在水中加入一些新鲜水果块。每次吃饭时，你都可以在餐桌上放这样一罐水鼓励大家喝。你还可以试试在一罐水里放三个茶包并静置一夜，做成不含咖啡因的太阳茶。果汁含糖量几乎都很高，要限制孩子每天只喝一小杯。

11. 要给孩子新鲜水果、瘦肉和蔬菜。可以切一盘新鲜的蔬菜（在孩子的帮助下），当孩子们放学回到家开始找零食的时候，端出来给他们吃。

12. 如果孩子学校的午餐是高脂肪的，要教给孩子自己做午餐。午餐要在头天晚上做，而不是当天早上。要让孩子在商场选择可以带到学校作为午餐享用的美食。要保证孩子选择的食物是低脂肪的，比如椒盐卷饼、酸奶、浆果和水果。

13. 要为孩子们设立一个糖果日，并限制每周只有一天可以吃甜食。

14. 要花时间和孩子一起做饭、进餐，而不是购买那些高脂肪和高热量的现成食品或包装食品。要限制每周只有一天可以外出就餐。

15. 用步行代替开车，爬楼梯而不是乘电梯，饭量减半，运动量加倍。

16. 当孩子说自己无聊时，就让他们出去玩。要为孩子们报名参加体育或锻炼活动。看一下当地的青年会、公园以及娱乐场所有没有花费较低的体育活动。

孩子们能够学到的生活技能

孩子们能够学到如何对自己的身体有一种控制感、健康饮食的价值以及一种积极的生活方式。他们还能知道，全家人一起采买、做饭、打扫、运动或吃饭，能成为一种非常积极的体验。价值观最早是在家庭中形成的，所以，这是在让孩子们了解一家人在一起的时光的价值。

养育要点

1. 你对食物和锻炼的态度，对孩子今后的健康会产生重大的影响。要想得长远一些，而不是屈从于快餐、现成食品和久坐的生活方式带来的暂时的良好感觉。

2. 如果你需要帮助，就要毫不犹豫地参加一个烹饪班、为你或孩子选择一个减肥项目，或参加一个锻炼小组。

3. 要避免用药物来解决体重问题。你的医生知道的营养知识或许并不比你多，但有助于你帮助孩子的资源却到处都是。要利用这些资源。

4. 孩子们作出的选择可能会持续终生，所以，采取行动扭转孩子的某种不健康倾向取决于你。

开阔思路

一位妈妈抱怨道："我的孩子除了薯片什么都不吃。"
她参加的养育学习班的老师问："她是从哪里得到的薯片呢？"
妈妈解释说："嗯，是我买的，因为孩子只吃那个。"
我们相信你能明白问题出在了哪里。

马克一家形成了一个惯例,每周日下午,全家人一起坐下来,计划下一周的晚餐食谱。家里的每个人都会提出自己对晚餐的想法,爸爸将这些想法写在一个可以擦掉的大周历上。比如,周日晚上,爸爸会做他拿手的排骨,星期一订披萨,星期二妈妈答应做鸡吃,而朱尼尔主动提出周三为大家做热狗,杰西说他周四会做金枪鱼砂锅。全家人都认为周五可以是"剩菜日",周六全家人一起出去吃饭。食谱确定之后,妈妈会列一份采买清单,以确保这一周所必需的各种原料都备齐,这就避免了没完没了地往商店跑,或者因为不愿意去商店而在最后一分钟决定订外卖或吃垃圾食品。

采买清单一列好,妈妈就把全家人叫到一起。每个人都拿一张纸和一支笔,用来写下自己愿意在商店找的原料。在他们离开家之前,会设置一个秒表,看看他们是否能在一个小时之内完成购物。

全家人都挤进汽车,朝商店驶去。当他们到达那里后,每个人推一辆购物车往不同的方向去。大约20分钟后,他们在收银台集合,并把自己找到的商品拿出来。然后很快回到家,大家一起帮忙从车里拿东西、放好,并收好购物袋。全家人气喘吁吁地跑去看秒表,看看他们做得怎么样。如果你在读这个故事时因为觉着这根本不可能而不相信地摇头,你就大错特错了。马克一家在购物日安排的这个活动是那么有趣,以至于孩子的朋友们经常要求参加和帮忙。(摘自琳·洛特和里奇·因特纳合著的《没有硝烟的家务》。)

分离焦虑

"只要周围有陌生人,我儿子就会黏着我不放。当我把他放在日托中心时,他不离开我身边。他甚至会在我丈夫试图安慰他的时候大哭。他想让我一直抱着他。这是正常行为吗?我正打算回到全职工作中去,但如果这让我儿子受不了的话,我不知道自己怎么回去上班。"

理解你的孩子、你自己和情形

如果你从一开始给孩子创造的就是一个让他习惯于其他人的环境(比如大家庭),孩子或许根本就不会有这个问题,或者你只会遇到一点小问题。然而,如果你一直是自己孩子世界的中心,他与其他人的接触非常少,他就会不愿意离开你身边。当孩子黏着你不放时,你或许会感到内疚,认为自己应该随时陪着他。孩子会感觉到你缺乏自信,并且会吸收这种能量,做出相应的行为。另一方面,如果你对孩子适应他人的能力感到自信,孩子也会感觉到这一点,并更快地适应。如果你或孩子生了病,或者家中发生了某些变化,黏着你或许是孩子寻求安全感的一种方式。如果你不习惯于让孩子参加新活动或认识其他人,你就需要时间和耐心,一小步一小步地实现这种过渡。下面的建议,既是为了你,也是为你的孩子。

建议

1. 如果孩子总是黏着你，要找一些机会让孩子能够习惯于陌生人和新环境，你要在场，但不要干预孩子。（例如，你的孩子在和其他孩子玩或待在其他孩子身边时，你和一个朋友闲聊。）然后，离开你的孩子一小会儿，直到孩子习惯于你不在身边。

2. 向孩子解释你要去干什么或去哪里、和谁在一起、会待多久，以及其他有助于孩子知道会发生什么事情的细节。（如果你的孩子还不会说话，他也能"感觉"到你是为让他作好准备。）

3. 要告诉孩子，你知道他会害怕，这没关系。但不能不接触陌生人和新环境。这不是一个选择。

4. 要迅速离开，相信离开现场后日托中心的工作人员会将孩子的注意力转移到其他活动上，孩子会停止哭泣。

5. 不要责备或羞辱孩子，也不要让孩子逃避接触陌生人和新环境。

预防问题的发生

1. 如果你用了大量的时间陪伴孩子，她就不会因为与其他人在一起而遭受巨大的痛苦（尽管她在学会自己能够处理这种状况之前需要掉些眼泪）。相反，如果你总是忙于生活和工作，而没有时间陪孩子，那么她就有充分的理由感觉到分离焦虑。

2. 从孩子出生起就要创造机会，当你不在家时或在家忙别的事情时，要请别人照顾孩子并和孩子待在一起。要确保你和配偶共同照顾孩子。

3. 让孩子知道你要出去一趟，并让孩子知道如果她感到不安也没关系，但你仍然会出去。要经常这么做，直到孩子能够轻松对待。

4. 让孩子坐在旁边看，直到她对新环境有所了解。

5. 要体谅你的孩子们之间的不同，不要期待每个孩子都以同样的步调适应陌生人和新环境。

6. 当你们外出时，比如去购物时，带一个朋友一起去并与你的孩子互动，以便孩子习惯与他人相处。

7. 如果你的孩子在相当努力尝试之后还是讨厌某个环境或某个人，你或许需要为孩子换个活动或看护人。

孩子们能够学到的生活技能

孩子们能够学到，这是一个很大的世界，充满了能够丰富其生活的有趣的人、地方和活动。他们会知道，一开始感到紧张和拘束是很自然的，但经过一段时间和练习，他们会更自在和放松。他们还能学会不放弃自己。

养育要点

1. 如果你希望自己的孩子能够轻松地面对这个世界，你就需要通过让孩子接触陌生的人、新的环境和活动来帮助他。如果你自己在外面也感到紧张，或许你和孩子可以一起学。

2. 要注意，不要认为你是你的孩子在这个世界上唯一能相处的人。你会剥夺孩子一生的美好经历。

开阔思路

玛利亚是一位有全职工作的单身妈妈，由于工作的原因，她不得不将 3 岁的女儿放在日托中心，并错过了很多与女儿相处的机会，她对此感觉很不好。当奥德丽开始上幼儿园时，看到妈妈离开就会大哭。玛利亚认为女儿是因为分离焦虑，并认为这都是自己的错，因为她不在女儿身边的时间太多了。

幸运的是，玛利亚的男朋友汤姆说服了她不要走极端，并且主动提出每天早晨送奥德丽去幼儿园。当汤姆在幼儿园将奥德丽放下时，她一声都没哭。他还鼓励玛利亚每周留出两个晚上去健身，并且他保证会让奥德丽晚上玩得很开心。他和奥德丽一起做大汉堡和奶酪，给小狗洗澡，一起读她最喜欢的书。当妈妈回到家的时候，奥德丽的目光几乎都没离开书，直到妈妈走过去给了她一个大大的拥抱。

分享与自私

"我的孩子拒绝与任何人分享他的玩具。当他的小朋友要玩的时候，他会把玩具从他们手里夺回来，还大喊：'放下，不要碰，那是我的！'有一天，他妹妹拿了他一本书，他打了妹妹，并且冲妹妹大叫：'不要动我的东西！'妹妹尖叫着跑回了自己的房间。"

理解你的孩子、你自己和情形

分享不是一种天生的品质，而是后天习得的。有时候，在孩子发展到适当年龄之前，父母就期待孩子分享。（很多成年人仍然不喜欢分享。）如果房间里有不止一个孩子，可能就会因为分享而发生争执。这很正常，但并不意味着父母可以置之不理。太多的时候，父母对这个问题的解决方法是告诉孩子："你应该分享你的玩具，要不然就没有人喜欢你了。"或者"你怎么能这么自私呢？"重要的是，不要将孩子与其行为混为一谈，并确保将爱的信息传递给孩子。你还必须要教给孩子什么时候适合分享、什么时候不分享也没关系——以及如何找到双赢的解决办法。

建议

1. 在孩子 3 岁之前，不经过很多帮助，不要期待他们会分享。有时候，他们会显得非常大方，而在另外一些时候，他们不想分享任何东西。在孩子们发生冲突的时候，你手边可能需要多备几个孩子们都想要的玩具，或者通过转移注意力的方法让较小的孩子对其他事情感兴趣。即便在 3 岁以后，分享也并不总是很容易。（你难道没有一些不想与人分享的东西吗？）

2. 在孩子不满 3 岁时，给他们提供一些能一起玩的其他东西或能做的其他事情来转移注意力，往往是一种有效的方法。对于大一些的孩子，可以让他们把正在争夺的玩具放在架子上，直到他们找出一个双方都同意的方法，并且能和平分享。

3. 如果你的孩子因为婴儿或学步期的孩子拿走了他们的玩具而恼怒，要帮他们找到一个那些小手够不到的地方去玩。

预防问题的发生

1. 准备一些能够分享的玩具，比如桌面游戏、槌球游戏、美术用品等。

2. 和孩子分享你的一些东西，并且说："我愿意和你分享这个。"还要清楚地让孩子知道你对于使用和归还的要求。你可能会惊喜地注意到，孩子会时不时地在你没有要求的情况下与你分享他的东西。在这种时候，你一定要说："太感谢你的分享了。

你真的做得很好！"

3. 对于孩子们来说，如果他们不是必须分享自己的每一样东西，分享会更容易。要帮你的孩子找一个专门的架子或盒子，用来放她不愿意分享的东西。要保证家里的指导原则是："未经允许，我们不会进到别人的房间，或使用他们的东西。"

4. 如果一个孩子不愿意，不应该要求她分享只属于她自己的玩具。如果你的孩子有朋友过来，要提前与他们讨论愿意分享哪些玩具。可以建议他们将不愿分享的玩具收起来。要跟孩子讨论分享自己的玩具与分享那些在别人家或幼儿园或日托中心看到的玩具之间的区别。在那些情形中的分享，可以成就一段友谊，也可能破坏一段友谊。

5. 要给孩子树立一个尊重个人财产以及人们并不总是必须和别人分享每一样东西的榜样，当孩子想用属于你的物品时，要这样说："这是我的，我现在还没准备好和别人分享。我有其他东西愿意分享，但不是这个。"如果你确实决定分享一件对你来说很特别的东西，要清楚地让孩子知道你希望如何使用和归还。如果孩子还有以前拿走的东西尚未归还，要让孩子给你一个担保物，比如他最喜欢的一个玩具或视频游戏。当孩子还回你的东西时，再把担保物还给孩子。

6. 要利用家庭会议让孩子们讨论对分享的感受。在家庭会议上要每个月加入一次关于分享的时段，让每个人都说说自己分享过什么，以及有什么感受。全家人可以共同制定一个计划表，轮流玩最受欢迎的玩具，比如视频游戏。如果孩子们仍然因为分享而争吵，可以将玩具放到他们都够不到的一个地方，直到他们或全家人一起想出一个双赢的解决方案。

7. 要教给孩子，分享不只包括物质的东西，还可以包括分享时间、分享感受或分享想法。在晚上给孩子掖被子时，要让他们说说自己一天中觉得最难过和最快乐的时刻。同时，你也要说说自己最难过和最快乐的时刻。

孩子们能够学到的生活技能

孩子们能够学到，有时候要分享，有时候要尊重不分享。他们可以学到，分享不止包括分享物品。

养育要点

1. 孩子们需要有自己的隐私和界限，别人应当尊重这一点。他们不是必须要和每一个人分享自己的每一样东西。

2. 不要说孩子自私，或给他们贴上任何不尊重的标签，而要确保这样说："我对你和妹妹为了玩游戏打架感到很不高兴。"

3. 当一个人骂别人自私时，是不是因为他没有达到自己的目的呢？

开阔思路

当琼还是个孩子的时候，母亲说她自私，因为她不想和弟弟妹妹分享她的玩具。那是妈妈的气话，但对于让琼做妈妈想让她做的事情很管用。作为一个典型的最大的孩子，琼确信妈妈说得对，她确实自私。琼还决定不能有只属于自己的东西，也不能做事只为自己。

琼结婚后，每当丈夫说她自私时，她都会遵从丈夫的意愿。琼因此憋了一肚子没有冷静面对过的怨气，这种怨气在她和丈夫之间造成了很多问题。有了孩子以后，琼为了孩子牺牲自己，为了不成为自私的人，她从不考虑自己的需要。除了因为做母亲而积累的怨气之外，琼无意中把孩子宠坏了。她总是宠着他们，从不说"不",孩子们变得很难伺候。

琼的故事并不少见。很多成年人现在仍然背负着他们小时候被贴的标签在生活。永远要记住对孩子的行为作出回应,永远不要骂孩子或给孩子贴标签,否则,你就会给孩子造成意料不到的伤害。

干扰或烦人的行为

"当我接电话或与来访的朋友聊天时,我3岁的女儿会不停地干扰我。我跟她说过一百遍不要打扰我了,但她还是这样。"

理解你的孩子、你自己和情形

孩子们常常会错误地认为,当父母专注于其他人或其他事情时,他们的归属和自我价值就会受到威胁。了解这一点,有助于你理解孩子的这种行为是正常的,并以尊重的方式对待孩子感受到的这种威胁,而不是通过发怒或惩罚来增强这种威胁。孩子要求的越多,父母——以及老师——给他们的关注就越多,无论是正面的还是负面的。实际上,那些总是烦人的孩子往往得到太多的关注——而不是太少。对于那些相信只有得到持续关注才能有归属感的孩子来说,再多的关注都无法满足。

这个问题持续的时间越长,你和孩子就越难改变。因此,尽早开始——要从婴儿期就开始——确立你给予孩子关注的界限并严格执行,是极其重要的。你还要给你的孩子机会,让他们从合作和贡献中找到归属感。当你既尊重自己又尊重孩子时,你会发现你可以拥有属于自己的时间,孩子也能想办法自己玩。缺乏关注并不会要了孩子的命。

建议

1. 当有朋友来访时，要对你的孩子说："我愿意和你一起待5分钟，不受我朋友的打扰。然后，我需要一段不被打扰的时间陪朋友。你优先，然后是我的朋友。"（要事先让你的朋友知道你会怎么做以及为什么——为帮助孩子感受到爱并学会尊重你的时间。）

2. 对于2～5岁的孩子，要说："在我接电话的时候，你愿意拿一本书或一个玩具坐我旁边吗？"对于5～8岁的孩子，要说："我需要一些时间接电话或陪我的朋友。你有什么主意能找些事情自己做10～15分钟，而不必打扰我吗？"

3. 告诉孩子："接电话或见朋友的时候被打扰，对我来说是个问题。你愿意替我把这个问题写到家庭会议的议程上吗，或者我来写？"

4. 如果孩子一整天都在等着和你玩，当你下班回到家之后，暂时不要管家务，而要花15分钟陪孩子一起玩一会儿，或者让孩子和你一起做家务。

5. 当孩子在场的时候，要花时间陪你的配偶或其他人。这会让孩子知道，他们会得到你的一些时间，但不是全部。如果孩子打扰你们，你们要到另一个房间去，关上房门，或者让孩子到别处去玩。

6. 要让你的孩子知道，你听见了他们在干扰，但当你忙着做其他事情时，你会选择不作回应。一种办法是使用非语言的回应，比如，把你的手放在他们的肩膀上，而忽略他们的要求。这会让孩子知道，尽管你不会对他们接二连三的要求作出反应，但你在乎他们。

预防问题的发生

1. 如果孩子总是不断地烦扰你，你要安排和孩子单独在一起的特别时光。当孩子烦你时，要说："这不是我们一起玩的时间。我期待着咱们俩在 2：00 的特别时光。"

2. 布置一些能让孩子们安全地自己玩耍的地方。要让孩子知道，当你忙着陪朋友或照顾其他孩子时，你依然爱他们，但那不是你陪他们的时间。可以试试设置一个计时器，为你需要的不受打扰的时间进行倒计时。如果孩子做不到不打扰，要让他们去自己的房间玩，并且过一会儿再试。

3. 要让孩子知道你何时有时间做某些事情，比如："在 7～9 点，我有时间帮你辅导家庭作业。""我很乐意在每周一和周四放学后带你去图书馆。""我想先看报纸，然后再花时间听你讲自己这一天过得怎么样。"然后，要按照你说的去做。要控制好你的时间安排。

4. 等到年龄小的孩子入睡之后再打电话。对于 3～4 岁的孩子，要让他们帮你把一些最喜欢的玩具放到一个盒子里，并贴上"电话盒"的标签。事先与孩子商量好，在你打电话时，孩子自己玩"电话盒"里的玩具。

5. 在电话旁边放一个杂物抽屉。里面装上各种有趣的一次性用品。当你打电话时，让孩子自己探索这个杂物抽屉。

6. 在家庭会议上讨论这个问题，并征求每个人对解决这个问题的想法。

孩子们能够学到的生活技能

孩子们能够知道，即使在自己不是父母关注的焦点时，依然被父母爱着，并且他们很重要。在尊重父母关注其他人或事的愿望的同时，他们能够照顾好自己。他们能体验到相互迁就的观念。他们能自己玩。当孩子的满足感来自于内在，而不是不停地从别人那里寻求关注时，他们会感觉更好。

养育要点

1. 由于这个问题需要你投入非常多的关注和努力，所以，要确保你制订一个计划，然后坚持执行，直到孩子明白你有权拥有不受打扰的时间。

2. 无论什么时候，只要一个问题反复出现，如果你能处理行为背后的信念（帮助孩子感受到归属和自我价值），并花时间训练孩子，你就能最有效地解决问题。

3. 如果你能帮助孩子纠正他们的错误观念——只有成为关注的焦点时，他们才重要——才是真正为孩子好。如果你在孩子的成长过程中这样做，就能使他们在成年之后免于若干年的被拒绝和孤立。

开阔思路

在一次正面管教父母培训中，我们作了一次帮助以"寻求过度关注"为错误目的的孩子的角色扮演。安排角色扮演的父母们，选择了孩子打扰妈妈接电话的行为。在第一个场景中，扮演妈妈的人表演了处理这种情形的无效方式。她责骂了扮演3岁女儿的那个人。在第二个场景中，妈妈演绎了如下一种有效的方式：妈妈对电话那头的人说"对不起"。然后，她将手腕上的手表取下来递给女儿，说："亲爱的，请拿着我的手表，当秒针（她指给女儿看）转两圈，最后指向最上面的12时，请告诉我。"

然后，她又开始通电话。小女孩目不转睛地盯着手表。当妈妈放下电话的时候，小女孩说："妈妈，妈妈，你还有时间呢。"

这个角色扮演展现了转移孩子注意力的一个极好的方式，并让孩子看到了如何以一种有益的方式获得关注。另一位参与者演绎了一种同样有效但不同的方法。她把手指放在嘴唇上，同时亲切地拍着孩子，一直在通话。一开始，孩子试图进行更多干扰；然后开始跺脚、挥拳头；最后，他找到一个玩具，开始玩了起来。

在教室里，老师们发现提前约定一个非言语信号非常管用。一位老师与班里的一个孩子约定，当他打断别的孩子说话时，老师就会举起一个手指。她从来不需要伸出第四个手指，这个孩子就会停止插话，等着轮到自己。

告状

"对爱告状的孩子该怎么办？我似乎每天要花半天的时间来解决告状带来的各种问题。"

理解你的孩子、你自己和情形

孩子之所以告状，是因为他们缺乏解决自己的问题的技能，或者因为感到灰心而通过努力证明自己有多"好"来寻求过度关注。有些大人会因为告状而羞辱孩子。另外一些人则会介入，并试图解决孩子们之间的问题，因为他们认为孩子们没有能力想出解决办法。不要对告状感到恼火，而要将其视为一个教给孩子重要生活技能的机会。

建议

1. 要尊重地倾听，闭上你的嘴巴，不要去解决问题。避免解决问题并不意味着你对告状的孩子不管不顾。当大人只是倾听时，有些孩子自己会想出解决办法。

2. 用反射式倾听，让告状的孩子知道你理解她的感受："我敢肯定你对＿＿＿真的很生气。"再说一次，你不必采取任何其他方法去解决问题。

3. 当孩子来告状时，你可以亲切地问："你为什么要告诉我呢？"或者"这对你来说是个怎样的问题呢？"然后，要静静地观察孩子的反应。这给一些孩子提供了一个机会，使他们思考自己的理由，并且意识到他们没有充分的理由，或者认识到这不是他们的问题。

4. 另一种可能的方法，是利用这个机会教给孩子解决问题的技能。你可以问："你有什么主意解决这个问题吗？"或者"你愿意把这个问题放到家庭会议的议程上，让全家人用头脑风暴想出一个解决办法吗？"

5. 有时候，只要表现出对孩子的信任就足够了。你可以说："我确信你能解决。"然后就走开，以表明你对孩子的信任。

6. 将涉及到的孩子们召集到一起，包括告状的孩子。告诉他们："我能看到出了一个问题，我相信你们能够解决。你们可以在这里谈一谈。"你可以静静地坐在一旁听他们讨论解决办法，或者你可以走开，让他们想出解决办法后去告诉你。

7. 如果孩子们正在争吵，要让他们知道，在他们找到解决问题的办法之前，不能继续做那件引起争吵的事情。比如，如果他们因为看哪个电视节目而争吵，就必须关掉电视机，直到找出一致同意的解决方法。

预防问题的发生

1. 改变你对告状的想法。当你的孩子再大一点的时候，你可能希望他们多告诉你一些他们生活中的事情。现在正是时候让他们知道你对他们关切的事情很感兴趣，并会帮助他们学习技能，而不是贬低他们或者转身离开。

2. 不要让大孩子负责照看弟弟妹妹。这种责任可能太大了，他们会以告状的方式来处理问题。

3. 在冰箱上贴一份议程表，让孩子们有地方写下自己关切的事情。然后，定期召开家庭会议，以便孩子们能够练习寻找解决方案，而不是指责。

孩子们能够学到的生活技能

孩子们能够知道，他们能够和父母谈任何事情，因为他们不会因此受到惩罚或责骂。他们会知道，自己可以解决问题，或者如果他们不喜欢一个人的行为方式，可以离开当时的场景。生气没关系，家庭会议是谈论让他们生气的事情的一个好地方。

养育要点

1. 如果你想鼓励一个灰心丧气的孩子，就需要找到认可孩子而不强化其不良行为的办法。"我爱你，相信你能解决自己的问题"是一种很好的信息。

2. 当大人出于善意而选择不介入时，大多数孩子都能更快并且更有创意地自己解决问题。要退后一步，在介入之前给孩子们一个机会，让他们看看自己能做什么。

开阔思路

一位年轻的妈妈正在参加养育班,她决定以后当孩子们告状时,就这样说:"我相信你们能自己解决这个问题。"几个星期后,她邀请了侄女和侄子来和自己的孩子玩。其中一个侄女平均一个小时告六次状。这个妈妈决定试一试她的新方法,于是就对这个侄女说:"我相信你们这些孩子能自己解决这个问题。"她的侄女看着她,就好像她是全世界最刻薄、最可恶的人一样,然后跺着脚跑出了房间,一个人玩耍了大约10分钟。

一个小时后,这位妈妈听到一个孩子对那个爱告状的孩子说:"我要去找姑妈告你。"

那个爱告状的侄女说:"没关系。她只会说,'你们这些孩子能自己解决这个问题',所以我们最好自己解决。"

"好吧。"另一个孩子说,"那我们轮流挑玩具吧。"

"听起来很好玩。"爱告状的那个孩子说。

公平和嫉妒

"我的大儿子总是抱怨妹妹得到的比他多,并受到了更好的对待。他说我不公平。我尽量平分每一种东西,但他仍然认为我更爱他妹妹,而且认为妹妹被我惯坏了,他受到了剥夺。"

理解你的孩子、你自己和情形

很多父母都有自己在成长过程中没有解决的公平问题。我们称之为正义问题。我们的正义问题会传递给孩子，如果我们意识不到，就会造成很多问题。父母越是努力做到公平，孩子就越会在公平问题上小题大做。公平是一种很个人化、选择性很强的想法——对一个人公平的事情，在另一个人看来可能就不公平。孩子们将自己与兄弟姐妹作比较或感到嫉妒，是很正常的。这并不意味着为避免孩子有这些感受，父母就要解决每一个问题，或者尽量控制整个家庭。

建议

1. 当孩子们说"这不公平"时，要倾听并认可他们的感受。要抑制住做更多事情的诱惑。只要让孩子们感觉得到了认可就足够了。要告诉孩子："你感到嫉妒和伤心，因为你认为别人得到的比你多。你希望自己能够得到同样的对待。"孩子会让你知道这是不是自己苦恼的原因。

2. 通过问一些启发式问题，鼓励孩子说出更深入的情况：你能跟我再多说一点吗？你能再给我举出一些你认为不公平的其他例子吗？有其他事情让你烦恼吗？还有吗？最后这个问题可以反复问，直到孩子说"没有"。同样，让孩子感到自己得到了充分的倾听往往就足够了。

3. 运用幽默感。例如，如果孩子说："他睡得比我晚，这不公平。"你可以说："他当然睡得比你晚，因为他的雀斑比你的多。"然后，给你的孩子一个大大的拥抱。你还可以这样回答："说得好！现在去睡觉。明早见。"

4. 要让孩子告诉你，为什么他们认为事情不公平，以及他们如何解决才公平。可以建议孩子们假装自己有一根能让每一件事情都公平的魔棒。如果他们挥动魔棒，事情会如何变化？你也许希望或不希望按照孩子的想法做。

5. 要问孩子："如果你是父母，你会如何处理这种情况？"并认真倾听孩子的想法。

6. 要解释你作出决定的根据，但不必觉得你必须证明其公平。

7. 把问题放到家庭会议的议程中，让孩子们决定如何使事情更公平。可以参考的一些方法包括：让孩子们自己处理；让一个孩子分配东西，而让另一个孩子先选；或者让孩子们抽签决定。要让孩子们做头脑风暴，想出一个所有人都能接受的解决办法。（参考下面"开阔思路"的例子。）

预防问题的发生

1. 要定期开家庭会议，以便孩子们可以把一些对自己重要的事情放到家庭会议的议程上。在会议上，要问孩子们是否只想抱怨一下，或是否愿意让全家人一起解决问题。两种做法都是可以的。

2. 要探究你自己的正义问题。想一想自己小时候认为不公平的那些事情，看看你是否在教给自己的孩子有同样的看法。问问你自己，这是否是你想做的。

3. 如果你有一个"公平按钮"[①]，你或许想要摆脱它。孩子们知道如何按你的"按钮"。

孩子们能够学到的生活技能

孩子们能够学到，平等并不意味着完全相同，与接受一个人的公平观相比，理解差异更加重要。他们还能够学到解决问题的

---

① 能够让你一触即发的公平方面的问题。——译者注

技能，以及在有意见分歧时作出选择和决定的各种方法。

养育要点

1. 与努力纠正或防止不公平发生相比，更重要的是努力理解孩子为什么认为父母不公平，以及他们的问题是什么。

2. 如果我们问孩子启发式问题，或把问题交给孩子们自己去处理，"这不公平"就不会再是孩子们用来操纵父母解决问题的一种表达。一位父亲只说了一句"我做不到公平"，就让孩子们停止了对不公平的抱怨。

开阔思路

三个孩子，分别是 5 岁、7 岁和 8 岁，总是因为谁坐汽车后排的靠窗座位而争吵。无论父亲向他们解释多少次为什么轮流坐对他们来说最公平，不得不坐中间的那个孩子都会伤心和抱怨。有一天，爸爸恼怒地说："我相信你们三个能想出一个都能接受的不用争吵而坐靠窗位置的办法。我不在时，请你们想出来。我也不想知道具体是什么方法。当你们准备好不用争吵而确定靠窗座位时就来告诉我，我们会再试一次。"

几天后，三个孩子对爸爸说："我们有了一个办法，而且我们准备好再试一次了。"爸爸说很好，看着他们上车并在自己选择的座位上系好了安全带。连续几周，就像有魔法一般，孩子们按照父亲从来没想过的某个神秘方法轮流选择着座位。

有一天，孩子们又因为靠窗座位争吵起来，爸爸说："你们原来的办法看起来几乎很完美，但还有一些问题。把这些问题解决掉，当你们准备好让我开车时再告诉我。"然后，爸爸坐在车里看起了杂志。不到两分钟，问题就解决了，而且从那天起，轮着坐靠窗座位再也没有遇到过任何问题。

作为成年人,我们太经常地认为自己是唯一能公平地解决问题的人,但除非公平与孩子的正义感相符——孩子的正义感往往与我们的有很大不同——抱怨和争吵就不会消失。要相信孩子们能解决很多你认为只有父母才能解决的问题。

过度保护、溺爱和解救

"我认为,确保我的孩子永远快乐,并且永远不遭受我的成长过程中所经历的任何痛苦是我的责任。我的丈夫说我的过度保护正在把我们的女儿变成一个废人。爱孩子并确保她快乐,怎么会有错呢?"

理解你的孩子、你自己和情形

托蒂·伯德是一位励志演说家,他曾说过:"孩子有四个成长阶段:抱起我,抱紧我,放下我,对我放手。"尽管这可能是一个过分简单化的说法,但在某种程度上,你作为父母的目标是要养育一个能像成年人一样作为的孩子,一个能独立的孩子,一个能在生活中有所贡献并感受到成功的孩子。如果你对孩子过度保护、溺爱并解救,你就很难让孩子成长为一个快乐、成功的成年人。孩子们需要机会来发展自己的"失望肌肉",以便能处理生活中的坎坷起伏。你越是试图干涉、管得太细,孩子就越容易丧失信心并失去从错误中学习的机会。更糟糕的是,你的孩子可能会变成一个相信自己有特权的成年人,并认为其他人必须为她的健康和幸福承担起所有责任。

建议

1. 不要事事为孩子抢着做。在你介入之前，要先看看孩子会怎么做。要保持在安全距离内，但要闭上嘴，睁大眼睛。你或许会惊讶地发现，孩子能多么经常地解决问题，而不用你的帮助。对年龄大一点的孩子，要稍等一会儿，然后问："你愿意我帮你吗？"即使在这个时候，也不要解救孩子，但要用头脑风暴想出一些他们能够实施的方法。

2. 要知道赞扬和鼓励之间的区别。要当心说"好儿子"、"好女儿"，而要具体地说出孩子做了什么："谢谢你帮我遛狗，小狗真的很喜欢你牵皮带的方式。"或者，"我注意到你是那种喜欢自己切食物的孩子。"

3. 要允许感受，学会识别感受、说出感受的名称并承认感受。如果孩子感到沮丧，没关系。这不会要孩子的命。只需说："你真的为那块拼图感到很沮丧，你希望它能按照你想的那样拼起来。你认为自己想试试把那块拼图转一下，以找到吻合位置的另一个办法吗？"如果你的孩子在被一个朋友拒绝后感到很伤心，只需给她一个安慰的拥抱，并相信她会挺过去。（我们不都是这么过来的吗？）

4. 在家里多准备一些小工具、扫帚、椅子、凳子等等，以便孩子能够帮助你做家务活。（要了解让孩子们作贡献过程的重要性，见第168~176页"家务活"。）

5. 给孩子一些零花钱，当孩子花光后，不要解救他们或给他们买东西。要说："没钱花确实让人很苦恼。我也有这样的感受。而且我知道感觉离发零花钱的日子好像还有一万里，但我知道你能熬过去。"（了解更多的建议，见224~229页"零花钱"。）

6. 要为自己何时愿意为孩子做事设立界限，然后要坚决执行。说你只洗放在洗衣篮里的衣服没关系，说你不会把孩子忘记带的午餐送到学校也没关系。

预防问题的发生

1. 要确定做家务活的时间，并期待你的孩子们都参与。如果孩子有一篇论文要交或有很多家庭作业，不要为他们感到抱歉。要期待孩子安排好他们自己的时间，做他们该做的家务或者与别人交换。要对你的孩子有信心。当孩子说"我干不了"，而你知道他或她能干时，要说："我相信你干得了。"如果你不认为孩子能做到，要说："我们现在先忘掉这件事，明天我会教你怎么做。"（要等到明天，以免你在今天感到无助。）

2. 要始终期待着有付出、有得到。要帮助那些自助的孩子。

3. 要求你的孩子尝试新的活动，在他们确定自己是否不想继续一项活动之前，要给孩子3~4次机会。感到害怕没关系，但不能不尝试。

4. 要注意，不要特殊对待家里最小的孩子，不要仅仅因为他显得比家里的其他孩子年幼和弱小，就认为他没有能力。排行最小的孩子往往会由于在家里像婴儿一样被呵护而失败。

5. 要愿意让孩子现在遭受点痛苦，以防止今后更大的痛苦。孩子为了得到特殊对待而哭闹和央求，很可能你比他们还伤心。当你相信娇纵对孩子毫无益处时，你就会更容易做到和善而坚定地避免娇纵孩子。

孩子们能够学到的生活技能

孩子们会知道，他们既坚强又有能力，而且所有的初学者都会经历一段艰难时期，直到他们做过很多次。他们还能够知道，你会在他们身边做他们的教练和啦啦队长，但不是佣人或仆人。孩子们会从承受的压力以及完成需要完成的任务的经历中，学会时间管理。孩子们能够锻炼自己的勇气，而不是习惯成为受害者。

养育要点

1. 我们知道你想要被孩子需要，而且你永远都会被孩子需要，但是，一定要给你的孩子机会，让他们变得坚强并自由翱翔。

2. 一旦你的孩子已经让你看到她没有你的帮助也能完成一件事情，你帮她一个忙是没关系的。

3. 要相信你的孩子能够从错误中学习，并要带着敬畏之心看着孩子根据自己的经验作出改正。

开阔思路

迈克·布罗克是一名正面管教培训师和注册心理咨询师，也是《培养学生能力的七个策略》一书的合著者。他在一份简报中，写过下面这些内容，我们认为可以被所有父母采用。他称之为"不解救合约"。

意识到我们作为父母的终极责任是为我们的孩子提供根和翅膀——"根"能让孩子时刻知道家在哪里，翅膀能让孩子有一天学会自己飞翔——并致力于把孩子养育成能逐渐理解他们的努力会有结果的自立的年轻人，我们在此承诺，将尽自己所能在下列方面支持孩子的努力：

- 向孩子肯定他们是有能力的年轻人，他们能够自己穿衣服、做作业、整理书包、以自己的方式找到他们的课桌,并能独自处理忘记做作业、忘带文具和午餐这些事情。

- 向孩子肯定他们是有价值的年轻人,他们能够为我们的家庭生活真正作出贡献,而不仅仅是我们指挥或解救的对象;而且在我们的耐心帮助下,他们能够自己想办法如何把作业做得最好、如何确保早上的衣物准备得最妥当,以及如何最好地记住去学校要带的所有物品。

- 向孩子肯定他们是有影响力的年轻人,他们能够自己做决定,体验这些决定的后果,并和我们一起逐渐理解为什么他们的某些具体努力会产生他们所体验的结果。

作为父母,我们认识到,让孩子从自己所犯的错误中学习,要比总是显得很好重要得多。我们承诺会和孩子一起面对他们的成功或"接近成功",以便他们能够从中学习。我们还承诺,将支持老师们为确保学校里的有效管教而作出的努力。而且,如果孩子有纪律问题,我们会通过能帮助他们更好地理解发生了什么事、为什么会发生这种事,以及他们下次怎么做才能确保有一个更好结果的方式与孩子交谈。

作为学生,我们承诺为自己的行为和作业承担起责任,并与老师和同学们合作。

而且,我们父母和学生共同承诺,始终都要尊重地对待彼此,而且我们理解尊重不是我们需要赢得的东西,而是每一位男性、女性和孩子无条件拥有的。

父母签字_____
学生签字_____
日期_____

害羞

"我的孩子太害羞了。只要有人和她说话,她就会躲在我身后,并且不回答别人。每个人都知道她有多害羞。这意味着她的自尊低吗?我怎样才能帮助她?"

理解你的孩子、你自己和情形

有些人认为孩子天生就害羞。当孩子行为内向时,就可能被贴上害羞的标签。孩子们常常接受别人给他们贴的标签,并且会用这些标签来寻求过度关注,作为消极力量,在感觉自己受到伤害时进行报复,或者作为在受到挫折时予以放弃的一种方式。害羞还可能是达到一个下意识的目的的行为。在有些案例中,害羞的孩子可能有一个外向、交往能力强的兄弟姐妹,这个害羞的孩子可能在下意识中决定自己不得不找到其他方法来得到在家中的归属感。内向与自尊没有关系。低自尊来源于不接受自己。

要注意你自己在干什么——如果你给一个孩子贴上"害羞"的标签,你可能是在宣判他一辈子都是一个害羞的人,这会造成灾难性的后果,包括孤独、不合群以及害怕尝试新情形。要试试下面的建议,而不是给孩子贴标签。

建议

1. 有时候,孩子退缩是好事,尤其是当他们想先看看一种新情形的时候,或者当他们觉得自己不喜欢与人交往的时候,或者是在被强迫按照别人的标准来行为举止的时候。应该允许他们谨慎地对待这些情形，不要给他们贴上害羞的标签。

2. 如果你的孩子确实退缩，不要替他们回答问题，也不要试图哄他们开口。你只需要继续交谈，并相信孩子在准备好之后会加入进来。

3. 向别人介绍孩子时或者当孩子拒绝说话时，不要说她害羞。

4. 审视一下你是否在以某些方式强迫孩子以某种方式行为举止。你们可能陷入了权力之争，而她是在用沉默这种消极的力量来表明你不能强迫她按照你的想法行事。要退后一步。孩子也可能把"害羞"当成了让自己感觉特别的一种方式，因为这为她带来了大量的关注。要让孩子做她自己，并拥有自己的人际关系，你不要夹在中间。

5. 不要让孩子的害羞成为阻止她做需要做的事情的借口。要告诉孩子："感觉不安没关系，但你仍然需要去上学。我怎么做才能帮助你感觉更舒服呢？"

预防问题的发生

1. 要让孩子知道，内向的人和外向的人拥有同样多的优势。他们只是有不同的优势而已。

2. 不要过度保护孩子。每个人都会在生活中经历一些痛苦。（只是要确保你不会不接纳她或过度保护她，而增加她的痛苦。）重要的是，要让孩子知道，如果她不喜欢自己选择的生活方式所带来的结果，她想怎样改变都取决于自己。当孩子感觉到内向也是一个合理的选择时，她就能更自由地决定怎样改变。

3. 要跟孩子谈谈，并努力进入他们的内心世界，以了解其行为对他们来说是否是个问题。要问孩子是否有什么方法可以让你帮助他们更加自在地与别人相处。

4. 要和孩子讨论她的行为，而不要给她贴上"害羞"的标签。例如，你可以这样对孩子说："我注意到有人和你打招呼时，你会用手把脸挡起来。你这样做是因为你认为这是玩游戏吗，还是因为你想让他们别打扰你？如果你希望他们别打扰你，或许你可以告诉他们'我现在不想回答任何问题'。"

5. 在孩子还没有准备好时，不要试图强迫他们进入一些情景。要帮助他们找到能感觉更舒适地采取的小步骤。不要试图强迫他们在亲戚朋友面前表演（唱歌、演奏乐器等）。

6. 要创造一个安全的环境，让孩子在家里学会大声说话，然后要允许孩子决定是否想在外面大声说话。一种方法是在定期召开的家庭会议上这样做，孩子能学着在别人面前表达自己的感受、给予和接受致谢，并对问题的解决方案进行头脑风暴。

孩子们能够学到的生活技能

孩子们能够学到，他们可以按照自己感觉舒服的方式行事，而不会被贴上标签或被强迫去做他们不想做的事。他们还能学会说出自己想要的，而不是期待着别人会读心术。

养育要点

1. 有些人选择了一种安静、内向的生活方式。我们需要接受并尊重不同的生活方式。

2. 你要熟悉四个错误行为目的，并确定你的孩子是否丧失了信心，需要过度关注、权力、报复或想独自待着。如何鼓励一个孩子，取决于其信心丧失的原因。（见第36页。）

开阔思路

诺尔玛和多琳喜欢每星期聚一次，一起喝咖啡。多琳4岁的女儿薇琪经常和妈妈一起去诺尔玛家。当诺尔玛跟薇琪打招呼的时候，薇琪总是躲在妈妈身后，而多琳会解释说："她害羞。"

当诺尔玛问薇琪："你想来点好喝的橙汁和饼干吗？"多琳会替女儿回答："她太害羞了，不爱说话，但我肯定她喜欢吃一些。你何不为她摆在桌子上，她会自己吃的，对不对，宝贝？"

当诺尔玛问薇琪是否愿意和其他孩子一起玩时，薇琪说："我不能。我害羞。"

诺尔玛邀请多琳参加了一个养育培训班，在那里，多琳了解到了四个错误行为目的。在讨论这四个错误目的时，讲师解释说，如果你对孩子的某种行为感到烦恼，这就表明孩子认为只有当你关注她的时候，她才有归属感，而这种行为正是她试图引起你的关注。多琳意识到自己确实因为薇琪的害羞而感到烦恼，但她给予了过度关注，一直在助长孩子的行为。

多琳不再告诉别人薇琪害羞，也不再替她回答。她告诉薇琪："我注意到，你有时候选择不回答别人问你的问题。我认为这没关系，但是，如果你能告诉别人你不想说话，这样会更好。当你不说话时，我会猜你感觉自己不愿意说话，除非你告诉我不是这样，我会忙我自己的事。无论你说不说话，我都爱你。你想要什么，就来告诉我。"

没用多久，薇琪便不再害羞了。后来，多琳告诉诺尔玛："我不确定她是什么时候不再害羞的，我根本没在意她选择怎样的行为，以至于没注意到她什么时候害羞、什么时候不再害羞。我开始关注她的优点以及我们一起度过的欢乐时光。我想知道这之间是否有关系。"

"好孩子"

"我参加了一个养育讲座,演讲人说,那些'好'孩子有可能和'问题'孩子一样灰心气馁。这是什么意思呢?"

理解你的孩子、你自己和情形

过分强调孩子们要一贯地好,有一些潜在的危险。这些孩子很容易形成一种信念,认为除非自己始终是好的,否则就没有价值。那些因为"好"而得到太多认可的孩子,甚至在对待最微不足道的错误时,都会感觉自己是个失败者。他们可能会撒谎或逃避一些活动,以掩盖自己的不完美。这种信念的极端危险在于,有些人会因为犯了一个错误和不再完美而相信自己不值得活着,从而导致自杀。

好行为的目的,要比这种行为本身更重要。一个孩子的好,是因为他想要赢得赞同,还是因为他看到了好行为对于自我实现的价值,并且能帮助别人呢?

建议

1. 不要在你的孩子们之间进行比较,或者说:"为什么你就不能像哥哥那样好呢?"这种做法是一把双刃剑。它会让其他孩子感觉自己比不上那个"好"孩子,同时会给那个"好"孩子施加压力取悦你。

2. 要注意孩子的进步和努力,而不是结果。要运用鼓励,而不是赞扬或奖励和惩罚。说"你做这件事很努力"或"你看起来对那个确实很感兴趣",要比"多好的一个孩子"或"如果你全得 A,我会给你一辆新自行车"赋予孩子更大的力量。

3. 要注意你是否过度地责备或挑剔一个孩子。在大多数"问题"孩子的背后,都有"好"孩子在试图显得"好"或做得"好",以便你注意到他们的兄弟姐妹有多"坏"。

预防问题的发生

1. 要始终强调犯错误是学习的大好机会,并说到做到。"再试一次"是一句具有魔力的话,能让孩子们知道犯错误没关系,并在之后从中学习。要形成一个就餐时的惯例,让每个人轮流说自己犯的一个错误以及从错误中学到了什么。

2. 不要赞扬你的孩子好,而要开玩笑说他可能没有承担足够的风险,以便他能从错误和失败中学习。

3. 任何人都可能跌倒,但振作起来再试一次是需要勇气的。要确保你的孩子理解这一点。

4. 不要让你的孩子轻易逃避新活动。要告诉他们,在尝试过三四次之后,他们可以决定放弃。这样,你就能防止孩子因为害怕做不到最好而不愿意承担风险。

孩子们能够学到的生活技能

孩子们能够知道,他们不必始终都"好",知道他们不必掩藏自己的错误,做一个学习者并尝试一些新事物真的很棒。

养育要点

1. 孩子们需要知道，他们拥有你无条件的爱，无论任何情况。这样，孩子们就不必担心让你失望。

2. 与一个好孩子相处或许会更容易，但这并不意味着这对孩子来说就是健康的。如果你有一个"好"孩子，要慢慢放松对他的要求，并与孩子谈谈试图很完美的潜在危险。

开阔思路

为了对人们的健康有益，如果我能够从我们的语言中永远删除四个词的话，那应该是"好男孩"、"坏男孩"、"好女孩"、"坏女孩"及其相关的衍生词。要将人的行为与他们是什么样的人区分开，所以，一个坏行为不会使一个人成为坏人；同样，一个好行为也不会使一个人成为好人。这是健康的自尊的一个重要关键。

哼唧

"我的孩子经常哼哼唧唧地抱怨，我都要疯了。惩罚和贿赂都不管用。是不是听起来我也在抱怨？如果得不到帮助，我就不只是抱怨了。"

理解你的孩子、你自己和情形

孩子们会做管用的事。如果你的孩子哼唧，那是因为他或她能得到你的回应。奇怪的是，孩子们宁愿受到你的惩罚或你对他们发脾气，也不愿意你完全不回应。哼唧的目的通常是为了寻求过度关注。这样的孩子相信"只有当你时刻关注我时——无论通过什么方式，我才有归属感"。对于有些孩子来说，这是他们所知道的让自己的需要得到满足的唯一方式。其他孩子也会经历哼唧的阶段，然后，就像出现时那样很快就消失了。下面的一些建议可能看起来会相互矛盾，但实际上是关注点不同——有些关注的是行为背后的信念，有些关注的是行为。要选择你觉得对你最好的方法。

建议

1. 当你的孩子哼唧时，把他或她抱到你的腿上，说："我相信你需要一个大大的拥抱。"不要提孩子的哼唧或者哼唧的原因——只要抱着孩子，直到你们两个人都感觉好起来。

2. 让孩子知道你爱他，但哼唧让你的耳朵很难受，并且你很乐意等他感觉好起来之后再讨论这件事，以便他能用正常的声音说话。如果他继续哼唧，要告诉他你爱他，并且说如果他继续哼唧，你会离开房间。如果他继续，你就离开。

3. 对于孩子所哼唧的事情，要这样说："让我们把这件事放到家庭会议的议程上，当我们感觉都好起来的时候，在下次家庭会议上一起想出解决方案。"

4. 要运用你的幽默。蹲下身，伸出手臂，舞动着手指说："挠痒痒怪兽来啦。"孩子很有可能会很快大笑起来，因为你转移了他的注意力。

5. 别再对这件事那么烦恼。这条建议可以单独使用，也可以作为其他建议的重要补充。孩子们能够知道他们的行为是否按中了你的"按钮"，如果他们得到了回应，就会一直那么做。

预防问题的发生

1. 寻找哼唧背后的隐含信息。你的孩子或许是在努力告诉你（通过哼唧）她觉得你不爱她。或许是你太忙了，没注意到孩子感觉你忽略了她。在这种情况下，要安排定期的特别时光，帮助孩子感觉到自己是特别的、重要的，并且是有归属的。另一方面，也许孩子是在让你知道，她对于如何让自己的需要得到满足有一种错误的想法，需要在更好的沟通技能方面得到"训练"。

2. 在孩子没有哼唧并且很高兴的时候，和孩子一起做头脑风暴，想出一个在你听到哼唧时可以发出的信号。可以是你拉拉自己的耳朵，以提醒孩子你只想听正常的声音。也可以是微笑着用手指堵住耳朵。另一个办法是把你的手放在心脏的位置，提醒孩子"我爱你"。要让孩子确定哪种信号对他们最有效。由孩子作出选择，信号会有效得多。

3. 事先告诉孩子你会怎么做。"如果你哼唧，我就离开房间。当你愿意用尊重的语气和我说话时，请让我知道，因为在你不哼唧时，我喜欢听你说。"还有一种可能，是说："不是我不想听你说话，而是只有在你使用正常的声音时，我才想和你讨论。我不会回答哼唧声。我期待着听到你用尊重的语气和我说话。"

4. 哼唧可能是孩子灰心丧气的一种信号，当孩子感觉到足够的归属感和价值感时，这种行为就会停止。不要管孩子的哼唧，而要想出各种解决办法。

孩子们能够学到的生活技能

孩子们能够知道，父母爱他们，但不会听信他们的操纵把戏。当孩子们学会用有效的技能来对待自己的需要和愿望时，他们对自己的感觉会更好。

养育要点

1. 对于失聪父母的孩子们所做的一些研究很有趣。研究人员发现，这些孩子会做出一副看起来像在大哭的面部表情，但他们不发出任何声音。这些孩子已经从自己的经验中了解到，他们失聪的父母不会对声音有反应，但会对他们的脸部表情作出反应。孩子们很快就能知道什么管用、什么不管用。

2. 一个行为不当的孩子，是一个丧失了信心的孩子。一个合作的孩子，是一个学会了尊重地与人交往的能力并受到鼓舞的孩子。

开阔思路

琼斯太太有一个小女儿，史黛西。她会不停地哼唧，几乎总是需要关注。琼斯太太责骂她，把她推到一边，并说让她自己去找事情做。

有一天，一个朋友说服了琼斯太太去一个乡村集市上算命。算命先生暗示琼斯太太活不到明年春暖花开了。尽管琼斯太太不相信算命先生，但还是担心自己看不到女儿长大。突然，她对女儿怎么也不烦了。她想花时间陪她、抱她、给她读故事、和她一起玩。史黛西很喜欢这些关注——但只持续了一段时间。然后，她开始感到透不过气了。她不再需要持续的关注,而是开始把妈妈推开,要求更多的独立。史黛西在得到足够的关注之后,就不再要求过分关注了,她停止了哼唧。

毁坏东西

"我女儿在大发脾气时把一只球扔到窗户外面了。我该怎么办?"

理解你的孩子、你自己和情形

孩子们在成长过程中会弄坏一些东西、毁坏一些财物。大多数时候,这都不是故意的。有时候,孩子们会只是因为当时看起来很好玩而毁坏东西(比如在墙上画画)。偶尔,孩子们可能会通过毁坏东西来寻求报复或表达自己的愤怒。在这两种情况下,父母有责任在不惩罚孩子、不保护孩子避免承担其行为的后果的情况下,帮助孩子修理或更换被损坏的物品。

建议

1. 要避免过度反应和对孩子大喊大叫、骂他们是笨蛋或傻瓜。

2. 要让孩子们参与收拾。要和他们一起重新刷墙,用肥皂和水擦洗铅笔印,或擦洗地板。孩子们不必因为要从中学习而遭受痛苦。不要因为孩子犯错而惩罚他们,但要让他们看到如何改正。

3. 如果修理被损坏的东西需要花钱，你可以先垫付，并且从孩子每周的零花钱里扣除一部分孩子能够负担的数额。你也许希望承担部分费用，并让孩子承担剩下的部分。要在账簿上作记录。或许，他们可以通过干额外的家务活或帮你做事情来偿还自己的这笔债务。他们可以选择如何偿还，但不能选择不还。

预防问题的发生

1. 你对自己的家过于讲究，并忘了孩子只是孩子吗？你为孩子们布置了一个可以让他们在里面玩耍，并且如果他们弄洒或掉下东西也不会损坏贵重物品的地方吗？如果没有，要布置一个。

2. 要和孩子们达成一致，他们可以在哪里骑自行车、玩球、嬉闹、画画或进行其他有可能造成损坏的活动。

3. 要为孩子准备一些可以用来画画的大纸，这样他们就不需要在墙上画了。要让年龄小的孩子在餐桌上画画或填色，下面铺上报纸，以免弄脏地板或地毯。等孩子长大一些时，要让他们参与这种准备工作，以便他们能学会爱护财物。

4. 让孩子帮忙装饰他们自己的房间，挑选颜色、主题、床罩、装饰画和布置房间。要用适合孩子年龄的材料，这样你就不用担心孩子的玩具和鞋子会给房间或家具留下污渍。

孩子们能够学到的生活技能

孩子们能够知道，犯错误没关系，而且他们能够在不遭受痛苦或受到羞辱的情况下弥补错误。孩子们还能知道，他们对自己的行为负有责任，别人不会替他们体验后果。他们还能够学会选择在哪里进行不同的活动才合适，这是一种社会技能和礼貌。

养育要点

1. 如果你怀疑孩子损坏东西并非无心的,就要了解孩子行为的目的,并寻找其行为背后的信念(见第 36~38 页"帮助孩子感受到归属感和自我价值感")。
2. 不要让你的孩子发现他们可以通过在墙上乱画或进行其他破坏行为来按你的"按钮",或得到过度关注。孩子们喜欢看到父母失控,并且可能会发现为了激怒父母而破坏东西是值得的。
3. 如果你的孩子感觉受到了伤害并通过破坏东西报复你,要在进行打扫时多给他们一些拥抱。不要助长无休止的报复循环。要让孩子谈谈他们的感受以及什么事情可能伤害了他们。

开阔思路

8 岁的玛丽和几个朋友在一起,大家都认为把熟橙子扔到邻居家的车上会很好玩。邻居把她们抓住了,并给玛丽的妈妈打了电话。妈妈承诺会给邻居一个答复。

妈妈和玛丽一起坐下来,用一种很好奇的语气问:"当你们往车上扔橙子的时候,你是怎么想的?"

玛丽说:"我们只是认为很好玩。真的很对不起。"

"想象你 16 岁了,用自己存的所有的钱买了一辆车,"妈妈说,"如果有人往你的车上扔橙子,你希望他们怎么做?"

"我会气疯的。我希望他们进监狱。"

"我不认为我们的邻居想让你们进监狱。你能想到改正错误的其他做法吗?"

"嗯,我可以提出帮他洗车。"玛丽说。

妈妈说:"我确信这个办法会管用,而且我相信承认自己的错误并改正需要很大的勇气。你是想给他打电话问问,还是希望我陪你一起去见他当面说?"

"我要看看我的朋友们是否愿意和我一起去。"玛丽说,"她们也扔橙子了,所以她们应该帮忙。"

"好主意。记得告诉我结果。"

玛丽的几个朋友对这个主意一点儿都不感兴趣,直到玛丽问她们如果有人往她们的车上扔橙子,她们会有什么感受。"我想我们应该有勇气改正自己的错误。"她说。

她们这样做了。

家庭作业

"我们家每晚都会因为家庭作业而发生战争。我们的儿子在学校成绩落后了,老师说如果他还不开始在家庭作业上赶上来,就有可能不得不留一级。我们怎样才能让他做家庭作业呢?"

理解你的孩子、你自己和情形

你越把家庭作业当成你的职责,孩子们就越不会将其看成是自己的事情。那些认为家庭作业对自己的父母要比对自己更重要的孩子,不会承担起家庭作业的责任。出于害怕和挫折感,成年人会不断地尝试不管用的办法,尽管大量的证据证明他们的方法都是失败的。如果强迫孩子做家庭作业有效的话,我们就不会有那么多丧失信心的孩子从高中辍学了,或者有那么多孩子觉得自己的价值取决于自己的成败(这样的孩子,会在之后的一生中都是一个寻求取悦他人的讨好者)。如果这个方法有效,我们就不会有那么多孩子为了找回自己的一些自我感觉而拒绝按照大人说的去做。如果这个方法有效，我们就不会有那么多父母在无法完成老师完不成的事情时，感到沮丧、内疚，并觉得自己像是个失败者了。

建议

1. 要想让自己做的事情有效，在很大程度上需要提前计划。请先阅读"预防问题的发生"部分。

2. 如果老师给你留了便条或打来电话，你要问孩子作业对他来说是不是一个问题，如果是，他打算怎么办。要让孩子接老师的电话，而不要认为你必须处理这个问题。或者，可以请老师安排一次由老师、你和孩子都参加的三方会议。

3. 当孩子等到最后一分钟才去完成一项作业时，你要共情地倾听，但不要解救孩子。要让孩子体验自己的选择带来的后果——其后果可能是不及格。

4. 要避免对孩子说"看来你该在我建议你做时就开始做"或"太糟糕了，你没有利用我辅导的时间"（见"预防问题的发生"第 3 条）。这种说教是很不尊重孩子的，说明你认为孩子愚蠢，不理解你提出让他做作业时的状况。比起说教，和善而坚定地坚持到底会让你的孩子学到更多。

5. 当你的孩子抱怨做作业的时间太晚时，另一个办法是要共情地倾听。你可以说："这肯定让你很苦恼。"同样，要避免长篇大论地说教或解救孩子。你可以补充一句："我想知道发生了什么事。"孩子可能会告诉你原因，也可能不会。不管孩子说什么，你都要共情地倾听。

6. 你还可以和孩子共同解决问题。在表达你自己的看法时，要倾听并理解孩子的问题，然后一起做头脑风暴，直到找到一个对于你们双方都适用的解决办法。不要向老师要孩子的进展报告，除非你和孩子事先一致同意将其作为一种解决问题的办法。如果孩子认为这个方法有帮助，要尽一切办法通过向老师要进展报告来支持孩子，但这种做法仅限于这种情形。

7. 要表达你的真实感受，告诉孩子你的想法、感受和希望，但不要求孩子与你有同样的想法、感受和希望。可以这样说："教育对我来说很重要，当你似乎对此并不在意时，我会觉得害怕。我真心希望你能探究良好的学习习惯的价值。如果你需要我的帮助，请让我知道。"

预防问题的发生

1. 一种恰当的做法，是在家里建立一种日常惯例，每天有一段专门的时间用于安静地工作，不开电视或收音机，全家人都投入到某种形式的学习当中。（你的孩子在这段时间里可能会选择做作业，也可能不做作业，但创造一个沉思的空间仍然是重要的。）要让孩子参与选择，比如他想坐在什么地方写作业。

2. 在你采用任何解决办法介入之前，至少要观察一周的时间，看看孩子是如何对待家庭作业的。然后，要和孩子一起坐下来，告诉孩子你注意到了什么、你的希望是什么，以及你将如何提供帮助。比如："我注意到你上周每天晚上都等到要睡觉时才开始做作业。我希望你在白天能早点开始。我很乐意帮你看看你的时间安排，看什么时间更合适，或者如果你希望有人陪伴的话，我甚至可以在你做作业的时候坐在旁边看书或用电脑工作。我在每晚6：30~8：30之间随时愿意为你做作业提供帮助，但再晚的话，我就很难集中精力了。"要让孩子和你一起计划一天当中何时做作业最好，以及他想在哪里做作业，比如在他房间的书桌还是在餐厅的餐桌上。

3. 要告诉孩子，你不会再因为家庭作业唠叨或提醒他们，然后，就闭上嘴巴，按你说的去做。如果孩子没完成作业，就让他们在学校体验后果。你要给老师打电话，让老师知道你在这么做，因为你觉得功课是孩子自己的事情（见"过度保护"、溺爱的解救中的"不解救合约"，第148~149页）。

4. 要让孩子知道，如果他们要求，你很愿意帮助他们，但前提是你不会替他们完成作业或陷入争斗中——并且只能在你事先安排好的时间。比如，你可以说："我可以在每周二和周四晚上的7：00~8：00之间随时为你辅导作业。"

5. 要提前安排好特殊需要，比如去图书馆或买资料。要让孩子知道，把他们的需要提前告诉你是他们的责任。

6. 不要在你的孩子们之间进行比较，这并不能激励落后的孩子，只会让他们丧失信心。

7. 有些孩子永远都不喜欢学校，而是更适合一些比较个性化的教育方式。不要相信取得大学文凭是成功的唯一途径这种神话。还要知道，有些孩子是迟开的花朵。他们可能在辍学后又决定要上大学。要让孩子知道，学习成绩不好并不意味着就是失败者，他们有一天或许会受到激励再次尝试。

8. 要允许孩子们有不同的学习风格。有些孩子习惯学习时开着收音机和电视；其他孩子则需要鸦雀无声。有些孩子根本不用学习就有理解学习资料的诀窍。要意识到，你的孩子或许需要额外的帮助。大多数孩子都不会每门功课都好——不要对他们有这样的期待。如果孩子的功课太难，你无法提供帮助，可以请一个家庭教师或朋友帮忙。

9. 要设法在不干预孩子作业的情况下为其学业和受教育过程提供支持——如果你有时间，可以在学校做义工、上课、加入家长教师协会（PTA）、读一些书。

孩子们能够学到的生活技能

孩子们能够知道，他们能够自己思考并承担自己的选择造成的后果；而且，当他们要求父母帮助时，父母会支持他们。他们能够发现错误是学习的大好机会，知道如何解决问题，自我感觉良好，并且有勇气和信心面对生活中出现的各种情形。

养育要点

1. 要当心——你很容易为孩子承担起做作业的责任，并且在之后生活在幻觉中，觉得孩子承担着责任，因为作业都完成了。
2. 要表明对孩子的信心，相信他们能够从失败中学到宝贵的东西，而不是从羞愧、惩罚或羞辱中。
3. 要提醒自己，你的孩子并不愚蠢——只是不感兴趣，或灰心和绝望。同样是这个孩子，可能从来不需要别人提醒他去做自己喜欢或擅长的事情。

开阔思路

由于学分不够，毕不了业，16岁的弗兰克不得不参加为期一年的暑期学校。他的父母没有羞辱他或忙着为他补课。相反，他们安排并度过了一个美好的暑期，没带弗兰克。暑假过到一半时，他们讨论了弗兰克对今后及时准备并完成家庭作业的想法。弗兰克说："这个暑假我错过的太多了，我不喜欢这样。我不希望再发生这种事，所以我打算下学年加油赶上来。"

从那个暑假之后，弗兰克一直坚持执行自己的计划。除了问他是否需要帮助，以便他知道父母感兴趣之外，父母再也没有对他提起过家庭作业。

○

尽管听起来可能有点奇怪,但一些8~12岁孩子的父母发现,如果他们提出替孩子做作业,作业问题反而就解决了。一位父亲解释了其中的原因:"我告诉我的女儿,我注意到她从来不做家庭作业,而且我对此很担心并愿意替她做作业。她像看一个疯子似的看着我,然后咧嘴一笑说:'好啊,没问题。'我告诉她,每天下午5:30,她需要让我坐下来,和我一起看一遍老师布置的作业,并告诉我需要做什么,然后要坐在旁边陪我,并随时回答我的问题。头一天晚上,我们这样做了,我做了大部分作业,很少问她。第二天晚上,我不得不多次问她从哪里能找到某些信息,或老师是否解释过如何做某个数学运算,以便我能顺利地完成作业。在她明白过来之前,她已经自己完成了大部分作业,而我只是在她明显不懂某些概念时提供帮助。我们一起很开心。"

家务活

"让我的孩子做家务简直是一场无休止的战争。他总是说会去做,但总要经过不断地提醒和争吵,最后往往以惩罚结束。我真的想放弃了,想自己做每一件事,但我知道他需要学会承担责任。或许他只是太小了。孩子们多大才能帮忙做家务呢?"

理解你的孩子、你自己和情形

让孩子做家务,永远都不会太早或太晚。孩子们需要知道,自己是家庭中重要的、有用的、有贡献的一员。如果他们不能以积极的方式获得满足感，往往就会寻找不那么积极的方式去感受自己的重要性。帮忙做家务有助于增强孩子的技能，让他们感到自己有用，而且能够教给孩子了解所需完成的事情并感激完成这些事情的人。父母们很容易凡事自己做，认为这样更容易并能够把事情"做好"。当父母们有这种态度时，他们就剥夺了孩子学习合作和承担责任的机会。

建议

1. 和孩子一起做头脑风暴，列出一份需要他们帮家里做的事情的清单。

2. 要花时间训练孩子，并和孩子一起做，直到他们学会如何做某项家务。当他们觉得自己可以独立做一件家务时，要让他们知道，如果他们需要帮助，可以随时来找你。要退后一步，不要插手，除非孩子们要求你的帮助。如果有问题，不要当时就批评孩子，而要把问题留到家庭会议上解决。

3. 要为孩子提供大小合适的工具，比如一把小扫帚、一个鸡毛掸子或小型园艺工具。

4. 要确定一个全家人一起做家务的时间，而不是把家务清单交给孩子让他们去做。要用"一……就……"的句式。"你一完成那些家务活，就可以出去玩了。"

5. 要关注孩子的贡献，而不是家务活完成的质量。如果年龄很小的孩子在从洗碗机里往外拿餐具的中途失去了兴趣，要感谢她完成的这一半，而不要坚持让她全都拿出来。

6. 当发生意外时，要避免惩罚，而要专注于如何解决问题。如果你的孩子把狗粮弄洒了，要问："你需要怎么做才能解决这个问题？"这教给孩子的是，错误是学习的好机会。

7. 不要因为孩子有很多作业要做或要参加一项体育运动就为他们感到抱歉，并且去做孩子应该做的家务。要帮助他们安排自己的时间，以继续帮助家里做家务。

8. 在你们做家务的时候，可以一起唱打扫歌或播放轻快的音乐。

9. 要确保家务活适合孩子的年龄。下面的清单可以提供一些参考。记住，要与两三岁的孩子一起做家务，而不要期望他们能独立完成。

2~3 岁的孩子

收拾玩具并放到合适的地方。

把书和杂志放到书架上。

扫地。

把餐巾纸、盘子和其他餐具摆在桌子上（或许刚开始会摆错）。

饭后打扫他们吃饭时掉下来的食物残渣。

清理餐桌上自己的地方，并在清理完盘子里的剩菜剩饭之后，把碗碟放到厨房的台子上。

如果吃饭时出现意外，自己收拾干净。

帮忙把杂物放到餐具柜里。

把餐具从洗碗机里拿出来。

叠毛巾和袜子。

选择当天要穿的衣物，自己穿衣服。

4 岁的孩子

摆放餐具——以及做好的菜肴。

收拾杂物。

帮助列一份日用品购物清单；帮忙一起购物。

按照时间表喂宠物。
帮忙收拾院子。
帮忙整理床铺并用吸尘器清洁。
帮忙洗碗或把餐具放到洗碗机里。
打扫家具上的灰尘。
给三明治抹黄油。
准备麦片粥。
帮忙为家里的晚餐准备食物盘。
制作简单的甜点（在纸杯蛋糕或冰激凌、果冻、即食布丁上添加配料）。
用手动搅拌器搅拌土豆泥或蛋糕原料。
取信。

5岁的孩子

帮助安排食谱，并一起购买食物。
自己做三明治或简单的早餐，然后收拾干净。
自己倒饮料。
自己动手撕色拉用的生菜。
往碗里放某些作料。
整理床铺并收拾自己的房间。
擦洗水槽、厕所和浴缸。
擦镜子和窗户。
把要洗的白色衣物和其他颜色的衣物分开放。
将干净的衣物叠起放好。
接电话，并开始拨打电话。
打扫院子。
帮忙洗车。
倒垃圾。

6~8 岁的孩子

抖掉小块地毯上的脏物。

给植物和花浇水。

给蔬菜去皮。

做简单的食物（热狗、煮鸡蛋、吐司）。

准备自己在学校的午饭。

帮忙把自己的衣服挂到衣柜里。

收集壁炉所需木材。

耙落叶和杂草。

遛宠物。

保持垃圾箱干净。

打扫汽车内部。

整理或清洁橱柜。

负责一个宠物，比如照料一只小仓鼠或小蜥蜴。

9~10 岁的孩子

换床单，并把脏床单放到洗衣篮里。

使用洗衣机和烘干机，计量洗衣液和漂白剂。

按照清单购买日常用品，并在购物时进行比较。

如果是骑自行车就可以到达的距离，要让孩子自己去赴约（牙医、医生、学校）。

使用原料制作饼干和蛋糕。

准备家里的一顿晚餐。

接收并回复自己的邮件。

等待客人。

计划自己的生日派对或其他聚会。

计划简单的急救。

做一些社区杂事。

缝补、针织或编织（甚至使用缝纫机）。

洗家里的车。

自己挣零花钱（通过替人临时照顾孩子、清理社区院子）。

自己装行李箱。

对自己的个人爱好负责。

11～12 岁的孩子

把弟弟妹妹放到床上去睡觉，给他们读故事。

打扫游泳池和泳池周围。

外出办自己的一些需要跑腿的事。

修剪草坪。

帮助父母做一些东西。

清理烤箱和暖炉。

负责计划外出旅行的路线。

帮家人跑腿。

预防问题的发生

1. 用家庭会议来安排家务责任。

2. 当你们陷入了权力之争时，要说："让我们把这个问题放到家庭会议的议程上，并在我们双方都感觉好起来时，再来解决这个问题。"

3. 如果孩子忘记了做家务，要运用你的幽默感。一位妈妈将一锅汤放到桌子上，并假装用勺子把汤盛到想象的碗里。当天晚上负责摆餐具的孩子突然意识到自己忘记了该做的事情，赶快跑进厨房，在妈妈将汤倒在桌子上之前取来了碗。

4. 如果孩子忘记了做一件家务，要使用双方约定的非语言信号提醒。很多孩子喜欢大人把盘子倒扣在桌子上提醒。当盘子被倒扣时，就是在提醒孩子，还有一些事情需要在坐下来吃饭之前完成。

5. 对3~4岁的孩子，要制作一个家务活转轮。找一些图片代表各项家务活，比如除尘、摆餐具、从洗碗机里取出餐具、清理水槽，或把衣服放进洗衣机或烘干机。将这些图片贴在环绕纸盘的边上。用厚美术纸剪一个箭头。用一个角钉通过箭头和纸盘中心的孔固定在一起，以便箭头能绕纸盘转动。让孩子们用这个转轮来看自己当天需要完成的家务。

6. 对4~6岁的孩子，要列出一份适合他们这个年龄的家务清单。把每项家务写在一张纸上，并把纸条放进代表各个年龄的一个纸盒内。作为家庭会议的一部分内容，让孩子挑出他们在本周中每天要做的两件家务。他们可以在下次家庭会议上选择新的家务活，以便孩子不会因为一直做同样的家务而感到乏味。

7. 对6~14岁的孩子，要在厨房里放一个白板，在上面列出当天需要做的家务（每个孩子至少要做两件）。每个孩子（在先到先选的基础上）可以选择自己想做的家务，并在做完后将它们从白板上划掉。

8. 到15~18岁时，孩子们可能已经有了很强的解决问题的能力。要定期在家庭会议上讨论，共同决定需要做哪些家务，并且把家务落实到每个人。

9. 要克制住唠叨和提醒。如果孩子忘了做某项家务，要让他们看看家务清单，检查一下自己是否完成了该做的家务。

孩子们能够学到的生活技能

孩子们能够学到，他们是家里的一分子，家人需要他们的帮助。他们有能力、有技能，能够对自己和他人有用。

养育要点

1. 孩子们在三四岁之后逃避做家务是正常的。（还记得孩子们在 2 岁时说"爸爸，让我来！""妈妈，我来做！"的情形吗？而你经常说"不，你还太小，玩去吧，去看电视"，这让学步期的孩子很泄气。然后，你又奇怪为什么鼓励孩子帮忙做家务那么难。）然而，仅仅因为孩子们逃避家务是正常的，并不意味着他们不应该做家务。

2. 孩子们不是生来就有能力把事情做得又快又好。实际上，为了让孩子们帮助做家务，父母通常需要做更多的事情。但是，为了让孩子参与家务和训练孩子帮助家里做事所付出的额外努力是值得的，因为孩子们能够学会很多技能，比如信守承诺、事先计划、坚持到底、安排自己的时间，以及同时处理多项任务。

3. 当孩子们没做家务时，不要惩罚。要把问题留到家庭会议上，找到解决办法。

开阔思路

3 岁的克里斯汀问妈妈，她是否可以帮忙打扫屋子，为妈妈的同事来吃晚餐作准备。妈妈问她是否愿意清理洗手间，她说："好！"克里斯汀拿了一罐清洁剂和一块抹布进了洗手间。清理完之后，她对妈妈说："洗手间全都打扫干净了！我喜欢帮你打扫。"妈妈正忙着，忘了检查克里斯汀干的活。

当天晚上，客人们用了几次洗手间，都没有说什么。在他们离开后，克里斯汀的妈妈走进洗手间。令她吃惊的是，她发现克里斯汀用完了一整罐清洁剂。洗手间里到处都是白色粉末。当想到客人们走进这样的洗手间会作何感想时，妈妈不禁暗自笑了起来。她意识到，克里斯汀还需要更多的时间练习使用清洁剂。

价值观和礼貌

"可能我有点落伍了，但我很为现在的孩子们缺乏价值观而担心，包括我自己的孩子。我该如何抵制那些无处不在的物质至上、享乐主义以及性信息呢？这些东西似乎比我更能影响我的孩子。显然，今天的孩子没有我们当年那样的性禁忌，那可能很极端，但是，另一种极端就有益吗？我怎样教给我的孩子价值观呢？"

理解你的孩子、你自己和情形

核心价值观是一个人对自己、他人、生活和事情应该怎样的内在信念。价值观是通过两种不同的途径习得的：通过看和观察，以及通过听和学习。人的核心价值观到5岁时就形成了（并不是说以后就不会偶尔有改变）。

随着孩子逐渐长大以及受到来自亲戚、朋友、学校、教会和大众媒体的影响，核心价值观会发生更新和扩展。大多数年轻人在十几岁的时候都会经历一段反叛家庭价值观的时期，常常有几年时间会走向家庭价值观的反面。如果你在这段时期不是自始至终都和他们有权力之争，他们通常会回归家庭的核心价值观。

我们现在生活的这个世界与你成长时的环境有了很大不同——即便在最近二十年里，也发生了巨大的变化。不要对此抱有消极的观念，而要将其视为一个使你有机会提高养育技巧并增强与孩子的情感联结的挑战。依靠外界的力量对于养育孩子来说已经不再让人放心了。通过玩电脑游戏、看电视，或者和朋友一起出去玩，你的孩子恐怕学不到你认为的那些重要价值观。要教给孩子什么样的价值观，取决于你的决定，所以你的心里要有一个目标。当父母们考虑这个问题时，通常想到的是尊重、关心他人，诚实、自立，有韧性、有学习的动力、有责任感，慷慨、自律、可靠以及有礼貌。我们想在这个清单上加上社会责任感或奉献精神。

要记住，如果你教给孩子的价值观与你平时的做法相反，你的孩子会更相信你的行为，而不是你的言语，并会以此为基础形成他们的价值观。

建议

1. 不要害怕对孩子说"我们是这样做这件事或那件事的"。例如，你可以说，在你们家，你会先写感谢便条，然后才玩收到的玩具礼物。你可以告诉孩子，在节日里，你会先给贫穷的人买礼物，然后才为全家大采购。大多数年龄小的孩子会平静地接受你所说的话。如果他们与你争论，要高兴地将此视为一个讨论价值观的好机会。

2. 当孩子行为粗鲁时，你可以说："对不起。你还记得怎样有礼貌吗？再说一次应该怎么说？"

3. 将上面的话变一下，可以说："哎哟，你愿意用能反映真实的你的礼貌方式重说一次吗？"

4. 在事发当时，给孩子一些温和的提醒是可以的，比如：要记住女士优先。不要忘了在你的客人就坐时，帮她拉开椅子。你在要一个东西的时候，需要说什么？（请。）当有人为你做事的时候，你需要说什么？（谢谢。）

5. 如果一个孩子骂你，要把这个孩子带到只有你们两个人的地方，弯下腰在她耳边轻声说："我没那么说过你，我也不喜欢你那么说我。这很伤害我的感情。请不要再这么做了。我爱你。"

预防问题的发生

1. 你想教给孩子的价值观，你要做出榜样。如果你想让孩子学会尊重，你就要尊重别人和你自己。你要实践自己宣扬的价值观，因为孩子会按你做的去做，而不是按你说的去做。

2. 要用能够教给孩子价值观和礼貌的管教方法。正面管教的所有养育工具，都是为了让孩子具有好品质而教给孩子有价值的社会和生活技能。

3. 如果你有强烈的宗教信仰，并希望孩子和你有同样的信仰，你可能想将他们送到宗教学校，以便他们能向其他人学习价值观。在孩子小的时候，他们只会按字面意思理解，并且往往别人说什么就信什么，所以，你要确保那里教的能反映你想让孩子学的。

4. 要帮助你的孩子想出在发生不幸或灾难时能够采取的步骤，以便他们能帮助别人。要看看当地有哪些志愿者机构，并想办法参与社区服务。

5. 我们一再建议召开家庭会议，因为这是用来教给孩子价值观的最有力的方式之一。通过倾听不同的观点并找出有益的解决方案，孩子们能学会关心他人。他们能学会寻找别人好的方面并向其致谢。他们能学会专注于寻求对相关的人都尊重并有帮助的解决方案。不要忘记这种教给孩子价值观的宝贵工具。

6. 在家庭会议上，一起确定将屏幕时间限制为多长（见"电子产品：电视、电子游戏、iPod 和电脑等"以及"手机"）。当孩子看电视、听音乐、玩电子游戏的时候，要确保你有时候也要加入，这样，你就能和他们讨论他们对里面所描述的价值观的看法，并且有机会诚实地表达你的看法。

7. 用启发式问题帮助孩子探讨他们的选择可能会带来的后果。这可以让他们探究自己的人生目标和价值观，以及如何实现自己想要的生活。

8. 要花时间教给孩子礼貌。不要用说教和唠叨的方式，而可以每周安排一次"用餐礼仪之夜"，练习用餐的礼貌。要做得很有趣。让每个人都夸张一些，比如，说："请——把黄油递给我。"可以玩一个得分游戏：看到有人将胳膊肘放到餐桌上、满嘴食物就说话、打断别人说话、抱怨或者将手伸过桌子，就可以得分。得分最高者可以选择餐后的游戏。大家要一起坐在餐桌旁用餐。用餐具垫或桌布、餐巾和蜡烛来营造一顿特别的晚餐。

9. 找一些展现出正直品质的人的故事（可以从电影或者新闻里找），比如送回了拾到的钱包的人，或者在逆境中捍卫价值观的人。要问一些这样的问题："有什么比你的正直更重要吗？钱更重要吗？其他人对你的看法呢——这比你的正直更重要吗？"

10. 花时间训练孩子。在心平气和并得到孩子许可的时候，简短的说教是可以接受的。例如，"你想知道当你受到邀请同富翁名流一起用餐时，如何避免尴尬吗？""你想知道当你遇到自己的梦中女孩时，怎样让她觉得你是'绅士'，而不是'没礼貌的笨蛋'吗？"一旦你花时间训练了孩子，简短的提醒就没关系，只要不用生气的口吻说出来。"当奶奶来的时候，不要忘记和她打招呼。要记住为妈妈开车门。"

11. 要花一些时间，让孩子对于在某些情形中应该怎么做，进行角色扮演，比如，当朋友邀请他们吸毒、偷东西或者发生性行为的时候。他们也可以用角色扮演练习如何招待客人以及在别人家做客时该怎么做。预先练习对于准备好处理"真实"情形是很有帮助的。

孩子们能够学到的生活技能

孩子们能够知道，当价值观和礼貌成为其生活的一部分时，他们的生活会更丰富，并且对自己感觉会更好。

养育要点

1. 孩子们不会通过潜移默化形成正直的品格和良好的举止，这需要花时间训练。
2. 阿尔弗雷德·阿德勒说过，社会利益是心理健康的一把标尺。一个人越是专注于他人和奉献，他或她的感觉就越好。

开阔思路

玛丽安娜哭着从学校回到了家，因为朋友们取笑她的卷发。妈妈认可了她的感受，说："哎哟，那肯定很让人伤心。"

玛丽安娜平静下来之后，妈妈决定借此机会帮助她探讨一些价值观。她问："玛丽安娜，只有你受到取笑了吗？"

玛丽安娜想一下，答道："不是。每个人都因为一些事情受到了取笑。"玛丽安娜头脑中的警报似乎解除了，她接着说："即使很受欢迎的孩子也被取笑了。多莉很受欢迎，但是她也因为'小兔牙'受到了嘲笑。"

妈妈问："其他人被嘲笑时是怎么对待的？"

玛丽安娜说："我不确定。我想他们会很生气。我就很生气，但我还觉得很伤心。我肯定他们的感受是一样的。"

妈妈问："你嘲笑过别的孩子吗？"

玛丽安娜显得有点尴尬，说："有时候。我不是带头的，但有时候会和其他孩子一起嘲笑别人。我不是有心的。我甚至没想过这会让别人多么伤心。"

妈妈问:"既然你现在已经想到了,你有什么感觉?"

玛丽安娜回答道:"我肯定不喜欢被人嘲笑,所以我不会再嘲笑别人。"

妈妈又深入一步,说:"在你被人嘲笑的时候,希望有人能站出来支持你吗?"

玛丽安娜说:"是的。当我最好的朋友也跟着一起嘲笑我的时候,我很愤怒、很伤心。她不保护我,真让我伤心。"

妈妈问:"你认为自己有勇气站出来支持受到嘲笑的人吗?我必须警告你,如果你这样做,其他人可能会转而攻击你,因为他们会由于自己做的事情被人说出来而感到尴尬。"

玛丽安娜说:"我不在乎。既然我知道了那是什么感觉,就不想再伤害别人——而且我希望自己有勇气为别人挺身而出。"

通过这次对话,妈妈间接但有效地与玛丽安娜分享了自己的价值观。

戒除不良习惯

"我3岁的女儿还离不开她的奶瓶、小毯子和安抚奶嘴。每次带她出去都让我觉得很难堪,因为很多人会投来不赞同的目光,而且我的亲戚们也让我很不好受。是不是该给她戒掉这些东西了?如果是的话,我怎样才能不给她造成持续一生的心理创伤呢?"

理解你的孩子、你自己和情形

不难理解，戒除慰藉物对孩子来说不容易。但为什么对父母们也很难呢？为什么我们不能记住，尽管孩子当时不喜欢，但戒除对他们有好处呢？由于太爱孩子而无法让他们及时戒除慰藉物的矛盾之处在于，孩子们以后必然会因此怨恨你。父母实际上认为孩子们会感激自己为他们所作的一切，但当看到孩子变成了被宠坏的淘气鬼，而不是令人愉快并适应社会的人时，父母只能不断地伤心和失望。幸运的是，这种情况也可以反过来：当你出于爱而帮助他们戒除慰藉物，并教给他们自立和自信，孩子们（最终）会尊敬并感激你，即便他们当时可能并不喜欢。戒除孩子的不良习惯，对孩子和父母来说永远都不容易，但这对双方的成长和发展是必不可少的。

建议

1. 制订一个有目标和时间表的计划（如果有可能，要和孩子一起制订，这取决于孩子的年龄），并记住要花时间训练孩子的新技能。你的第一个目标可以是在带孩子去商店时将小毯子留在家里，然后，下一个目标可以是将小毯子收到柜子里一整天。要在你没有压力或者没有与孩子发生冲突的时候制订这种计划。

2. 要预料到孩子会抵制，要允许孩子有自己的感受。可以这样说："我知道你想念自己的奶瓶并且仍然想用奶瓶，但你正在用吸嘴杯呢。你愿意在用杯子喝奶的时候靠在我身上吗？"

3. 要满怀信心并前后一致地坚持到底。如果你有时坚决、有时让步，任何人都受不了。

4. 要有所选择，并分解成一些小步骤。你无法在一夜之间改变一个习惯。

预防问题的发生

1. 从一开始就不要让孩子形成你以后会不喜欢的习惯。如果你不想让孩子睡在你的床上，那就不要因为自己太累不想起床喂孩子或因为担心孩子会哭，就允许出现这种事——你以后还是不得不让孩子改变这种行为。

2. 如果你计划帮助孩子学会更独立，就要准备一些有助于孩子改变的物品，比如带松紧腰带的裤子，以便孩子学着自己穿；塑料盘子和杯子，以便孩子自己吃饭，等等。要让学习成为一种游戏。

3. 调整你的心态，将自己当成一个赋予孩子力量的父母，而不是过度保护的父母。要允许孩子在准备好时尝试新的东西，只要保证这种尝试的安全。（我们并不是说要放任孩子，或者忽视他们的安全、健康或真正的需要。）

4. 要知道"想要"和"需要"之间的区别。你的孩子可能想要随身带着泰迪熊，但她并不需要这样。他可能想要你陪他一起躺着哄他睡觉，但他不需要这样。

孩子们能够学到的生活技能

孩子们可以学会如何改变旧习惯，并用新行为代替旧行为，知道自己可以每次改变一小步。

养育要点

1. 孩子们需要戒除不良习惯，才能形成有助于他们更成功地立足于社会的自立。戒除的过程拖得越长，孩子和你就越会感觉不舒服，孩子愤怒的时间就会越长。

2. 需要戒除的并不只是母乳或奶瓶（尽管大多数母亲都会告诉你这个过程已经够艰难了）——父母还必须逐渐地、关爱地让孩子戒除对父母的情感和身体依赖。

3. 你可能不理解以健康的方式爱孩子有时候会让人很不舒服，但这是需要理解的一个非常重要的概念。解救孩子、向孩子让步，或者在他们生气时帮助他们感觉好起来，会让人舒服得多。如果你在戒除孩子不良习惯过程中的做法让人感觉很舒服，那就可能是一种不健康的做法。如果你的做法让人感觉不舒服，则可能是你为孩子的长远利益所做的最关爱他的事情。

开阔思路

除了人类之外，动物王国里的每一种动物都知道断奶的重要性。它们本能地知道，幼崽只有断奶后才能像成年动物一样生存下去。妈妈们不会因为幼崽不喜欢断奶过程而受到丝毫影响（尽管妈妈们自己也不太喜欢这个过程）。你观察过在妈妈决定该断奶时，幼崽还想吃奶的情形吗？每当小马驹或小牛犊试图吃奶的时候，马妈妈或牛妈妈就会用头把它们顶开。无论幼崽们多么努力尝试都没有用；妈妈们本能地知道断奶对于幼崽的自立和生存是至关重要的。

进食和就餐时间的烦恼

"我的孩子们的餐桌礼貌糟透了。他们吃饭时一会儿站起来、一会儿坐下去，隔着桌子抓食物，还抱怨我做得不好吃。有个孩子一直在节食，另一个则只吃热狗。我想，就餐时间难道不应该是家人在一起的愉快时光吗？"

理解你的孩子、你自己和情形

你说得很对。就餐时间应该既营养我们的身体，又营养我们的灵魂。太多的家庭忘记了这一点，并将就餐时间变成了一场纠正、唠叨、威胁、争吵和卖弄的噩梦——如果他们还一起吃饭的话。很多家庭带孩子去外面吃快餐，或者每个人在每天不同的时间吃饭。在一些家庭里，厨房全天开放，家庭成员可以随时在感觉饥饿时去抓一些零食吃。在有些孩子似乎依靠不健康的节食而生存的时候，超重的孩子和成年人却越来越多。常见的情况是，你没有为孩子们提供健康的饮食选择，也不相信他们饿了就会吃、不饿就不吃，而是在无意中干预了这一自然过程。不知不觉中，你就埋下了饮食紊乱的种子。我们有几个建议，让你们全家人在一起吃饭时能有愉快的体验、吃健康的食物，并享受彼此的陪伴。这要从你开始。

建议

1. 每天至少要有一次，全家人坐下来一起吃顿饭。不要边看电视边吃饭。大人应该和孩子一起围坐着餐桌吃饭。偶尔，可以用鲜花、蜡烛或餐具垫来布置餐桌，或在餐厅吃饭，为家人创造一次特别的用餐体验。

2. 如果孩子们知道自己可以选择吃什么或不吃什么，他们就不大容易抱怨。不要试图强迫孩子吃任何一种东西。不要坚持让孩子们吃放在他们盘子里的每一种食物，或尝每一种食物。如果你的孩子拒绝吃某种食物，不要给他们大量的过度关注。

3. 对于年龄小的孩子们而言，玩食物、弄洒牛奶、把食物掉到地板上，都是正常的。孩子的发展适应性行为不是不良行为。你只需要把洒出的东西打扫干净，允许孩子们用手指在食物上画画，让小狗吃掉到地上的食物，或者在年龄小的孩子的下方铺一张塑料布。要教孩子帮你一起收拾。

4. 让孩子们自己吃饭，并且不要和他们讨论吃什么或不吃什么。你只需在饭后收拾他们的盘子（15~20分钟的吃饭时间就足够了）。

5. 如果孩子们抱怨你做的饭不好吃，要告诉他们，不吃自己不喜欢的食物没关系，但抱怨会让做饭的人伤心。对于一个年龄小的孩子来说，当他说"我不喜欢吃这个"时，要拿走他的盘子，并且说："好吧，你不一定非得吃这个。"通常，这会让孩子很快就停止抱怨。

6. 如果孩子们有哪顿饭不喜欢吃，有些家庭允许孩子们自己制作奶酪三明治或玉米薄饼。这比为每个孩子准备特别的饭菜要好得多。

7. 如果你认为自己孩子的行为变得太让人讨厌，你可以试试决定自己怎么做，而不是试图控制孩子——端起你的盘子，去另一个房间吃。

8. 当你的孩子说自己要节食时，不要惊慌。要等待并观察，看看真正会发生什么事情。孩子有可能会说一套做一套。

9. 不要保留秘密。要让孩子知道你看见她强迫自己呕吐了（或你看到的其他不健康的行为）。要问孩子将采取什么措施来解决自己的饮食紊乱问题，以及孩子需要从你这里获得哪些帮助。

10. 如果孩子的进食出现严重问题，比如顽固的神经性厌食症（自我绝食）或暴食症（暴饮暴食和催吐、滥用泻药），要向治疗饮食紊乱的诊所、营养师或心理治疗师询问有关治疗的信息。如果家族有成瘾史，这一点就更为重要，因为家族史与饮食紊乱之间有一定的联系。

11. 如果你的孩子决定成为素食主义者，或尝试任何其他注重健康的新饮食方式，要问孩子你能够怎么支持他。不要开孩子的玩笑，或坚持让孩子遵循你的饮食方式，或者将孩子的新习惯当做是一种饮食紊乱。很多素食主义者是在很小的时候决定改变自己的饮食习惯的。如果你是素食主义者，而你的孩子坚持吃肉，上述建议也同样适用。不要把你的进食方式强加给孩子。

预防问题的发生

1. 一日三餐要定时。（但要允许孩子吃一些健康的零食——不要让孩子等到过度饥饿的时候再吃东西。）要强调吃饭时间是大家分享一天的经历、聊天，并分享全家人在一起的美妙感觉的时间。

2. 当孩子们抱怨食物时，可能就该让他们参与选择吃哪些食物了，每周至少要让孩子们选择一次晚餐食物。要让每个孩子每周做一次晚饭。即便很小的孩子也能撕生菜叶、开豆罐头，并制作简单的色拉。

3. 和孩子们一起计划他们可以作些什么贡献。要谈谈需要完成的各种事情，比如布置餐桌、做饭、洗碗以及喂宠物。

4. 家里不要准备垃圾食品。当孩子们已经用零食或垃圾食品填饱肚子的时候，他们当然不会正常吃饭。尤其不要让孩子吃含糖食品。糖确实会扰乱身体对健康食物的正常需求。

5. 要为孩子提供健康的零食。如果你的孩子因为吃饱了奶酪、胡萝卜条或其他健康的零食而不吃饭，那也很好。谁说只能在吃饭时间才能吃健康食品呢？

6. 要在非吃饭时间练习良好的餐桌礼仪，或者每周选择一个晚上练习。要让练习有趣，可以适当夸张一些。

7. 在家庭会议上，要让全家人一起参与筹划使吃饭时间让每个人都很愉快的办法。

8. 审视一下你自己对体重、食物和饮食习惯的态度，及其可能给孩子的暗示。你是否经常说诸如"把盘子里的食物吃干净"之类的话，然后又因为孩子超重而感到不安呢？你是否告诉孩子在两餐之间不能吃东西，而促使他们在吃饭时吃得过多？你是否以其他方式在无意识中试图控制孩子摄入的食物？

孩子们能够学到的生活技能

孩子们能够知道，他们不会在吃饭时陷入麻烦，所以，他们就没有必要用不良的餐桌行为转移父母的话题。餐桌是一个充满乐趣的地方，通过参与并成为家人的一分子，有很多积极的方式可以得到关注。孩子们会知道，他们可以按照自己的步调形成对食物的偏好。他们能够知道，他们不会被强迫吃自己不想吃的东西，也不会得到特别服侍。孩子们能够学到，尊重是相互的。

养育要点

1. 你可以帮助孩子学习倾听自己的感觉和身体的智慧，而不是训练孩子为了取悦你而暴食，或为了击败你而挑食。想想有多少超重的成年人在小时候曾是"净盘俱乐部"的成员，完全体会不到"饥饿"一词的含义。

2. 如果你把吃饭时间看做是强迫孩子们吃饭并对餐桌礼仪进行长篇大论地说教的一段时间，那么孩子们很可能会用不良的餐桌行为来回敬你。如果你认为吃饭是全家人一起共度特别时光的一段时间，孩子们的行为可能也会反映这种想法。

3. 在不同的发育阶段，你的孩子的身体可能不符合理想的标准，所以，对孩子和你自己要有耐心。当其他所有努力都失败时，对于自己的孩子怎样才算正常，你要相信自己的感觉。

4. 要鼓励孩子经常锻炼。关掉电视，如果有必要，要将孩子赶下沙发。

5. 我们和一些成长于经济大萧条时期的人交谈过。他们说那时候从来没有挑食问题。当一个孩子不想吃东西时，父母们不会大惊小怪，因为经常没有足够的食物吃。当孩子们得不到做一个挑食者的任何"好处"时，他们要么有什么吃什么，要么就挨饿。

开阔思路

我们的一个学步期的儿子参加了一所大学的学前研究项目，研究人员把午餐吃的各种食物都摆在餐桌上，并允许孩子们想吃什么就吃什么。有时候，他会先吃蛋糕，而有时候会先吃西兰花。这个项目的主要理论是，当允许孩子们从各种营养食物中选择——而且没有人大惊小怪时——他们自然而然地会选择达到良好营养所需的均衡食物（一段时间内的均衡）。

一位母亲认为，自己的职责是要控制女儿吃的东西。如果女儿早餐不吃她准备的燕麦粥，妈妈就会把燕麦粥留给女儿当午餐。如果女儿中午还是不吃，妈妈会将燕麦粥留给她作晚餐。当然，女儿还是拒绝吃。女儿生病了。医生发现她得了佝偻病。对于女儿来说，赢得权力之争要比吃饭更重要。

当医生了解到整个事情之后，他说："请你把健康食物放在餐桌上，然后就别再管你的女儿。"当这位母亲这样做之后，女儿吃饭比原来好了。虽不完美，却在变好。

当我第一次坐下来与我的继子女和他们的爷爷奶奶一起吃饭时，大家对那个年龄最小的孩子的吃饭习惯不停地说三道四，真让我吃惊。他被哄着尝这个、尝那个，还被贴上了"挑食"的标签，他们告诉我，这个孩子不吃蔬菜和水果等等。得到了那么多的负面关注，并且每餐都陷入权力之争，他当然会挑食。

就寝时的烦恼

"我们的孩子每天晚上都会把我们逼得发疯。他们知道该睡觉了，但总是想再喝一杯水，再听一个故事，把灯开着，拉上窗帘，然后又拉开窗帘。他们不停地要去洗手间，能让我们整整忙活一个小时，然后，当我们最终拒绝再进他们的房间时，他们会像疯了似的尖叫。前几天的一天晚上，当我们8岁的儿子因为不能像10岁的哥哥那样晚睡而大哭大闹时，我们终于忍不住了。"

理解你的孩子、你自己和情形

全世界没有一个孩子不试图至少偶尔晚睡一次。想归属并参与正在进行的活动，是人类的一种需要。然而，严重的就寝问题，大多数时候都是由陷入权力之争的父母造成的。你越让孩子参与建立日常惯例，他们就越能体验到条理和秩序。让孩子们参与家庭事务是重要的，但不能让他们支配整个家庭。那些让孩子在晚上把自己弄得像训练马戏团里的动物一样的父母，显然是在让孩子发号施令。

建议

1. 在孩子日常睡觉前，要把你的时间留给孩子——这段时间不应超过20~30分钟（睡前惯例表，见第192~194页）——而不要试图同时做十件其他的事情。孩子们睡前寻求更多关注的一个原因，是他们没有很好地得到你的充分关注。

2. 一旦你在孩子睡觉前给他们至少20~30分钟全神贯注的关注，就要坚持这么做。孩子知道你什么时候说的就是想的，什么时候说到做到。他们知道什么时候还有争论的余地，什么时候没有。

3. 在你的孩子上床并且你已经完成了睡前惯例之后，不要陪孩子躺到她入睡。一旦到了正式的睡觉时间，你就该走出孩子的房间了。要拒绝跟孩子玩权力之争的游戏。如果孩子离开自己的房间，要轻轻地牵着她的手，和善而坚定地带她回自己的房间，什么也不要说。不要跟孩子解释或谈论接下来该怎么做。孩子已经知道了。行动胜过言语，而且不要留出争论的余地。在孩子明白你说到做到并将和善而坚定地执行之前，你或许需要反复这样做几次。

孩子们应该在他们自己的房间里，睡在自己的床上。如果他们半夜跑到你的床上，你要温和地、静静地送他们回到自己的床上，给他们一个吻，并且回到你的房间。在需要时，要多次反复这么做，直到孩子知道你的床不是用来让他们睡觉的，而是属于你的。

4. 如果你的孩子已经形成了操纵的习惯，在他们知道能相信你真的说到做到之前，你可能需要3～5个和善而坚定的夜晚（送孩子回他们自己的床，什么也不说）。与那些被操纵或过于坚定而缺乏和善的父母相比，和善而坚定型的父母会让孩子更有安全感。

5. 如果你已经陷入了权力之争或让孩子操纵了你，要和孩子坐在一起，承认你的错误。要告诉孩子，你让他们形成了一些对他们和你都不好的睡前习惯。这是开始教给孩子错误是学习的好机会的一个好时机，因此，你们这时可以一起学习如何解决问题了。

6. 有些父母为让孩子待在他们自己的房间里，会从外面锁上孩子的房门。这很危险，而且是对孩子的不尊重。要坚持带孩子回她自己的房间。如果你保持和善而坚定，这个过程可能不需要超过10～20次。要记住，"断奶"从来都不容易，无论对"喂奶"的人还是"吃奶"的人都是如此，但这对于双方的独立来说是必要的。

预防问题的发生

1. 让孩子们参与制定睡觉前的惯例表（每个孩子都可以有自己的惯例表）。要让他们帮你列一份在他们上床睡觉前需要做的所有事情的清单（洗澡、换睡衣、刷牙、收拾玩具、做作业、选好第二天要穿的衣服、上厕所、故事时间、拥抱和亲吻）。要使用有限制的选择，让他们帮忙搞清楚按时完成每件事情需要多少时间，以及需要从几点开始。（他们想要从7：00还是7：05开始？他们换上睡衣需要1分钟还是愿意要2分钟？）年龄小的孩子喜欢把他们做每件事情的照片贴到惯例表上相应项目的旁边。惯例表可以贴在孩子的房门上。

2. 到惯例表规定的时间时，要告诉孩子该睡觉了，而不是命令孩子（去刷牙，去换睡衣等等）。要问："你的睡前惯例表的第一项是什么？"他们喜欢告诉你，并且会感到自己被赋予了权力，而不是陷入权力之争。

3. 有些孩子发现在睡觉前玩"争分夺秒"的游戏很有帮助。可以根据约定的时间定好计时器，并让孩子在计时器响之前完成各项任务。[①]

4. 要让孩子知道，睡觉前10分钟是你给他们讲故事的时间。如果他们做完了该做的事情，就有时间讲故事；如果他们没做完，会有胳肢和亲吻的时间，但故事就只能等到第二天再讲了。

5. 对于那些因为哥哥或姐姐可以比自己晚睡，而认为不公平的孩子，要让他们知道生气没关系，但不可以晚睡。

6. 在孩子长大一点之后，要让他们参与讨论就寝时间，并给他们一个有限制的选择，比如："你可以决定是在7：15还是7：30上床睡觉。"

7. 当孩子再大一些之后，要让他们自己选择喜欢的就寝时间，只要大人能从晚上9点开始拥有"没有孩子的安静时间"。就寝时间是指回自己房间的时间，不一定是正式睡觉的时间。孩子们各不相同，而且有些孩子比别的孩子需要更多的睡眠。如果

---

① 你可能会用到肚子里定有计时器的可爱毛绒玩具，查询请登录www.positivediscipline.com。——作者注

他们不打扰别人，要让他们看到如何在看完书或安静地玩耍之后关灯，并让他们在准备好睡觉时自己入睡。如果他们很晚才睡，并且第二天早上很疲惫，要和他们一起讨论发生了什么事，是什么原因引起的，以及今后如何解决类似的问题。如果他们上学迟到了，要让他们体验老师运用的后果。

孩子们能够学到的生活技能

孩子们能够学会依靠自己，而不是操纵或依赖别人来帮助自己完成睡觉这一自然的生理功能。他们能够学会尊重父母对独处时间或与配偶待在一起的时间的需要。他们能够学到，父母会尊重地对待他们，但不会受到他们的操纵。孩子们还会学到，他们并不总能得到自己想要的，为此感到生气没有关系，而且他们能够挺过去。

养育要点

1. 教给孩子在困倦时学会倾听自己内心的声音，要好于坚持认为你知道他们何时应该睡觉。要坚持让孩子们在某个固定的时间回他们的房间（即便他们不睡觉），以便你能有一些自己的时间，这对你也是一种尊重。

2. 有些父母认为，通过对孩子的不合理要求让步，他们是在爱孩子。他们没有考虑过从长期来看这种做法会教给孩子什么。给孩子们一种自己的要求总能得到满足的印象，是对孩子的不尊重。他们需要知道自己能经受住失望，并且依然能快乐。由于你在睡觉前的惯例以及白天的其他时间给了孩子很多爱，所以他们不会因为要学习独自入睡而受到心灵创伤。恰恰相反，他们将学会增长能力的技巧和自立。

开阔思路

一位父母说:"我们3岁的女儿不断地从她的房间里走出来。我们带她回房间,头一晚上,她又踢又叫地闹了一个小时,直到筋疲力尽地在房间门口睡着了。第二天晚上,她哭了半个小时。接下来的三个晚上,这种情况持续了10分钟。从那以后,就寝时间对于我们所有人来说都变成了一段快乐的时光,包括拥抱、胳肢、讲故事以及合作。"

另一位父亲发现,当他晚上在给躺在床上的孩子披被子时,问了两个问题,就寝时间的烦恼就停止了:"今天发生的让你最难过的事情是什么?今天发生的让你最高兴的事情是什么?"在问完每一个问题之后,他都会认真倾听,然后会把自己这一天中最难过和最快乐的时刻告诉孩子。跟每个孩子的这种分享很少超过2~3分钟,虽然有时候会需要更多时间。他说:"我惊讶地发现,当我花时间去问并倾听时,孩子们竟然跟我说那么多。我们在这时感受到的亲近似乎能够帮助他们安静下来,并准备好睡觉。"

撅嘴、抱怨和其他消极行为

"我的孩子在不能随心所欲时就会撅嘴或抱怨。最气人的是,我为她忙碌了一整天,而她只会撅着嘴抱怨自己过得有多么糟糕,以及她怎样'从来都不能做自己想做的事'。当我生气地提醒她确实拥有的所有好东西时,她就变得更加闷闷不乐和喜怒无常,并且会撅着嘴哼唧,直到我威胁说如果她不马上停止,我就会拿走她特别喜欢的某样东西。"

理解你的孩子、你自己和情形

一个撅嘴、哼唧、悲观的孩子通常都有一个控制型或容易被操纵的父母。这种孩子学会了用不健康的方式使自己的需要得到满足，或拥有一些控制自己生活的力量。当我们的愿望得不到满足时，我们都会感到沮丧。当我们对一种情形似乎完全无法控制时，我们的感觉会更糟。然而，当我们不能随心所欲时，我们都需要学会获得控制的健康方法，并用健康的方式处理自己的感受。

娇纵的孩子常常会撅着嘴生气，因为他们在大多数时候都能随心所欲，并且在不能如愿时不知道该怎么办。那些被控制过多的孩子没有学会如何说出自己的愿望或感受，所以，他们可能相信能够得到自己想要的东西或感觉到自己力量的唯一方式就是撅嘴、哼唧或抱怨。责骂、威胁、羞辱或惩罚一个撅嘴的孩子，只能解决表面问题，而且对孩子是不尊重的。要学会用非惩罚性的方法，既让孩子体验他们的感受，又能够在不伤害其自尊的情况下解决问题。

建议

1. 不要斥责、威胁、惩罚孩子，或通过辱骂孩子或让孩子内疚的方式来羞辱你的孩子。

2. 审视一下你自己的行为。如果你要求孩子服从，而不给孩子发言权，要通过尝试下面方法中的一种，来让孩子学会尊重地合作的办法：

   a. "既然你已经知道问题所在了，你有能够解决这个问题的办法吗？"

　　b. "我注意到你经常抱怨。你是仅仅想让我倾听，还是想让我帮助你用头脑风暴想出解决问题的办法？"

　　c. "如果你在抱怨之后能说出解决这个问题的办法，我就愿意听你的抱怨。"

　　d. "你愿意把这个问题放到家庭会议的议程上，以便我们都能听听你的感受，然后大家一起作头脑风暴想出解决问题的办法吗？"

3. 如果你的孩子撅嘴，你要坚持你们的惯例，并相信孩子能自己解决问题。可以忽略孩子的撅嘴，并按计划行事。例如，走到汽车旁，对孩子说："我会在车里等你。我知道你很失望，但我相信你能自己解决问题。"当你以一种尊严和尊重的方式对待孩子、处理情形时，孩子往往用不了几分钟就能意识到撅嘴不管用。

4. 有时候，只听一听孩子的抱怨就会很有帮助。然后，要把孩子的感受说出来："我知道你很失望、很生气。当事情跟我希望的不一样时，我也会有这种感受。"然后，要行动，而不要再说什么。

5. 要和善而坚定地说："我知道你感到生气。我不怪你，但我们仍然需要＿＿＿＿＿。"然后，给孩子提供一个有限制的选择："你是想自己拿东西，还是希望我拿？""你需要3分钟，还是需要5分钟才能接受离开的想法？"

预防问题的发生

1. 要用那些让孩子们能健康地运用他们对自己的生活的权力

的方法，包括选择、家庭会议、共同解决问题，以及在孩子的帮助下提前计划。

2. 当你们计划出游时，在出发前要进行讨论。要谈谈你们动身的时间，并让孩子帮你想出一个让她出门更容易的计划。

3. 在家庭会议上，要讨论当事情不如愿时感到失望的问题。要让每个人用头脑风暴想出处理这个问题的办法，以及如何互相支持。

4. 家庭会议上需要讨论的另一个主题是感受问题（见"爱哭"，第52~55页）。要提醒每一个人，有时候在决定采取何种行动之前，我们需要一些时间去体验感受。

5. 不要娇惯孩子，或成为一个娇纵型父母（见"过度保护、溺爱和解救"，第145~149页）。那些被娇惯的孩子往往会形成"爱就意味着让别人按照我的想法行事"的信念，并且会学会逃避的技巧，而不是合作技能。

6. 不要过多地控制你的孩子。被过分控制的孩子常常要么成为讨好者，要么成为反叛者。如果你正在对孩子进行过多的控制，而不是和孩子事先计划并共同解决问题，撅嘴就有可能是孩子的一种比较温和的反叛。

7. 要让你的家人知道一个座右铭："我们对责备不感兴趣。我们感兴趣的是解决办法。"你自己要避免责备孩子，并帮助孩子专注于解决办法。

孩子们能够学到的生活技能

孩子们能够知道，事情并不总能像他们希望的那样，但他们能够处理这个问题。孩子们能够学到，他们的感受是可以接受的，但不可以用来操纵别人。他们还能够知道，父母会和善而坚定地支持他们适应各种情形。

养育要点

1. 在坚定地让孩子做他们需要做的事情时，帮助孩子形成并保持健康的自尊是非常重要的。

2. 你要注意自己的行为。当孩子失去控制时，你要使用自律的方法，而不是撅嘴或抱怨。要记住你的长期目标，深思熟虑地采取行动，而不是对挑衅被动地反应。要看到全局：无论何种情形，重要的是要帮助你的孩子形成并保持健康的自尊。

开阔思路

麦斯威尔夫人被自己7岁的女儿珍妮越来越经常撅嘴激怒了。她决定试试在家庭会议上讨论这个问题。当麦斯威尔夫人提出撅嘴的话题时，珍妮说："嗯，我不喜欢你老是发号施令。"

麦斯威尔夫人有那么一会儿想为自己辩解，但之后，她想了想，说："我认为你说得对。让我们把这个列到可能的解决方案里吧——我要停止发号施令。你能想出其他解决办法来吗？"

由于麦斯威尔夫人愿意承认自己老是发号施令，珍妮说："好吧，当你让我做事情的时候，我可以不再那么生你的气。"

麦斯威尔夫人说："哇，我们有进步啊！而且，我可以保证以尊重的方式让你做事。我们还可以想出能帮助我不那么颐指气使，而你又不那么生气的其他办法吗？"

她们讨论了事先计划、允许感到失望并且有几分钟时间适应变化，以及尊重地说出自己的感受。她们决定试试所有这些计划。她们还决定，当出现"不良行为"时，要用非语言信号让对方知道。当珍妮认为妈妈在指使人时，她将把双手叉在腰间并对妈妈眨眼。当妈妈认为珍妮过于生气并撅嘴时，她会把双手放在胸前心脏位置并对珍妮眨眼。

她们围绕这个问题找到了这么多有趣的方法，以致都迫不及待地等着对方发号施令或撅嘴。她们那时会给对方一个信号，并且都开始大笑。她们营造的这种良好感觉使双方合作和解决问题变得容易了。

看医生、牙医和理发

"当我带我的孩子去看医生、牙医或理发时，我都会羞愧得想找一个地方藏起来，希望没有人知道他是我的孩子。他大声尖叫，扭来扭去，只能硬拽才能让他进去。这种行为正常吗？"

理解你的孩子、你自己和情形

对未知的恐惧对一个孩子来说再自然不过了。而且，一旦一个孩子看医生或牙医时有过疼痛的经历，他不想再去就很有道理了。你知道孩子需要得到恰当的护理，然而你不希望看见他受苦。你无法让孩子不做必须要做的事，但你可以做一些事情，让这种经历对相关的每个人来说都不那么痛苦和艰难。

建议

1. 要尽可能把这种经历变成一种奇遇。要把它与去商店、面包店或公园结合起来，可以说："我们先去看牙医，然后去书店。"或者"给你理完发之后，我们可以去面包房买一块你最喜欢吃的面包，午餐做烤芝士三明治。"

2. 要向孩子解释打针确实会有点疼，但很快就不疼了，而且打针有助于他今后的健康。

3. 你可以告诉孩子，你理解他希望不用理发或洗牙，但这不是一个选择。要和善而坚定地做需要做的事情。

4. 要允许你的孩子哭，并安慰他的情绪。不喜欢打针或补牙没关系。结束后，你的孩子或许想说说他的感受，但他们更可能会忘得一干二净。不要由于为孩子感到难过而延长这种痛苦。

5. 带上你的相机，拍一些照片。要把照片保存在给孩子的一个专门相册里，以便你们能够经常谈谈当时的情形以及孩子对事情的感受。

6. 如果你有一个因患了慢性病而需要大量医学护理的孩子，要尽可能使看病成为一件就事论事的事情。可以将就诊日期标在家庭日历上，以便孩子能够提前作好思想准备。要学会坚持吃药，在必要时，要教给孩子在你在场时自己按时吃药。

7. 如果你觉得自己太脆弱，可以让爷爷奶奶带孩子去就诊。

预防问题的发生

1. 要选择专门与孩子打交道并理解孩子的特殊需要的医生、牙医和其他护理人员。他们有适合于孩子的特殊设备，以及能让孩子就诊更顺利的技术。

2. 要调整你的心态。一位糖尿病孩子的妈妈决定，她永远不会因为孩子的疾病就不再和孩子一起参加活动。

3. 最难以处理的一种情形是，孩子必须以药物来保证生命安全，比如糖尿病注射。要确保你不会将这种情形变成一种权力之争。要和孩子一起专注于问题的解决办法，以便孩子能够受到鼓励照顾自己。

4. 如果你难以放手，并且因为诸如糖尿病注射之类的必要的药物治疗造成了权力之争，就要寻求帮助。这可能意味着你需要为孩子找一位能够避免权力之争的指导者，或让孩子参加一个儿童互助小组，让孩子们相互分享对自己有效的解决办法。

5. 要告诉孩子，你作为父母有责任保证他的安全。

6. 在给孩子治疗蛀牙和牙菌斑的两次就诊之间，要保证孩子的口腔卫生。

7. 要有健康的生活和饮食习惯，减少看医生的次数。

8. 要提前利用角色扮演和假扮游戏进行练习，以便你的孩子知道会发生什么事以及该怎么做。要对孩子这样说："我们在牙医诊所需要这么做。"或"当莫利为你理发时，你可以坐着一动不动，让她甚至看不到你皱鼻子或转眼珠。"

孩子们能够学到的生活技能

有时候，忍受暂时的不舒服是必要的，是为了避免将来问题变得更严重。你的孩子能够知道自己有能力处理难熬的事情。

养育要点

1. 不要因为你自己不喜欢看医生、牙医或理发，就逃避做有利于孩子健康的事情。

2. 要记住，孩子会从你的态度中吸取能量。如果你感到恐惧，他们的恐惧很可能会增强；如果你平静地接受事实，孩子也会得到安慰。你的平静或许不能完全消除孩子的恐惧，但会有帮助。

开阔思路

妈妈第一次带 2 岁的布莱恩去理发。因为布莱恩很害怕,妈妈就让他坐在自己的腿上,理发师给他们俩披上了围布。布莱恩仍然扭来扭去,还不停地转头。理发师把容易理的地方修剪了,结果,布莱恩的头发理得不太完美。布莱恩喜欢理发师给他的那根棒棒糖。

第二次理发时,布莱恩非常安静地坐在妈妈的腿上。结果,头发理得很可爱,他又得到了一根棒棒糖。第三次,他告诉妈妈,他可以自己坐在理发椅上,并且想要两根棒棒糖——在理发之前。在理发时,布莱恩一手拿着一根棒棒糖轮流舔着,只是有时候头发茬进到嘴巴里让他有点沮丧。现在,布莱恩非常期待理发和棒棒糖——在理发后。

◎

在糖尿病健康营,孩子们要学习自己进行腹部注射。每个孩子都很害怕,但营地工作人员把它变成了一场游戏。他们将所有孩子召集在一起,包括有糖尿病的孩子,以及那些没有糖尿病但为了"好玩"而想参与的孩子。父母们也加入了进来。然后,工作人员问:"有多少人从来没有在自己的肚子上打过针?"所有人都举起了手。之后,他们问:"谁是这里最勇敢的人?"所有的孩子都再次举起了手。接着,护士要找一名志愿者。很多男孩子都举起了手,护士从中选了一个。

那天,马蒂 9 岁的孙子贾斯廷当了志愿者,她看着孙子,感到很自豪。一开始,贾斯廷看着护士在大家面前给自己腹部注射生理盐水,护士说:"这不疼,只是需要勇气。"贾斯廷在自己的腹部进行了注射,并且说:"她说得对,一点儿都不疼。"很快,在轻松的笑声中,所有的孩子、父母和工作人员都在自己的腹部进行了注射。

恐惧(父母们)

"我们生活在这么危险的一个世界里。我每天都担心我的孩子会遭到绑架、性骚扰或驾车枪击,甚至在校园里遭到枪击。我怎样才能保护孩子远离这么多的危险呢?"

理解你的孩子、你自己和情形

尽管这个世界确实已经变了,但最大的变化之一,是我们因为铺天盖地的媒体报道而听到的问题比以前更多了。危险始终都存在,有哪个父母不担心孩子的安全呢?没有哪个父母愿意看到孩子先于自己而去,或让孩子生活在随时都可能消失的可怕的不确定中。但是,因为你的恐惧而紧紧地抓住孩子,使他们窒息或畏缩,对孩子是不公平的。养育孩子并理解你能控制的和不能控制的事情之间的区别,是需要勇气的。

建议

1. 你的职责是赋予孩子力量,并教会他们照料好自己。每天都要培养孩子的技能和勇气。
2. 通过让孩子做那些他们觉得自己已经能够做好的事情,来增强你的勇气。要做孩子的教练和啦啦队长。要和孩子保持安全距离,在必要时提供帮助,但要给孩子尝试和犯错的空间,使他们能够不遭受太多痛苦就从错误中学习。如果你在介入之前先观察孩子，你就会对孩子们处理很多状况的能力感到惊讶。

3. 要教你的孩子理解，并非所有的人都是好人，有些人会做出伤害孩子的事情。要知道你的孩子在和谁一起玩，在谁的家里。可以想出一个家庭口令——如果有人在学校或其他地方来到孩子面前并对孩子说："你的爸爸妈妈让我来接你。"孩子们可以让这个人说出口令。如果对方说不出来，孩子们就应该跑开并寻求帮助。

4. 通过互联网查找你们的社区里是否有虐待儿童的人居住。要通过与孩子讨论社区里有猥亵儿童的人存在的事实，确保孩子清楚地知道如何保证自己的安全。要给孩子看那个人的照片，并让孩子知道避免与其有任何接触的重要性。让孩子们结伴出行是个好主意。

预防问题的发生

1. 和孩子的学校以及你们的邻居一起开发一些安全练习和社区活动。去认识邻居和孩子的老师。要积极参与。

2. 审视一下你正在读的书和观看的电视节目。有太多的书都暗示当今的父母要过度保护自己的孩子，如果你做不到，就会让你感到内疚。要尽可能多学习赋予孩子力量的方法，以避免你的恐惧与孩子的恐惧相互助长。

3. 参加一个养育学习班，听听其他父母的讲述，你会发现自己并不孤单，你的恐惧是正常的。这并不意味着你的行为应该以自己的恐惧为依据，但这确实有助于你的恐惧得到承认和认可。

4. 与那些比你年龄大的父母们谈谈，并请他们说说自己是如何长大的。在并不太久以前，孩子们在很小的年纪就帮助家里做事情，自己乘公交或步行去学校，并帮助家人在农场干活。我们并不是在暗示能回到过去，但这有助于你以一种历史感正确地看待自己的恐惧。

5. 要和孩子一起采取小的步骤来帮助你增强信心。当孩子感觉自己准备好了尝试一些事情时，你可以在离他们不远处观察，看他们是否真的准备好了。

6. 要当心你在孩子面前表达太多的担忧。他们可能会反其道而行之，成为冒失鬼和极端分子，只是为证明你错了。很多孩子不想听父母说担心的话，因为这会损害他们的自信。不过，你可以向朋友倾诉你的担忧。

孩子们能够学到的生活技能

孩子们会知道，父母相信他们能解决问题、坚强、自信、有能力。他们还会知道，父母的恐惧仅仅是恐惧而已，只是感受，而不是事实。

养育要点

1. 感到害怕没关系，但不要因为你精神高度紧张而将孩子也变成这样的人。

2. 仅仅因为你小时候曾做过一些疯狂的事情，并不意味着孩子会步你的后尘，或者即便孩子那样做了，也未必会有同样的后果和体验。

3. 要当心你因为给自己的生活赋予太多负能量而造成一种自我应验的预言。

恐惧（孩子们）

开阔思路

　　奶奶莱尼和2岁的扎奇喜欢乘坐旧金山的列车。如果奶奶在站台上离黄线太近，扎奇就会站到奶奶前面，使她后退几步以保证她的安全。这是扎奇的职责，他对此相当认真。

◎

　　斯坦的妈妈总是不断地说着自己的恐惧。"骑车要小心，别摔下来磕坏你的牙。""你太小，不能骑小马。""游泳时要小心，别淹着。""别再摸马桶盖，去洗手，这样才不会有细菌。"斯坦不断地听到各种各样的恐惧。长大成年后，斯坦有很多恐惧症。他害怕坐在电影院或任何礼堂里，除非他坐在最后一排靠近门口的位置。他惧怕乘飞机，在唯一一次坐飞机时，他甚至在起飞前不得不吸氧。此后，他再也没有乘坐过飞机，因此错过了很多特别的家庭活动。在取得博士学位时，他夜间开始盗汗，因为他害怕自己在接受学位证书的仪式上不得不坐在某一排座位的中间位置——最终，他决定通过邮件接受学位。

　　要记住，孩子们时刻都在作着决定。不要造成让孩子形成使他们的人生陷于瘫痪的信念和恐惧。

恐惧（孩子们）

　　"我的孩子经常做噩梦，并且抱怨他的房间里有怪物。和同龄孩子比起来，他显得很脆弱。他很害怕离开我身边。我觉得这不正常。"

理解你的孩子、你自己和情形

"受伤的膝盖能够痊愈,但受到挫伤的勇气会持续终生。"有时候,孩子之所以感到恐惧,是因为我们没有通过让他们看到如何将一件事情分成小的步骤,来帮助他们处理未知的事物。大多数孩子都有某些恐惧,但是,当别人取笑他们,叫他们"小婴儿",告诉孩子感到害怕或被吓哭是不好的,或者给孩子贴上"过度敏感"的标签时,孩子的恐惧会变得更加强烈。当父母为孩子感到难过,并且试图过度保护他们时,恐惧也会变得更强烈。如此一来,孩子们就难以建立起自己能够处理某些苦恼的自信。

恐惧通常来自于未知的事物(这就是很多人都害怕黑暗,而这种恐惧感通常都会消失的原因)。但是,孩子们的恐惧有时候是有真实原因的(比如,被人欺负或受到性虐待)。作为父母,你有责任知道何时应该保护孩子,何时应该在不过度保护的前提下帮助他们。

建议

1. 不要嘲笑、轻视、评判或忽视孩子的恐惧。同样,也不要夸大、过度保护或试图通过解释消除孩子的恐惧。
2. 当孩子告诉你他们害怕什么时,你要倾听。要认可孩子的感受,比如,对他们说:"你害怕狗,因为它们可能会咬你,你希望它们离你远远的。"有时候,只要认可孩子的感受,就足以减轻孩子的恐惧了。
3. 要帮助孩子找到对待令自己害怕的情形的办法。要帮助他们探讨一些可以尝试的方法,以便他们能够有所选择。你可以问:"现在,什么对你最有帮助呢——手电筒、泰迪熊还是一盏小夜灯?"告诉他们别害怕是不起作用的,寻找解决方法才有帮助。

4. 不要被孩子的恐惧感操纵。要给孩子安慰,但不要给他们特殊的照料,或者试图替他们解决恐惧感。让孩子认识到他们能够处理自己的恐惧是很重要的,尽管这让人不舒服。要帮助孩子寻找解决方法,以便他们知道自己有能力处理自己的恐惧。当孩子害怕时,允许他和你睡在一起,就是在以一种微妙的方式告诉孩子:"你自己处理不了。让我来替你解决。"

5. 要鼓励孩子将困难的情形分成一个个小步骤来解决。如果他们怕黑,可以在他们的房间里放上小夜灯。如果他们不敢独自睡在自己的房间,就将他们的手掌中"装满"你的吻,并告诉他们每当想你时,就张开手掌拿出一个吻。如果他们觉得衣橱或床底下有怪物,可以在睡前和他们一起检查,并在他们的手边放一个手电筒。

6. 认真倾听。你的孩子是在努力告诉你有人在伤害他,或者你做了什么事情吓到了孩子吗?要认真对待孩子的话。

7. 有时候,孩子们的恐惧是没有理性的,并且他们也无法解释。他们或许需要你的支持和反复安慰,直到恐惧消失。

预防问题的发生

1. 有很多关于处理恐惧的很好的童书,你可以和孩子一起读,以便他们看到并非只有自己恐惧。

2. 如果电视上或电影里出现吓人的情节,要事先和孩子讨论他是否真的想看。如果你和孩子都认为可以看,要讨论你可以怎样支持他(见"开阔思路")。

3. 不要让你的恐惧影响孩子。如果孩子们确定自己准备好了尝试什么事情，要和孩子们一起将其分成小步骤，以确保安全，然后就放手让孩子去做，而不是阻止孩子们做你自己害怕的事情。如果你太害怕，可以安排一个朋友或亲戚陪孩子一起做这项活动。

4. 说出你的恐惧没关系，但不要期望孩子和你有同样的恐惧。给孩子讲讲你自己克服过的一种恐惧，或许对孩子是一种安慰。这会让孩子相信恐惧是正常的。

5. 要问孩子，在他们决定反对做某些让他们害怕的事情之前，是否愿意尝试两三次。

6. 不要强迫孩子去做他们害怕的事情，比如游泳或骑马。有些父母坚持让孩子做他们害怕的事情，造成了孩子一生都难以摆脱的恐惧感和强烈的无能感。

7. 关掉电视，不要让孩子们经常看充满暴力和自然灾害的新闻。看太多的电视已经成了诱发很多孩子恐惧的原因，而且肯定会如此。

孩子们能够学到的生活技能

孩子们能够学到，感到恐惧没关系，但他们不必因为恐惧而什么事都不做。有人会认真地对待他们并帮助他们处理恐惧，使他们不会不知所措。他们知道，自己可以信任父母会保护他们远离那些自己处理不了的危险。

养育要点

1. 如果孩子害怕离开你身边，要多花时间陪他们，但要创造一些让孩子短暂地离开你一会儿的情形。许多幼儿园老师都不得不将紧抱父母双腿哭叫的孩子强行拉开。父母离开几分钟之后，孩子们就能安静下来，并且和其他小朋友高兴地玩在了一起。

2. 不要仅仅为了让孩子勇敢而强迫他们进入难以承受的情形。有些孩子通过跳入泳池学游泳，而另一些孩子则要花上一夏天的时间在一旁观看，才会把脸埋入水中。要尊重孩子们的这些差异，并且要对孩子有信心。

开阔思路

10岁的莉莎认定她想看《万圣节前夜III》，这是一部极其恐怖的电影。她的父母说，他们认为这部电影太恐怖了，但莉莎坚持要看。家里没人愿意和她一起看这部电影，所以莉莎决定自己一个人看。父母说他们会待在隔壁的房间，如果她害怕，可以进来寻求安慰。

莉莎的妈妈为她准备了一碗爆米花，爸爸帮她拿来了她的填充动物玩具和特别的被子。在莉莎的要求下，爸爸打开了所有的灯，在电影开始前离开了房间。

大约10分钟之后，莉莎走进起居室说："我想今晚我实在没心情看那部电影。我可以再找个时间看。"

有些孩子坚持做自己并不真正想做的事，是为了能够在与父母的权力之争中获胜。莉莎的父母支持女儿靠她自己了解自己能处理多大的恐惧。

离婚

"我想离婚，但很害怕这会伤害我的孩子。我应该为了孩子而维持自己的婚姻吗？"

理解你的孩子、你自己和情形

生活中有很多情形都有可能对孩子造成伤害，包括离婚。然而，有证据表明，不幸福的婚姻实际上会比离婚给孩子造成更多的困难和伤害。父母可以做很多事情来减轻离婚给孩子造成的痛苦。

建议

1. 要鼓励孩子们表达自己的感受，并表现出理解。要说你理解这种变化对你们所有人而言都是痛苦的，并表达出你对你们随着时间的推移最终能处理好这个问题的信心。

2. 不要因为孩子而争吵。夫妻二人要尽量给孩子同样多的陪伴时间。孩子们希望能爱并尊重父母双方。对于孩子来说，爱四个父母（如果你们都再婚的话）要比不得不在自己的亲生父母之间作出选择更容易。

3. 不要在孩子面前说那些让你的前配偶丢脸的事。你自己可能会体验到离婚的巨大伤害。这可能会引诱你通过孩子寻求报复。要意识到这会给你的孩子造成多大的伤害，并抑制住这种冲动。

4. 要鼓励你的孩子爱并尊重父母双方。要让孩子知道，他们爱另一位父母，并不是对你的不忠诚。

5. 父母中没有抚养权的一方始终可靠地与孩子经常保持联系，对孩子们是很有好处的。

6. 不要试图成为那个"好"父母。通常，父母中没有抚养权的一方会通过每次跟孩子在一起时为其提供特别待遇和出游的机会，来争取孩子对自己的忠诚。这会给需要正常的生活秩序和日常惯例的孩子们造成困难。最终，这也会给"好"父母带来困难，因为孩子们将学会总是期待特别的待遇。

7. 在可能的情况下，要邀请孩子的所有父母出席一些特别的场合。那些能够在观众席中看到所有父母都在为自己喝彩的孩子们，要比那些努力想办法把自己分给两边父母的孩子所遭受的痛苦少得多。

预防问题的发生

1. 孩子们往往会错误地认为是自己做的什么事情导致了父母离婚。要安慰孩子，离婚不是他们的错。

2. 要保持孩子定期参与的日常活动。在这种时候，参加养育学习班和互助小组会对你有帮助。

3. 要让孩子参与分享感受、一起寻找问题的解决办法的家庭会议。

4. 寻求外界的帮助。由于离婚中的你也遭受着痛苦和情感创伤，你可能很难在没有支持的情况下足够客观地实行这些指导原则。

5. 只要有一点可能，就要在你把新伴侣介绍给孩子并让其参与孩子的生活之前，留出一定的时间。

6. 要给孩子们时间培养与你的新伴侣之间的关系。他们可能不会像你希望的那么快就融洽起来，这是正常的。不要试图强迫孩子喜欢你的新伴侣。

7. 要花时间与孩子们单独相处，不包括你的新伴侣。

8. 不要期望孩子满足你的所有需要，尤其是那些应该由另一个成年人承担的责任。你的孩子不是你的心理治疗师，无论他们年龄多大，有些事情都不应当与他们讨论。

9. 要把你们正在离婚的事情告诉学校的老师、你的朋友以及其他能够给孩子支持的人，以便他们能寻找机会安抚、宽慰并倾听那些父母正在离婚的孩子。

孩子们能够学到的生活技能

孩子们会知道，他们能够勇敢而乐观地处理生活带给他们的任何困难。他们能够从自己的经历中看到学习和成长的机会，而不是把出现问题当成是失败。

养育要点

1. 对离婚家庭的孩子们所作的研究表明，如果父母能有效地处理离婚这件事，那么，离婚一年之后，他们的孩子在社会交往、学业和情感方面都会比父母离婚前做得更好。

2. 你的心态会极大地影响到孩子的心态。如果你感到内疚，孩子们也会感到发生了一场悲剧，其行为也会与此相应。如果你接受自己已经在这种情况下尽了最大的努力，并且正走向成功而不是失败的事实，孩子们就会感受到这一点，其行为也会与此相应。

3. 不要期望孩子能立刻适应你们的离婚。对离婚的适应是一个过程。

开阔思路

在《为了孩子》① 一书中，作者克里斯·克莱恩和斯蒂

---

① 克里斯·克莱恩，斯蒂芬·皮尤（Stephen Pew）博士著，Prima Publishing，1992 年出版。——作者注

芬·皮尤博士指出，离婚常常会造成当事双方的愤怒和怨恨，而且不会在签署离婚协议时就烟消云散。通常，这种痛苦挥之不去，有时会持续很多年。不幸的是，这会给依然爱着父母双方的孩子造成极大的伤害。

在很多案例中，有监护权的一方会把孩子当成他或她发泄对前配偶的愤怒的传声筒。在另一些案例中，提到离开的那位父母变成了一种禁忌，因而使得孩子对那位父母的爱几乎成了不正当的。

在这本充满智慧而实用的书中，作者提出了许多能够打破造成进一步痛苦的行为模式的有效方法。他们询问了孩子们对离婚的父母是否有什么建议，以减少经历父母离婚的其他孩子们的痛苦。下面是孩子们给作者的一些建议：

"尽量不要在孩子面前说另一位父母的坏话。你们两个人的问题要在两个人之间说。"

"即便你们打算分手，也要努力好好相处，我是说，要像与其他人那样相处——就像你需要和同事还有其他人相处一样。你知道，这是为了孩子，这样孩子就能和父母双方相处。只要努力好好相处就行。"

"当你的妈妈说，如果你爱她，就不能爱爸爸，或者你爱她必须多于爱爸爸，就是不公平的。"

"要允许孩子们喜欢父母中的另一方。要让孩子感觉喜欢父母中的另一方没关系。而且，如果你不喜欢他们，又能怎样呢？笑着忍受吧。"

如果说，在和孩子们的谈话中有一个强烈的主题不断出现的话，那就是孩子们渴望能被允许同样地爱父母双方，而不用选择站在哪一方。

练钢琴、舞蹈、运动和其他活动

"我的孩子要求上的钢琴课，但现在她不肯练习，除非我威胁要取消她的一些特权。我真希望我妈妈当年逼我练钢琴，这样我现在就可以弹了。我不想让我的孩子长大后这样说我。我讨厌和她争斗，但我认为练钢琴对她很重要。"

理解你的孩子、你自己和情形

对孩子们来说，认为自己想要做什么事，然后又改变主意，是很正常的——要么是因为事情比他们原来认为的要难，要么是因为他们并不像自己原来以为的那样喜欢做这件事。父母们常常希望自己的孩子能够完成他们自己没有完成的事情。有些父母认为做事有始无终是一种性格缺陷；还有一些父母可能会因为花了很多钱帮助孩子培养某种兴趣，当孩子改变主意时，他们会认为这笔钱打了水漂，而非常生气。在这种事情上，重要的是要审视一下谁有问题需要解决。

建议

1. 如果你自己的童年留下了遗憾，那就自己去上音乐课并练习，直到你能弹得像自己希望的那么好。然后，你就能不再责备自己的母亲了。

2. 和你的孩子一起上课，并和她一起练习。

3. 要愿意在孩子练习时花时间坐在旁边，并给予她关注，或者至少和孩子待在同一个房间里。

4. 进入孩子的内心世界，并探究对孩子来说什么是真正重要的。要用启发式问题帮助孩子探究什么对她来说是重要的，比如："你对弹钢琴有什么感受？怎样才能完成你想要做的事？你在练习过程中有什么问题？你对解决其中的一些问题有什么想法吗？你认为需要多长时间才能克服比较难的部分，变得更有乐趣？如果你现在不花时间练习，你认为自己长大成人后会有什么感受？你需要我为你提供什么帮助吗？"

5. 跟孩子说说你自己童年时对练习钢琴的感受。要诚实地说出你的目的——尽量鼓励孩子避免你认为自己犯过的错误。要确保这听起来不像是抱怨或讲大道理——而是由衷的分享。要尊重事实——你的孩子可能不会被你打动。

6. 通过给孩子讲一些关于学习新东西需要花费时间的故事，帮助你的孩子形成切合实际的期望。要和你的孩子达成一个约定，在他或她努力尝试过一个月、四次等等之前，不能放弃一项活动。当孩子改变主意时，你要支持并无条件地爱孩子。

预防问题的发生

1. 约见一名专业的音乐家、舞蹈演员或运动员，让孩子与其谈谈他或她的练习经历。

2. 带你的孩子去听音乐会（包括摇滚音乐会）或参加其他与孩子的兴趣相关的活动，然后让孩子根据自己得到的启示决定怎么做。

3. 和孩子一起制定一份练习的时间表。要达成一个让你和孩子双方感觉都好的约定。然后，当孩子不遵守约定时，不要生气，因为这是正常的。你只需用坚持到底的方法（见第7～9页"坚持到底"）。

4. 和孩子达成一致，让他们承诺，长大后不会因为你没有强迫他们练习而责备你。

5. 要愿意让孩子尝试多种不同的活动，以帮助他们找到自己感兴趣的领域。

6. 不要在孩子们之间互相比较，或与任何一个孩子比较。要给孩子遵从他们内心的空间。

孩子们能够学到的生活技能

孩子们能够知道，父母关心对他们重要的事情。父母会帮助他们搞清楚自己想要什么，以及需要如何做才能达成心愿。孩子们能够想出办法克服自己要做的事情中有难度的部分。他们可以改变主意，并且依然体验到父母无条件的爱。

养育要点

1. 练习时间可以成为你和孩子共度特别时光的一个机会。感受到你的爱，以及对花时间和他们在一起的兴趣，可能会激励他们期待这段时间。

2. 很多孩子都不知道如何遵从自己的内心，因为他们太忙于达到别人的期望——或反抗这些期望。要给你的孩子提供大量的机会来探究他们真正想要什么以及如何实现。

开阔思路

在一次养育学习班上，一群父母在谈论孩子练习乐器或运动的事，以及需要多长时间才能让一个孩子坚持一项新爱好或运动。其中一位母亲和她的孩子在练习长笛的事情上陷入了权力之

练钢琴、舞蹈、运动和其他活动

争。她坚持让孩子学长笛并每天都练习，因为她认为孩子的年龄还小，不知道什么对自己是最好的。她问其他父母对此有什么看法。

一位母亲说："有时候，作为父母，我们能看到音乐课的价值，而我们的孩子看不到。与孩子们定个协议，往往能够激励他们开始学习。由于某些运动能力和手眼协调能力在童年时学习更有效，所以我们希望他们上音乐课或舞蹈课。我们和孩子一起制定了一套办法，他们同意去上课，直到达到一定的技能水平（比如，能弹奏一首某种难度水平的曲子），这似乎是一个让我们都满意的办法。"

另一位母亲说："对我们的孩子，有时候达成的协议是，试听一门课或一个指导老师3~10次。如果到那时，我们的孩子仍然不感兴趣，她就可以不上这门课。我们听说一些很有天赋的孩子由于被迫去实现别人的梦想而导致厌恶音乐或跳舞，而且，我们不希望自己的孩子最终因为被迫练习或表演而感到愤怒和怨恨。"

一位父亲说："我的家人让我带儿子去上游泳课。我们真的想让他学游泳，因为我们最近买了一艘渔船，希望他在船上时能安全。我儿子对学游泳很热心，直到教练告诉他必须把脸埋在水里吹泡泡。他看了我一眼，开始尖叫、大哭，说他想从泳池里出来。我站在旁边痛苦地看着，并琢磨着怎么做最好。那个教练是个高中生，他看着我说：'你为什么不出去吃点儿点心或喝杯咖啡，15分钟以后再回来呢？我知道你儿子能解决这个问题，他会没事的。'我想，再过15分钟也不会要我和儿子的命。在去往小吃店的路上，我听见儿子一直在尖叫，但当我回来的时候，他像一条欢快的小鱼一样正把脸埋在水里吹泡泡。接下来的几次课，他有时会跟我吵，但我记得那些泡泡，并告诉他我知道他会没事，而且我们只需坚持到把这个阶段学完。在这个阶段结束的时候，他笑嘻嘻地来到我身边说：'我们可以报名上后面的课吗？'"

临时看护

"我的孩子5岁了,我从来没有请过临时保姆。朋友们都极力劝我给孩子找个临时保姆。他们说,我不提供机会让孩子习惯与父母以外的人相处其实是在害孩子。可我认为,如果自己能够陪伴孩子度过他的童年早期,他会更有安全感。"

理解你的孩子、你自己和情形

我们认为,偶尔离开孩子一会儿,对你是有好处的;而且,偶尔离开父母一会儿,对孩子也是有好处的。年龄小的孩子在与父母分开时,感到一些焦虑是很自然的,但如果孩子有机会经历这种短时间的分离(见"分离焦虑",第127~130页),他们的这种焦虑就会消失。当孩子知道自己能够应对这种分离时,他们就会培养出勇气和自立能力。如果有一个对孩子寸步不离的过度保护型的父母,孩子就很难培养出勇气和自立能力。此外,养育一个孩子,尤其是婴儿,有时是一件极其耗费精力的事情。"补充能量"的一种方式就是离开孩子一会儿,并花时间用来夫妻二人独处。

建议

1. 从孩子出生起,就要一步一步地做。第一步是让孩子在自己的房间里和你的配偶或亲戚待在一起,而你则离开家一两个小时。

2. 到孩子 1 个月大时，你要每周带孩子到一个朋友或亲戚家里拜访两个小时。你的孩子不会有问题。要带上孩子最喜爱的毯子和毛绒玩具，走出家门，让自己放松一下。

3. 找到愿意交换照看孩子的邻居或朋友。

4. 有些 3 个月大孩子的父母，会通过将孩子送到婴儿日间照料中心来解决临时看护问题。一开始，每周送两个下午，每次一两个小时，你可能感觉放心一些，之后，再根据孩子年龄的增长以及你是否放心逐渐延长时间。要选择一个孩子与负责看护的大人比例较低的看护机构（如何找一个"好的"日间看护中心，见"幼儿园和日间照料中心"，第 392～397 页）。而且，要找一个既有学步期的孩子，又有婴儿的看护中心。因为婴儿喜欢观察比自己大的孩子，而学步期的孩子也喜欢跟婴儿玩儿。

5. 我们的经验是，十三四岁的孩子往往是临时看护婴儿的最佳人选。他们已经到了足以承担起责任的年龄，但通常对小孩子比对自己的同龄异性更感兴趣。当然也有例外。对十几岁的临时看护，一定要制定明确的规则：不许和朋友通电话，除非在孩子睡觉的时候；要花时间和孩子一起玩耍、读书；要把弄乱的东西收拾好。而且，要清楚地告诉他们怎样联系上你以及你回家的时间。

6. 要专门准备一袋游戏用具和玩具，只在临时看护到来之后才拿出来让孩子玩儿。要问临时看护有没有不一样的游戏用具、玩具或书籍让孩子换换口味。

7. 如果孩子在你离开时黏你并哭闹，可以参见本书第 392～397 页"幼儿园和日间照料中心"部分的建议。

预防问题的发生

1. 问问你的朋友、邻居、教友和幼儿园的工作人员用过哪个临时看护。当你在家的时候，试用他们一下。当你洗澡、做家务或看书的时候，他们可以和你的孩子玩儿。

2. 很多年轻的家庭会在小区、教堂或托儿所聚在一起，并形成临时看护孩子的互助小组，可以轮流相互照看孩子。

3. 对于4岁及4岁以上的孩子，要让他们参与决定将和临时看护一起做什么：想玩什么游戏，读什么书，或许可以办一个爆米花派对或烤冷冻饼干。要计划好你和临时看护一致同意的睡觉时间，并让他们说说或角色扮演在孩子该上床睡觉时应该怎么做。

4. 在孩子的成长过程中，你要坚持至少每一两周离开一个晚上。这对你和孩子都有好处。

孩子们能够学到的生活技能

孩子们能够知道，父母喜欢离开他们一段时间，这并不意味着父母不爱他们。他们还能知道，在偶尔与父母分离时，自己也能很开心。他们会知道，操纵对于阻止父母拥有自己单独的生活是无用的。

养育要点

1. 如果你的孩子抱怨临时看护，或出现害怕去日间照料中心的行为，你就需要作一些了解，或者换个临时看护，并看看孩子的反应。有些人和地方可能不适合你的孩子，换一下没关系。

2. 如果你是个在职父母并需要孩子的临时看护时间更长，要确保找一个能给孩子喂饭、有活动可做并有规律的小睡和如厕惯例的地方，并且不能把孩子放到电视前面没人管。在开车接孩子回家的路上，要问问孩子当天的情况，并饶有兴趣地倾听。回到家后，要和孩子一起休息一会儿，不要立刻开始做家务。

3. 选择临时看护的经验法则是你对那个人的感觉，以及孩子对那个人的感觉，而不是那个人的性别。如果他们尊重自己并尊重孩子，无论女的还是男的都会是一个好看护者。如果你不确定该雇用谁，可以咨询当地的机构帮忙寻找。

4. 临时看护的主要职责是照看孩子，而不是打扫你的屋子或清洗碗碟。如果你的孩子很快乐，就不要因为家里有些脏乱而抱怨。

开阔思路

一位年轻的在职妈妈把3个月大的孩子送到了婴儿日间照料中心。提供日间照料的人抱怨说，这个小女孩太让人劳心费力，在婴儿椅中都不能安静地坐上三个小时。这位母亲意识到自己为孩子选错了地方，并迅速换了另一家，那里的人会花时间抱着孩子，并让女儿在放了许多婴儿玩具的地垫上滚来滚去地玩耍。

卡尔和康妮迫不及待地想让他们的妈妈去上班。他们会恳求妈妈给临时看护打电话，因为那个临时看护太有趣了。她有一袋服装，并且会穿上这些服装和孩子们一起演戏、玩游戏。一位有趣、有创意的临时看护是无可替代的。

零花钱

"我应该因为孩子做家务而给他们零花钱吗？"

理解你的孩子、你自己和情形

零花钱能让孩子们有机会学习到很多有关金钱的宝贵知识。孩子们对挣钱、存钱和管理自己的钱了解得越多，他们将来就越不可能通过发脾气、乞讨、盗窃、贩毒，或者向你借钱却从不守信归还等方式去解决自己的金钱问题。给孩子零花钱的数额，应根据你的预算来确定。如果你把零花钱用来作为惩罚或奖励，给孩子带来的将是负面影响，因为这会造成权力之争、报复和操纵。当你让孩子有定期的、固定的零花钱，以便他们学习生活技能时，影响才是正面的。承担家务是另外一件事，不应该与零花钱联系起来（见"家务活"，第168~176页）。

建议

1. 当孩子花光零花钱时，不要解救他们。当他们在乱花钱之后，试图哄骗你给他们更多钱时，要学会以自尊和尊重的方式说"不"。要说："我知道当你用完了自己的钱之后让你等会很烦、很难，但发零花钱的日子是星期六。"

2. 要与孩子共情，但不要试图解决他的问题。你可以说："你的钱不够玩游戏了，我相信你一定觉得很失望。"

3. 可以充当孩子的预算顾问，但除非孩子问你，你不要提供建议。

4. 帮助你的孩子探讨发生了什么事、是什么原因引起的、他们从中学到了什么，以及今后如何运用所学到的东西。只有当孩子们愿意探讨自己的选择造成的后果，并且你确实很想知道孩子的想法时，这种办法才会有效。如果你试图以探讨的名义对孩子进行说教，这种方法就不会有效。

5. 当孩子用完了自己的钱，并且和你商量好怎么还钱之后，你可以借钱给他们（这与解救不同）。要教孩子如何制订还款计划，并协商好你将从他们的零花钱中扣除的数额。这个数额不能太大，要让孩子在这一周中有钱用。另一个可以采用的办法，是列出一份特别工作清单，能让孩子通过完成这些额外的工作来挣钱，或偿还他们的借款。在借款还清之前，不要再借钱给孩子。

6. 不要将威胁取消或限制孩子的零花钱，作为防止或惩罚孩子不良行为的一种手段。

预防问题的发生

1. 在家庭会议上，要经常与孩子讨论有关金钱的问题，你要说说自己在这方面犯过的错误以及从中学到了什么（不要说教或讲大道理）。要让家里的其他人也这么做。要造成一种有趣的感觉，让大家能在笑声中有所收获。

2. 对于2~4岁的孩子，可以给他们一个存钱罐，让他们把1分、2分、5分、1角、5角、1元等硬币存进去。孩子长大了一岁，就要多给他们一些硬币。孩子们喜欢把钱放进存钱罐里，并且在不知不觉中就开始有了存钱的习惯。

3. 对于4~6岁的孩子，你要带着他们和存钱罐到银行开一个储蓄账户。每1~3个月，就带孩子去银行存一次钱。看着银行存折上余额的增长，会是一件让人很开心的事。（如果父母还没有存钱习惯的话，这么做也许会促使他们自己也养成存钱的习惯。）

4. 帮助孩子列一份他们想存钱购买物品的愿望清单。他们可以用一个单独的存钱罐为愿望清单存钱。当你们购物时，如果孩子问："我可以买这个吗？"你可以说："你愿意把它添加到你的愿望清单里，并为它攒钱吗？"（孩子们对一件物品的渴望，很少能达到自己攒钱购买的程度,但他们很想让你马上花钱给他们买。)你甚至可以主动提出你出一半的钱,如果他们能攒够另一半的话。当你对自己的提议保持和善而坚定时,你会很惊讶地发现购物过程中那么多的争吵都消失了。

5. 对于6~14岁的孩子,要安排一个时间,和孩子一起确定他需要多少零花钱,以及应该有多少,每周在诸如午餐、娱乐等事情上需要多少。你或许还要鼓励孩子为捐给社区组织和需要帮助的人们存一些钱。

6. 要制定一些基本原则,比如:"零花钱只能在家庭会议时间每周给一次。如果你在此之前花光了,你有一个机会感受那是什么感觉以及应该怎么办,比如忍耐一下或找一件能额外挣钱的事情做。"

7. 确定一个固定的时间(一年一次或六个月一次),在一个孩子经过认真考虑后确实需要的基础上,增加孩子的零花钱。有的家庭在每个孩子生日时提高孩子的零花钱数额。

8. 对于14~18岁的孩子,要增加一项买衣服的零花钱,以便这些十几岁的孩子能够学会如何作计划。那些从小就学着管理零花钱的孩子,很快就能管理买衣服的零花钱。一开始,不要把这笔钱给孩子,而要告诉他可以用来买衣服的总金额;然后将他们每次买衣服的开支从这笔钱中扣除。他们很快会发现,如果在某几件衣服上花销太大,就没有足够的钱买其他衣服了。买衣服的零花钱可以每个月、每季度或每半年给一次。

孩子们能够学到的生活技能

当你开始给自己的孩子零花钱时,他们就有了机会学习如何挣钱、合理花钱而不是欠债、按时支付账单、为买重要的东西存钱、还借款,并能感觉到掌管自己财务的权力感。通过对金钱作出正确或错误的决定，并在没有惩罚或羞辱的情况下从自己的选择所造成的后果中学习，孩子便能够发展自己的判断能力。他们还学会了作预算，这是他们终生都会用到的一项能力。

养育要点

1. 用金钱作为惩罚或奖励，是一种短期的解决办法。把给孩子零花钱作为教给孩子正确运用金钱的一个机会，是能让孩子学会生活技能的具有长期效果的养育。

2. 如果你没有管理金钱的技能，就需要找相关资料来学习，以便你能教给孩子。

开阔思路

一位父亲说："当我女儿跑过来对我说'爸爸，我需要买几条名牌牛仔裤'时，我学会了说：'听着，孩子，我的责任是让你有衣服穿，而不是让你打扮，我在很多商场花25～30美元就能做到这一点。你需要的是端庄，而你想要的是时尚。这两者之间的差距需要你作出一些弥补，因为我在财务方面有很多其他压力和问题需要处理。'"

在美国，曾有一段时间，很多孩子因为父母贫穷而穿牛仔裤；如今，很多父母因为孩子穿牛仔裤而贫穷。

一位6岁女孩的父亲，发现自己钱包和抽屉里的钱不见了。他的女儿拿着一个装着钱的盒子，说是她发现的。父亲非常生气，想知道女儿为什么要偷偷拿他的钱。

通过进一步讨论发现，这对夫妻曾经告诉过女儿，当她挣到

30美元时，就给她再添一些钱买辆新自行车。她每周的零花钱是50美分，没用多长时间，她就明白了，要买自行车，自己就要永远等下去。于是，女儿运用自己的聪明才智，想出了一个更快得到自行车的办法。

父母当然不想让自己6岁的女儿开始偷东西，便决定将她的零花钱提高到每周2美元。他们告诉她，如果她每周将一半零花钱存起来用于买自行车，他们就给她配上同样数额的钱。然后，他们一起坐下来数日历，让女儿看到攒够30美元需要多长时间。他们说，如果她不想等那么长时间，可以通过做一些贴在厨房墙上的清单中的事情来挣钱。不到一个月，他们那勤快的孩子就攒够了30美元，而且再也没有发生过偷钱的事。

旅行

"我们想带孩子一起去度假，但他们太难对付了。有什么办法能让和孩子一起度假更快乐、更容易对付吗？"

理解你的孩子、你自己和情形

假期是为家庭留下回忆的时刻。它既可能是一场噩梦，也可能会充满乐趣，取决于父母的态度以及事先作了多少计划。做什么和去哪里，能成就一个假期，也可以毁掉一个假期。如果你期待自己的孩子会喜欢一次以成年人的兴趣为主的旅行，就再想想吧！孩子们不会仅仅因为在度假就不是孩子了。要想有一个成功的假期，就必须考虑孩子的需要。成年人往往期待自己的孩子在度假时的言谈举止能像大人一样，当孩子的行为像个孩子时，他们就会失望。很多大人的脑子里有一幅假期应该什么样的画面，当发现其他家庭成员有一幅很不一样的画面时，他们会感到既惊讶又失望。重要的是，事先要将每个人的画面契合在一起，以提高度假经历的质量。

建议

1. 当你带孩子去度假时，有时候需要比你们待在家里做更多的准备工作。你让孩子们越多参与度假的计划和杂事，假期就越会成为大家的假期。要利用家庭会议来讨论度假计划，包括收拾旅行箱、装车、杂事以及每个家庭成员想在旅途中做的具体事情。

2. 要让孩子协助收拾自己的旅行箱，或者如果他们能行的话，让他们自己收拾。你可能希望和他们一起列一份清单，或者给他们提供一些应该带什么样衣服的信息，以适合计划的活动和天气状况。

3. 如果你们轮流坐前排座位并换着和不同的人坐在一起，开车旅行可能会更有乐趣。要留出足够的时间，以便经常停车，让孩子们在休息区跑一跑、玩一会儿；或者在孩子们吵架或吵闹太厉害而使你无法安全驾驶时，能有时间把车停在路边，等到他们安静下来。

4. 不要一直赶路以至于每个人都过度疲劳。要早一点停下来，让每个人都有一些自己的空间和时间放松一下。

5. 准备一个惊喜袋。在里面装一些不很昂贵的物品，比如填色书和蜡笔、卡片游戏、一包口香糖、贴纸和拼图等等。可以告诉孩子们，他们每隔一个小时就能打开袋子得到一个新惊喜。

6. 每次行程结束时，要花时间问问每个家庭成员，对他们来说最特别的是什么。让全家人一起动手将照片放到旅行相册里。

预防问题的发生

1. 要通过每个星期带孩子作路程较远的出行，让他们适应开车旅行。这种出行时间可以短到一小时，长到一天。尽管孩子小时候在车里可能会哭，但他们会令人惊讶地很快适应坐在婴儿座椅里。任何时候开始这么做都不嫌早——事实上，在有些家庭，开车带孩子出去兜风似乎是唯一能让孩子午睡的方式。

2. 让孩子帮忙挑一些玩具，专门装到一个行李包里，以便孩子们在飞机上或者车里玩。如果合适的话，还可以在这个包里带些零食。你或许希望把给孩子带的相机或日记本也放到里面。

3. 不要只是口头上说要去度假。不兑现的承诺会让孩子沮丧。度假可以是花一天时间去附近一个有趣景点、去相邻的另一个城市住一夜、全家人一起露营旅行，或其他任何方式——并不一定必须是两个星期的长时间外出。有时候，仅仅是在当地一间带游泳池的汽车旅馆住一夜，孩子们就会觉得是一种真正的款待。

4. 如果你带着婴儿坐飞机，要预订一个靠近过道的座位，并将你需要的额外帮助告知航空公司。行李要尽量托运，因为只是带着孩子和玩具或尿布袋，就已经让你很难应付了。

5. 如果可能，要带一个旅行用的视频播放器，让孩子们在你开车时看视频。

6. 了解一下哪些家庭游轮、家庭营地或者家庭度假胜地有为孩子们准备的特别活动，或者能安排临时保姆，以便你能休息一下。

7. 要为那些非常讨厌和你们一起旅行的十几岁孩子作好其他安排，如果你坚持让他们和你一起旅行，只会把整个出行变成一场噩梦。

孩子们能够学到的生活技能

孩子们能够知道和家人一起旅行是一件多么特别的事情。他们能看到其他地方的风景，或者能与喜欢并赞赏他们的亲戚见面，这有助于他们认识到自己多么特别。

养育要点

1. 有时，度假不带孩子也没关系。
2. 如果你不喜欢露营，可以送孩子们去露营，或者让他们跟着邻居一起去露营，而你待在家里。
3. 并不是花很多钱才能度过一个愉快的假期，但重要的是，要通过做一些与在家里时不同的事情，让旅行变得特别起来。

开阔思路

在我们只有两个 2 岁和 4 岁孩子的时候，我们开着一辆厢式车带着他们在国内环游了七个月。当我们学会了每开一段路就停下来让孩子玩耍或探索时，旅行就变成了很特别的时光。这还帮助我们形成了孩子们可以期待的惯例。对我们来说，这个惯例包括：在下午 4 点前找到一个露营地；在去餐馆前做一些身体活动；每天有一段安静时间待在车里，既不回答问题，也不做游戏；轮流和两个孩子坐在一起待一会儿；如果遇到另外一家人也带着孩子在旁边露营，我们就会多待一天。孩子们看从当地图书馆借的书；玩几个小时的绳子和棍子；在野餐桌旁建堡垒。我们的预算很有限，所以我们找到了很多不需要花钱的乐子：海滩、操场、徒步、围着篝火做游戏、一起做饭、填色、钓鱼等等。一旦孩子们的需要得到考虑，与他们一起旅行便会成为一段非常快乐的经历。

现在，我每周四都和我的小孙子一起度过，我们把这一天变成了小假期。他从小就开始坐车长途出行，所以很习惯待在车里。我们一起唱歌、做游戏、找大卡车、发出有趣的声音，甚至享受寂静。他学会了喜欢去新地方，也渴望回到我们去过的一些老地方。我们一起创造了很多回忆。我称他为"星期四先生"，他理解并且喜欢这个名字，尽管他只有2岁。

恼人的两岁（另见"不！"）

"我的孩子就像个天使，但她马上就要两岁了。我听说过这个年龄孩子很多可怕的事情，所以对将要遇到的事情很担心。有什么建议吗？"

理解你的孩子、你自己和情形

只有在父母想控制或保护孩子，而不是给予孩子权力时，才会有"恼人的两岁"。如果你欢迎孩子的个性化，没有任何一个年龄能比得上两岁这个阶段。事实上，我们应该给它换个名字——"了不起的两岁"。随着你的孩子更多地坚持独立，你会发现，你越理解正面管教的基本原则，你在孩子的这个年龄就会有更多乐趣。如果你只知道如何对孩子说不、使用"暂停"、打屁股或者忽视孩子的行为表达的感受，你就会发现自己越来越沮丧。你的孩子这时正在感觉自己的力量，但他只有两岁，还没有准备好主导整个家庭。在了解安全的边界在哪里的同时，他正在寻找实验的空间。这正是你的职责。我们的建议会帮助你将孩子的两岁变成一段全家人的美好时光。

建议

1. 当孩子两眼放光看着你,用他的下一个"淘气"行为诱惑你时,你一句话也不要说。如果是不重要的事,就视而不见。如果是重要的事,要只行动不说话,要做需要做的(分散注意力、转移注意力、带孩子走开),以保证安全。

2. 如果你的孩子对任何事情都说"不",是因为你对孩子要求太多,或者问了太多能用"是"或"不"回答的问题。要给孩子有限制的选择。"过马路时拉住我的手"会让一个两岁的孩子大声说"不",而"你想拉着我的右手还是左手?"则会带来孩子的合作。

3. 两岁的孩子理解社会秩序的逻辑。要这样说:该洗澡了;钟表到收拾玩具的时间了;计时器一响,我们就得跑到车上,这样才不会错过演出;先穿裤子,再穿鞋;系好安全带,坐好,我们才能开车;玩食物就意味着吃饭结束了;等等(见第25~28页"建立日常惯例")。

4. 要强调孩子能做什么,而不是不能做什么。要说"小狗是用来抱的"、"食物是用来吃的",或者"我们将食物一放到微波炉里,你就可以按这个按钮"。如果你注意一下,就会发现自己每天对孩子用了多少否定句,而不是向他们表明能做什么。

5. 两岁的孩子喜欢帮助别人。这给了他们一种积极的力量感。要请你的两岁孩子帮忙,以便你能休息一下,而不是说她必须去午睡。要请孩子在散步时离你近一点,以帮忙保证你的安全,而不是大喊"不要往前跑"。要问孩子是否能通过小声说话而不是大声叫喊帮你一个忙。

6. 当你像对一个具有理解力的大人那样对两岁孩子说话或解释事情时，他们居然能理解那么多，会让你大吃一惊。人们会经常听到两岁的孩子说这样一些话，"耐心点"，或者"在图书馆里要小声说话"，这是在模仿父母说的话，并在实际中练习。

7. 对于两岁的孩子来说，"再试一次"是一句具有魔力的话。这意味着他现在做的事情行不通，是一个错误，而他还有另一个机会，等会儿就有！

预防问题的发生

1. 要尽量避免使用权力或控制，而要给孩子权力和鼓励。

2. 制定的日程表，要尊重这个年龄孩子讨厌匆忙的特点。要留出额外的时间，这样孩子才会合作。

3. 事情只说一遍，然后就行动。不要威胁孩子，或者在离孩子很远的地方重复一个命令。

4. 如果孩子不明白你的要求或需要，要在你们都没有压力的时候通过"假扮游戏"来练习。你们可以假装是晚餐时间，来练习餐桌礼仪；或者假装是洗澡时间，练习如何遵循惯例。

5. 当两岁的孩子不能为所欲为时，不要害怕让孩子有他们自己的感受。你可以认可孩子的感受，而不改变自己的主意或替他解决问题。

6. 两岁的孩子很有幽默感。如果你的两岁孩子在撅嘴，你可以说，"我想要这张脸"，并假装把他的脸换到你的脸上。很快，你们俩就会笑成一团。

7. 不要忘记每天花时间和孩子玩。两岁的孩子还只是孩子，需要和你一起玩耍，而不是匆匆忙忙进行一个接一个的活动。

孩子们能够学到的生活技能

孩子们能够知道，他们有实验的空间，而不会伤到自己或激怒家人。随着做的事情越来越多，他们就能积累更多的自信和能力。

养育要点

1. 不要让两岁的孩子主导整个家庭。只要你的方法坚定、和善、友好且不止一个，给孩子设定界限并坚持执行就没有问题。

2. 要袖手旁观，欣赏你的小家伙学着做事的过程。不要干预，除非涉及孩子的安全。你会惊讶地发现这个小人儿竟然学会了那么多东西。

开阔思路

妈妈每天至少要将比利和小狗斯尼克分开10次，她说："狗是用来抱的，不是用来踢的。要温柔一点，否则你和斯尼克就必须休息一下，过会儿再试。"她希望小狗能学着离比利远点儿，避免被他按压和捅戳，但是，斯尼克看起来像个受虐狂，而比利就是不能停止在跟小狗玩时太粗暴。妈妈不愿意让比利虐待小狗，所以，她就要不停地把他们俩分开。

这种行为持续了大约三个星期后，有一天，妈妈听到比利在另一个房间里喊："妈妈，快来看，看我对斯尼克多温柔啊。"她走到那个房间，发现比利正和斯尼克一起蜷缩在狗窝里，就像两个老朋友那样依偎在一起。妈妈意识到，比利想做正确的事情——只是花了点时间才想清楚。

阿圭勒夫妇决定，他们不对自己的一对双胞胎说"不"，希望两个孩子能不经历说"不"的阶段。他们用分散孩子注意力的办法，让两个孩子看到可以做什么，而不是不可以做什么，并以"做"（悄悄地转移孩子的注意力）代替"说"。有一天，他们震惊地听到两岁大的双胞胎中的一个说："不，不！坏狗！"阿圭勒夫妇忘记了避免对小狗说"不"。

尿床

"我8岁的儿子还在尿床。我听说过各种解决办法，从一夜叫醒他几次，到使用能发出警报声的床单。对我来说，这些办法听上去似乎都是一种麻烦，或者对孩子是一种可怕而恐怖的经历。有什么建议吗？"

理解你的孩子、你自己和情形

如果你的孩子四五岁还尿床，就有理由担忧。如果他或她在很多个夜晚不尿床之后，又出现几次尿床，这可能与家里的压力有关，包括可能是孩子受到了性虐待或身体虐待的一种标志。或者，这可能是由于四个错误行为目的中的任何一种（见第36页）。当一个孩子体验到某种压力时，比如家里有了一个新宝宝、父母离婚或搬家，她可能就会无意识地选择一个错误目的。如果你的孩子一直尿床，那么，尿床就可能是由膀胱发育不成熟或一种深度睡眠模式而导致的身体状况所引起的。首先要做的，是带孩子作医学检查，看看是身体原因还是发育问题。尿床对于孩子和家人来说都是一件很难为情的事，并且往往导致很多父母试图控制这个问题。可以试试下面这些建议。

建议

1. 如果你的家里正经历着某种可能会给孩子造成压力的变化，比如一个新生儿的出生、搬家或你换了一份新工作，就要多花时间陪孩子，以增强孩子的归属感和自我价值感。当孩子感觉到安全时，尿床就会停止。

2. 除了孩子白天控制膀胱有困难之外，尿床是因为发育问题的一个线索是孩子是否睡觉很沉，并且在夜里很难醒来。不要叫醒孩子，除非他请求你的帮助。不要试图监督孩子睡觉前的液体摄入量，也不要问孩子睡觉前是否去过了洗手间。相反，要让孩子知道，有些人膀胱发育成熟得晚一些，而且你相信他能够按照自己的发育进度处理尿床问题。

3. 不要用羞辱的方式使问题复杂化，要提供正面的支持、理解和鼓励。要进入孩子的内心世界。要问孩子对这个问题的感受。要问孩子是需要帮助，还是能自己处理。要尊重地倾听孩子怎么说。

4. 决定你要怎么做，而不要试图控制孩子的行为。你或许希望在床垫上铺一张塑料床单。你可能想用旧床单做睡袋，以便于放进洗衣机清洗。你也许会选择不进孩子的房间，因为你不喜欢那种气味。无论你怎么做，都应该给孩子尊严和尊重。

5. 要给孩子提供下列选择，作为改善问题的途径：尽量在白天推迟排尿，以增强膀胱并体验一种控制感；问你的孩子是否愿意让你在夜里定时叫醒他去排尿——要让他自己选择；可以提出买一个能叫醒他的湿度感应器，以便他能去洗手间尿完；提议请催眠师帮助。

预防问题的发生

1. 要审视一下自己的哪些行为可能造成了孩子寻求过度关注、权力之争、报复循环或感到无助。很多孩子尿床，是由父母的唠叨、提醒、哄劝以及试图控制孩子的膀胱而造成的。别再这样做了！要和孩子一起共度特别时光，享受彼此的陪伴并一起玩耍。要让孩子参与家庭会议，以解决问题、说出自己的感受并处理受伤的情感。要给孩子有意义的事情做，以增强孩子的归属感和对家庭的贡献。

2. 不要试图过早地进行如厕训练。这会导致很多行为问题。我们建议，要等到孩子满2岁半之后的夏天再开始。当然，也有例外。有些孩子会自己开始如厕训练的过程。我们的观点是，你不应该过早地对此变得很紧张。

3. 要教给你的孩子如何使用洗衣机。即便是一个3岁的孩子，也能做好这件事。另外，如果他尿床后感到不舒服，你可以教他如何在半夜换衣服和床单。一旦你花了时间训练孩子，就不要再插手孩子的事情，而且，无论他作何选择，都要让他自己照顾自己。他或许会选择睡在又湿又有味儿的床单上，并忍受朋友们的嘲笑。

4. 要以一种尊重的方式跟孩子讲讲别人尿床的故事，以便你的孩子知道这是个很常见的问题。迈克尔·兰登[①]曾经根据自己儿时的经历创作了一部关于尿床的电影。我们有一个朋友说，美国海军中有专门为尿床的士兵准备的一种特殊帐篷。中士负责每隔两小时把帐篷里的人叫醒。

---

① 1964年生，美国著名导演，其主要作品有：《爱在春天来临》、《爱的永恒诺言》、《绒布小兔子》等。——译者注

5. 如果你们要旅行或者孩子想在外面过夜，要和你的孩子坦率地讨论处理尿床问题的各种可选方法，比如穿特别的防水短裤或者在睡袋里放一层衬垫。

孩子们能够学到的生活技能

孩子们能够学到，父母会以爱和尊重的方式帮助他们处理身体或发育方面的问题。孩子们能知道，他们做的一些事情并不能定义他们是怎样的人。他们或许正挣扎于某个问题中，但这并不会使他们成为没有价值的人。

养育要点

1. 如厕是一种自然的身体功能。孩子们想做大人能做到的事情，除非这变成了一种权力之争，使孩子觉得自己必须赢，否则就会失去自我。

2. 要避免把你的孩子与其他孩子作比较。那么，即便其他孩子比你的孩子早很长时间就不尿床，又怎么样呢？要爱你的孩子本来的样子——无条件的爱。

开阔思路

这是一个家庭的经历：我们是在一次家庭野营中熟悉了孩子们的膀胱控制能力的。如果乔希说他需要上厕所，我们知道还有大约20分钟的时间去找一个合适的停车地点。如果凯蒂说她要上厕所，我们就知道大约有10分钟的时间。如果布莱恩说他需要上厕所，我们就要立刻把车停到路边。

布莱恩直到十几岁时还尿床。我们知道这是发育问题，并且为他感到难为情。14岁那年，他被邀请和朋友们一起过夜露营。他整夜都没睡，因为害怕自己会尿床，并被人取笑。谢天谢地，我们知道他的问题是发育问题，所以，我们没有通过烦扰他来加重他的问题。我们只是感同身受地给予他理解，并和他一起想出了很多可能的解决办法。最有趣的是，我们一致同意在他的脚趾上系一根绳子。因为我在夜里不得不起来好几次去洗手间，他问我是否可以拽他脚趾上的绳子把他叫醒。

最终，我们都不在意这个问题了，而且布莱恩能够很好地换洗他的床单，以至于我们都不确切地知道他是什么时候停止尿床的。我想他早就停止了吧。我会问问他的妻子。

虐待动物

"我的小儿子总是踢家里的小猫。我很生气。我打了他屁股，并告诉他不应该虐待动物。可是第二天，他又使劲地按着小猫，小猫差点窒息而死。我怎样才能教会孩子友好地对待动物呢？"

理解你的孩子、你自己和情形

当你看到孩子残忍地对待动物时，感到愤怒和愤慨是很正常的，但要记住，以同样残忍的方式对待孩子不会有任何帮助。打屁股给孩子造成的伤害，与小猫被踢时受到的伤害是一样的。更糟糕的是，你对孩子发多大脾气，往往会转变为孩子对动物发多大脾气。看着很小的孩子学着和宠物玩耍，尽管有可能使你感到极度沮丧和痛苦，但这是非常值得的。在孩子小的时候，要让孩子们得到可以和他们发展友好关系的动物，以便他们能够在和宠物一起成长的过程中体验到无条件的爱。同时，要记住，年龄小的孩子可能会通过用力紧抱动物来表达爱，或者通过踢、戳动物来试试看会发生什么事，所以，你需要有一定的警惕、坚持和耐心。要帮助孩子们找到表达爱和好奇的其他方式。长期的施虐行为，可能表明孩子有更严重的困扰，需要寻求专业帮助。

建议

1. 你绝对应该考虑在家里养一些宠物。教给孩子如何与宠物相处是很重要的。

2. 如果你对孩子对待宠物的方式作出过度反应，比如像上面例子中那样，就要把孩子和宠物分开。然后，要冷静下来，为你打了孩子而向他道歉。要说实话。要告诉孩子，你对他伤害小猫的行为感到生气，但这并不能成为你打他的理由。在你平静下来之后，向孩子解释你生气的原因，而不是当时对他愤怒地喊叫，会让你的孩子学到更多。

3. 要进入孩子的内心世界，并推测你打他屁股时他会有什么感受："你肯定不喜欢我打你屁股。这很可能会让你感到愤怒或伤心。"要等待孩子作出回答，倾听并认可孩子的感受："换成是我，很可能也会有同样的感受。"

4. 如果再发生类似的情况，要迅速采取行动。要把孩子和小猫分开，并且说："小猫不是用来打的。对小猫要温柔。你可以拍拍她或抱抱她。如果你打她或踢她，小猫就不得不去另找一个安全的地方。你们可以待会儿再试试一起玩。"你可能不得不重复这样做几次。

5. 要让你的宠物去安全的地方休息一会儿。大多数小狗和小猫在见到欺负自己的孩子时，就会跑开并躲起来。

6. 要让孩子看到如何以一种安全的方式爱抚和抱动物。要让孩子知道动物的身体和他的身体一样珍贵。

预防问题的发生

1. 决定你自己要怎么做，并告诉孩子："我不会再打你了，因为我不希望你、小猫或其他任何人受到这种不尊重的对待。"要让孩子看到你做出的榜样。你可能让孩子看到了你以不尊重的方式对待宠物，或许是无意识的，也可能是因为你认为这是训练小狗或小猫的最好方式。你要确保身体力行，并停止对宠物使用惩罚性的训练方式。你可以学习如何使用正面管教的方法训练小狗[①]。

2. 要引导孩子思考，可以问："你还记得怎样轻轻抚摸小狗吗？你愿意坐到沙发上，让我把小猫放到你的腿上，让你抱抱她吗？我们给小狗套上皮带，带她去散步好吗？你愿意再试试轻轻地抚摸小猫吗？"要等待孩子的回答并倾听。

3. 要教给孩子，感受和行为不同。感到愤怒没关系，但不能做伤害别人的事情。要帮助他找到可接受的行为。"当你感到愤怒或伤心时，你能做与伤害别人和动物不同的其他事情吗？我们怎么做才能让你和小猫都感到安全？"

4. 当孩子们伤害动物或其他人时，通常是因为他们觉得自己受到了伤害（除非他们年龄太小，不知道使劲按压会造成伤害）。要看看你是否能猜出孩子感觉受到了伤害的可能原因（或许家里新出生了一个婴儿，或许是因为父母离异，或者孩子因为受到惩罚而伤心）。要以一种友好的方式跟孩子说出你的猜测，看看是否正确。如果你猜对了，要一起寻找解决方案。

---

① 详情见《小狗的训练》（Pup Parenting），琳·洛特，简·尼尔森，特里·杰伊著，Rodale Publishing，2006年出版。——作者注

孩子们能够学到的生活技能

孩子们能够学到如何爱护和照顾宠物，而不是虐待动物。他们还会相信，自己不是必须遭受痛苦才能学习。他们能够学会尊重他人，因为他们得到了尊重的对待。他们会知道，犯了错误没关系，可以再试一次；而且，有时候，对于所有相关各方来说，休息一下是最好的解决办法，甚至包括家里的宠物。

养育要点

1. 孩子们是从经历中学习的，而你是他们的老师。如果他们生活在残忍中，他们就学会了残忍。如果他们生活在尊重中，他们就学会尊重。

2. 你给予动物的同情和为使它们免受伤害所给予的保护，当然值得给予孩子。

开阔思路

罗茜喜欢给她的几只小猫穿上洋娃娃的衣服。她会把它们小小的四肢弯来扭去，硬塞进衣服里。她的妈妈惊恐地看着小猫对她又挠又咬。小猫的行为从来没有让罗茜退缩过，而罗茜的行为也从来不能阻止小猫们的反抗。可事实上，让妈妈惊讶的是，这几只小猫都住在罗茜的房间，并睡在她的被窝里，而且不喜欢亲近家里的其他人，当罗茜出现时，它们会像小狗那样跑到她身边。

有时候，处理对动物残忍行为的最好办法，就是让孩子和动物自己解决。

朋友（择友）

"我的一个孩子总是抱怨自己没有朋友。而另一个孩子总是选择我不喜欢的朋友。我该如何帮助我的孩子与我赞同的孩子交朋友呢？"

理解你的孩子、你自己和情形

我们经常忘记尊重孩子们之间不同的风格和个性，并试图将他们装进一个模子里。当涉及大多数父母内心的一个秘密梦想时——希望自己的孩子人见人爱，这种倾向可能最为明显。有些孩子安静、顺从，有些孩子则活跃、果敢而自信；有些孩子选择传统的生活方式，而有些则选择与众不同的生活方式。下面的建议关注的是满足情形的真实需要——帮助你的孩子尊重每个个体的独特性，并轻松愉快地做自己。

建议

1. 要允许你的孩子选择自己的朋友，但要通过为他们报名参加一些课外活动，以及开车送他们去别的小朋友家过夜、和朋友聚会，帮助你的孩子与其他同龄孩子接触。在孩子年龄还很小的时候，还要在家里为他们安排小朋友的聚会。

2. 如果你的孩子选择了一个你不喜欢的朋友，你要经常邀请那个孩子到你家里来，以期你所表现出的爱和重视会对孩子有益。

3. 如果你害怕你不赞同的一个朋友会对你的孩子有负面影响，要通过与你的孩子建立良好的关系，专注于对孩子产生积极的影响。表达你的担忧没关系，只要你是在分享自己的看法，而不是对孩子下命令。

4. 当孩子与朋友发生争执时，要共情地倾听，但不要干预。要相信你的孩子有能力处理这种争执（见"朋友之间的争吵或打架"，第247~250页）。

5. 不要担心孩子的朋友太少或太多。有些孩子宁愿只有一个最好的朋友，而有些孩子则喜欢有一大群朋友。

6. 如果孩子抱怨自己没有朋友，要运用你的倾听技巧。试着用表达感受的词重新表述出孩子的抱怨，比如："你现在很苦恼，因为你认为自己没有朋友。今天在学校你和朋友之间发生什么事了吗？"通常，孩子们会把小问题当成大灾难，并且说话很绝对，其实他们真正想说的是自己和某个朋友出现了一个问题。要做一个好的倾听者，帮助你的孩子把问题想清楚，并大声说出来。

预防问题的发生

1. 通过为孩子创造各种机会，比如去公园游玩，加入童子军或其他青少年团体，以及教会团体等，帮助那些交朋友有困难的孩子。

2. 不要期望你的孩子喜欢你的朋友的孩子，或者在孩子不情愿的情况下坚持让他们一起玩。要找合适的时间与你的朋友相聚，而不要让你的孩子觉得不得不跟自己不喜欢的孩子玩，或跟自己毫无共同点的小朋友一起玩。

3. 要接受你的孩子对穿衣打扮风格的愿望，以便孩子不会因为与朋友们格格不入而尴尬。

4. 要让你的家成为孩子们喜欢来的一个地方，因为他们在这里能体验到无条件的爱、安全、对他们尊重的规则以及大量专为孩子准备的有趣活动。

5. 如果你自己存在朋友不多的问题，不要担心你的孩子会有同样的问题，或者将你的体验投射到孩子身上。要注意，不能将你对友谊的判断强加给你的孩子。你或许认为朋友应该是永久的，而你的孩子可能喜欢变换不同的朋友圈。要做一个好的观察者，看看你的孩子怎样对待友谊。

6. 当父母中一方或双方有化学品依赖问题时，孩子们不愿意带朋友到家里来，因为他们对于和朋友一起有可能撞见的事情感到尴尬和害怕。如果你的家里有依赖化学品的人，要寻求帮助，因为你的孩子会由于不敢带朋友到家里来而失去很多东西。

孩子们能够学到的生活技能

孩子们能够知道，父母是他们最好的朋友，因为父母无条件地爱他们，重视他们的独特性，并相信他们会选择合适的朋友。朋友们在他们的父母面前会感到安全，因为父母会不带任何说教和评判地为他们提供指导。

养育要点

1. 如果你的孩子总是选择你不赞同的朋友，你就要审视一下自己和孩子的关系。是因为你控制过多，招致了孩子要向你证明你无法控制每一件事情吗？是你对孩子的批评和缺乏信任，让孩子觉得受到了伤害，并试图通过选择你不喜欢的朋友而报复你吗？

2. 要相信你的孩子，并尊重他们本来的样子。要尽量让孩子结交的朋友在你们家里受到欢迎，即便你不会选择他们做朋友。

3. 你的孩子可能是在根据你对待朋友的方式来形成自己有关朋友的决定。你是以你希望孩子做到的那样在做吗?

开阔思路

孩子们不是因为同伴什么样才变成什么样的。他们对自己的同龄群体的选择,是自己当时状况的一种反映。将一个喜欢滑冰的孩子送进一所中学,他到中午就能找到另一个滑冰爱好者。对于啦啦队长、运动员和喜欢动脑子的聪明孩子来说,也是如此。(即便作为成年人,当我们参加一个聚会时,我们也倾向于寻找与自己兴趣相同的人,而避免那些与我们兴趣不同的人。)

有时候,十几岁的孩子会因为没有朋友而认为自己活不下去。我们经常过度强调交朋友的重要性,以至于那些选择独来独往的孩子会对自己的选择感到不舒服——因为他们"应该有朋友"——而不是学着成为自己的朋友。

朋友之间的争吵或打架

"我的孩子似乎经常跟她的朋友吵架。我该怎样帮助她呢?"

理解你的孩子、你自己和情形

作为父母,看到孩子因为与朋友吵架或打架而遭受伤心、被排斥和孤立的折磨,是很痛苦的。然而,这似乎是孩子成长经历的一部分。即使孩子在吵架时似乎很痛苦,但他们通常能很快从痛苦中恢复过来,比大人要快得多。如果你认为自己应当保护孩子免于经历生活中的种种问题，那就错了。不要充当拯救者，做一个观察者、倾听者、教练和啦啦队长会对你的孩子更有帮助。通过这种方式，孩子们会知道，他们能以一种有成效的方式处理生活中的问题——或者只需简单地处理这种痛苦，当生活继续时，痛苦就会消失。

请注意，我们这里说的是正常的生活经历——不是因遭受诸如性侵害、团伙、欺负或种族歧视等不寻常的生活经历或安全问题所造成的痛苦。朋友之间的吵架或打架与孩子成为毫无抵御能力的受害者是不同的。如果发生了后面这种情况，你需要积极地寻求外界的帮助，并帮助孩子处理他们没有能力安全地处理的情形。

建议

1. 你要共情并倾听，而不要试图解救孩子或替孩子解决问题。

2. 对孩子表现出信心："亲爱的，我知道这让人很伤心，但我知道你能想办法处理。"

3. 给孩子提供支持："如果你需要一个参谋或想让我提供一些建议，可以告诉我。我的建议只是我的一些想法，你可以自己决定是否采纳。"

4. 不要把孩子当做受害者对待，否则，他也会认为自己是个受害者。

5. 当你的孩子不想见一个朋友，或不想跟一个朋友玩时，你要支持他的决定，不要强迫他和解。如果孩子决定和一个朋友断绝关系，你要相信他。他或许有很好的理由再也不想和那个朋友一起玩（见"朋友［择友］，第244~247页）。

6. 如果你有不止一个孩子，不要期待他们的朋友喜欢与你的所有孩子一起玩。重要的是，要允许每个孩子有各自的朋友圈，如果孩子愿意的话，可以选择与自己的朋友玩，而不受兄弟姐妹的打扰。

预防问题的发生

1. 跟孩子谈谈他或她在出现的问题中可能应承担的责任，不要责备："当我们审视自己可能造成了某种情形的行为时，只要愿意，我们就有能力改变自己的行为。你既然知道你和你的朋友对于所发生的事情都负有责任，那么，你能想一想自己的哪些行为可能导致了这个问题吗？"
2. 要跟孩子说说你童年时与朋友打架或吵架的经历——发生了什么事，以及你有什么感受。
3. 当你晚上在给躺在床上的孩子掖被子时，问问他们在一天中最伤心和最快乐的时刻。孩子们会知道，他们可以与你分享自己的经历，无论是快乐的还是伤心的。

孩子们能够学到的生活技能

孩子们能够知道，他们有勇气和信心处理自己生活中的痛苦经历。他们能够为自己造成的痛苦承担自己该承担的责任，并且能够选择作出改变。有人能倾听而不是解救或责备自己，真是太好了。在涉及到安全问题时，孩子们知道你会在身边确保他们获得任何需要的帮助。

养育要点

1. 要接受朋友之间的吵架或打架是正常的，并将其看做是孩子成长过程中必须经历的一部分。要知道，冲突终会过去，并且常常比你想象的还要快。如果大人不介入的话，孩子们常常会更快地结束一场冲突。

2. 要记住，和大人一样，孩子们更需要的是一个参谋，而不是大人把解决办法强加给他们。

3. 要记住，一般的打架和安全问题或针对一个人的暴力是不一样的，你要据此调整自己的角色。

开阔思路

梅利莎和詹妮在整个小学阶段都是最要好的朋友。到上中学时，科琳带着自己的一群颇受欢迎的女孩子也加入了进来。科琳认为，每次在这些女孩中找一个人的茬、排挤她并确保大家都"恨"她，会很好玩儿。对这个年龄的孩子来说，这种行为并不算不正常，但仍然是不可接受的。詹妮把这件事告诉了妈妈，并说自己不喜欢这样，但如果不随大流，她就一个朋友都没有了。詹妮的妈妈说，或许用不了多久，詹妮就会成为被她们找茬的人，因为到某个时候，每个人都会轮到。她鼓励詹妮参加一些校外活动，以便能结交另外一些朋友。

果然，詹妮当替罪羊的那一天终于来了，她被朋友们排挤出了那个圈子。甚至连梅利莎也不跟她交往了。詹妮很伤心，但她也很宽慰，多亏妈妈的鼓励，自己有另外一群朋友可以交往。

汽车里的烦恼

"在开车带孩子们外出时，有可能让他们系好安全带、不吵架、不打架、不在你耳边说话或嚼东西吗？我几乎无法忍受和我的孩子或朋友的孩子坐在同一辆车里。我该如何避免再出现这种情况呢？"

理解你的孩子、你自己和情形

如果你发现自己就是这种处境，你并不孤单。这是父母和孩子们的一个常见问题。这甚至会很危险。谁知道有多少事故是因为孩子们在车上打架，或父母试图打坐在汽车后座上的孩子而造成的呢。法律规定，你和你的孩子必须系上安全带或使用安全座椅。由于汽车是大多数家庭的基本交通工具，找到让每个人都安全、舒适的驾车出行方法是很重要的。

让孩子们参与有益的活动也很重要，而这也需要交通工具——这并不意味着你应该买一辆豪华轿车、戴上专职司机的帽子，而是要把驾车出行当成是教给孩子尊重和解决问题的一个机会。

建议

1. 在车里的每个人都在安全座椅上坐好或系上安全带之前，不要发动汽车。每个孩子需要有自己的座位和安全带，以保证行车的安全。孩子们知道你什么时候说到做到，并知道是否能操纵你对他们的要求让步。

2. 决定你要做什么。要让孩子们知道，当你因为车内太吵而觉得驾驶不安全时，你会将车停到路边，直到大家平静下来。可以找一个不在车里的时间和孩子们讨论这个问题。然后，如果孩子们开始喊叫或打架，你只需把车停在路边，一言不发地等待。在需要时，要反复这么做，直到孩子们知道你是认真的。

3. 如果你的孩子们在车里有这些问题，你要给路途留出足够的时间，以便能有时间训练孩子。当孩子解开安全带或出现让你不能安全驾驶的行为时，就要在能停车的地方停下来，并等到他们系上安全带。最好一个字也不说。当孩子事先知道规则时，认为他们需要提醒，是对他们的不尊重。行动胜过言语。

预防问题的发生

1. 你的车上要为每个家庭成员配备符合法律要求的安全设施，并要确保使用。

2. 在孩子小时候，就要带他们乘车，并要经常作一些短途旅行。如果旅途较长，中途要多停几次，以便孩子们能下车跑一跑，活动一下身体。设一个计时器或许有帮助，以便孩子们能够看到距停车还有多长时间。

3. 在上车之前，要问孩子们有什么能让旅途更舒适、有趣的主意。然后，要让他们讨论为安全行车所需的规则。当孩子们参与制定规则时，他们会更好地合作。

4. 在作长途旅行时，要让孩子们带上玩具和书籍，以便他们能自己玩。对于婴儿，应该有一个成年人陪孩子坐在汽车的后座上，直到孩子有过多次系着安全带乘车的经验。有些家庭为孩子们准备了装有玩具的特殊篮子或背包，专门用于在车内玩耍。还有些家庭准备了旅行中可以在 DVD 播放器里播放的视频。

5. 如果孩子们为谁应该坐在汽车的前座而争吵——有哪个孩子不为此而争吵呢？——要让他们想出一个轮流坐在前座的办法，并在准备好施行自己的方法时通知你。你不需要知道他们的方法；他们自己知道。如果他们又争吵起来，可以让他们都坐在后排，直到他们准备好再试一次。

汽车里的烦恼

孩子们能够学到的生活技能

孩子们能够学到，汽车里不是四处活动或制造不安全情形的地方，并且他们可以合作，以帮助家人保证安全。他们能够知道，父母说到做到并且会以给予孩子尊严和尊重的方式坚持执行。他们能够懂得父母还会考虑他们的需要。

养育要点

1. 要花时间训练孩子。路上至少要留出 10 分钟的富余时间。当你的孩子试探你，想看看你是不是说到做到时，这能让你有时间将车停在路边看小说。
2. 每个人都应该系上自己的安全带。不用说，你也需要系上自己的安全带。

开阔思路①

琼斯一家很兴奋。他们刚刚订好了海边一日游的计划。7 岁的杰森和 5 岁的珍妮发誓他们不会吵架。琼斯先生警告说："如果你们吵架，我们就调头回家。"

当然，孩子们吵架了，而妈妈和爸爸没有坚持自己的诺言。所以，问题就来了。这一整天，杰森和珍妮都在吵架，而琼斯夫妇一直在威胁。一天下来，琼斯夫妇非常生气，威胁说再也不带孩子们去任何地方了。杰森和珍妮看到自己让父母这么痛苦，感

---

① 摘自《再婚家庭的正面管教》，简·尼尔森、谢丽尔·欧文、H. 斯蒂芬·格伦著，电子版请登录 www.focusingonsolutions.com。——作者注

觉很糟糕。他们开始相信自己真的是坏孩子。

　　现在，让我们看看史密斯一家。他们刚刚在每周一次的家庭会议上制订了去动物园的计划。在制订计划时，他们讨论了一些限制和后果。在孩子们承诺了不吵架之后，史密斯夫人说："那好，如果你们忘记了承诺，我们把车停下来可以吗？我们认为，当你们吵架时，开车不安全，所以，我们会把车停在路边，等着你们停止吵架。当你们准备好让我们重新上路时，可以告诉我们。你们觉得这个解决办法怎么样？"两个孩子都热切地同意了。

　　像通常一样，两个孩子很快就忘记了自己的承诺，吵架开始了。史密斯夫人一个字没说，就迅速地将车停在了路边。她和丈夫都拿出杂志，开始看了起来。两个孩子开始相互指责，并都说自己有多么无辜。史密斯夫妇没理他们，只是继续看杂志。没用多久，孩子们就发现妈妈和爸爸说到做到，他们同意不再争吵了。

　　史密斯夫妇没有说话，而是用和善而坚定的行动予以执行。因为孩子毕竟是孩子，他们就是要经常试探父母的限制。当父母开始坚持到底时，孩子们会知道父母说话算话。他们感觉到的不会是自己是坏孩子，而是自己足够聪明，能想出问题的解决办法，以及合作是最有效的替代办法。和善而坚定，是有效地坚持到底所必须谨记的关键词。

青春痘

　　"我的孩子开始长青春痘了，你会觉得世界末日就要来了。我怎么才能帮助他们呢？我试过告诉他们如果注意饮食，不喝苏打汽水，不吃巧克力并且多休息，就会有帮助。他们只是翻翻白眼就走开了。"

理解你的孩子、你自己和情形

大多数父母都担心，如果孩子的皮肤不好，他们会不开心或者不受欢迎。孩子们常常也有这种担心。青春期长粉刺会让人觉得难堪，尽管这很正常，这是由于荷尔蒙分泌旺盛导致皮脂和细菌阻塞毛囊而形成的。父母希望通过解决这个问题来帮助孩子。最普遍的一种"帮助"方式便是对孩子说教。但是，孩子们有探测说教的天线：一旦父母开始说教，他们会立即走神。

建议

1. 停止说教。你可以把说教变成分享有价值的信息，但要先征得孩子的同意。"我有一些青春痘方面的信息。你想听吗？"如果孩子同意，她就会愿意听。如果她说"不"，这种分享就没有意义——除非你喜欢自己很有价值的想法被拒绝。

2. 要问孩子："你想让我帮忙吗，或者你愿意预约一个皮肤科医生或做面部护理吗？"

3. 如果孩子说愿意你帮助，你每次只能给出一个建议，并且要简单。例如，"让我们上网找一些可靠的信息。"然后，在孩子浏览网页时，你只需协助。

4. 要问问孩子她是否是学校里唯一有这个问题的人，这有助于孩子明白在这个年龄有皮肤问题是正常的，自己并不是怪人。

5. 不要告诉孩子什么不能做，而要告诉他们什么管用。例如，可以提一下每天用中性香皂洗两次脸，要比用手挤更好。

6. 很多非处方药都有帮助，但通常需要 4~6 个星期才能见效。

7. 如果问题变得很严重，要带孩子去看皮肤科医生。然而，如果医生推荐药物治疗，你自己就要做点功课。几年前，皮肤科医生推荐的一些治疗方法和药物，后来被发现有长期副作用。

预防问题的发生

1. 让孩子与你一起做日常的皮肤护理，可以将定期的面部护理作为你们特别时光的一部分。
2. 教给孩子多喝水。在他们十几岁后，这个习惯有助于他们的粉刺不至于失控。
3. 经常检查化妆品或润肤霜，要确保不是油性的。

孩子们能够学到的生活技能

孩子们能够学到，对于自己似乎无法控制的问题，可以通过朋友、互联网或专家（医生）以及父母做一些研究，以找到解决办法。孩子们还能够知道，当生活中看似出现大悲剧的时候，他们能够经受得住。

养育要点

1. 如果问题超出了你能提供帮助的能力，可以带孩子去寻求专业帮助，但前提是孩子愿意。
2. 有很多时候你都无法保护孩子，也不应该保护孩子。不要低估关爱地倾听的价值。

开阔思路

南希在准备参加毕业舞会时,发现脸上长了一颗青春痘,她歇斯底里起来。妈妈让南希站到穿衣镜前面,然后把自己的衣服脱到只剩下内衣,让她看自己的脂肪团和松弛的皮肤,并问南希:"想用你的青春痘换我的皮肤吗?"

南希大笑起来,化妆盖住了青春痘,去参加舞会了。

倾听

"我的孩子不听我的话。我让她做什么事的时候,她总是不予理会,直到我发怒、大喊或威胁。说教似乎不管用。我自己做事情会更容易,但我知道这没法教她学会承担责任。"

理解你的孩子、你自己和情形

很多父母都在无意中教会了孩子"对父母充耳不闻"。这个问题在很多孩子小时候就有了——尤其是在他们努力探索自己的世界并形成自主意识时,遭遇父母的尖叫、大喊或长篇大论的说教的时候。不要担心,这并非最终结果。如果你学会少说多做,希望就在眼前。如果你的孩子不听你说的任何话,或者你发现自己总是在一遍又一遍地重复一件事情,孩子可能就已经把你的话"屏蔽"了。不要寻找这个问题的原因或认定这只是一个成长阶段,更好的做法是审视一下你自己的行为,看看你可能在无意中做的哪些事情造成了这个问题。

建议

1. 如果你希望孩子多倾听，说话简短一些很重要。要尽可能简洁地说出你的意思，然后用行动坚持执行。

2. 用一个词来表达需要做的事情："草坪"、"餐具"、"洗手间"、"洗衣服"。要确保与孩子有目光接触，并保持爱而坚定的面部表情。如果一个词不管用，你可以用不超过十个词。"该学着自己洗衣服了。""如果你打算在朋友家待很晚，给我打电话。"或者，你甚至可以使用非言语的信号：用手指向需要做的事情。要微笑，但一个字也不说。

3. 运用你的幽默感："挠痒痒怪兽来抓不听话的孩子啦！"

4. 要表达你的真实感受："我觉得很生气，因为你把时间花在了其他事情上，就是不做作业，我希望你能把作业放到更优先的位置。"（要确保这听起来不像在抱怨，而只是陈述事实。）

5. 用行动代替话语。牵着孩子的手，和善而坚定地领她走到需要完成的事情那里。

6. 写一张便条或许比说话更能引起孩子的注意。

7. 当你低声说话，使孩子不得不听你在说什么时，他们会认真听。试试吧。

8. 让孩子们概括或复述他们听到的你所说的话，以教会他们倾听技巧。（关于如何倾听你的孩子，见"不愿意跟我说话"，第67~70页。）

9. 给你的孩子提供一个需要他们的帮助和集中注意力的选择："我们现在首先应该做的事情是什么？""你是想在5分钟还是10分钟后离开？"

预防问题的发生

1. 如果你在尖叫、大喊或长篇大论地说教，就停止吧。所有这些方法都是不尊重孩子的，并且会鼓励孩子们"对父母的话充耳不闻"。在自卫中，孩子们通常会反叛——通过对你不尊重而主动反叛，或通过"屏蔽"你的话而消极反叛。

2. 孩子们知道你什么时候是当真的、什么时候是不当真的。不要说任何事情，除非你是当真的，并且能以尊重的方式说出来。然后，要以尊严和尊重的方式执行到底——而且通常不需要说什么。

3. 要让孩子看到什么是尊重地倾听。当孩子们感觉你在倾听他们时，他们就会倾听你。我们常常奇怪孩子为什么不听，而没有意识到我们没有让他们看到真正的倾听是什么样。要向你的孩子解释，交谈是一种交流的艺术，有来有往，而不是试图让对方按照你的要求去做。

4. 要通过问启发式问题而不是长篇大论的说教，引导孩子倾听。

5. 在你给孩子们提供讯息之前，要问他们是否愿意听："对这件事，我有一些重要的信息，你愿意听吗？"孩子们会感觉自己受到了尊重，因为他们有了一个选择。如果他们同意听，通常就会听。如果他们不同意，不管你怎么说教，都不如对着墙说话。

6. 要定期召开由所有家庭成员，包括父母，都能在一种相互尊重的氛围中互相倾听的家庭会议——没有责备，只有解决问题和倾听。

7. 在你对孩子提要求时，要尊重孩子。当你打断孩子正在做的事情时，不要期待他们"马上"去做你要求他们做的事情。你可以这样问孩子："你愿意在播广告时做这件事，还是在节目结束之后马上做？"

孩子们能够学到的生活技能

孩子们能够知道，他们是一个家人之间能够尊重地对待彼此的家庭的一分子。他们能够学会合作，而不是反抗父母的控制。他们能够学会尊重地倾听的技巧，因为父母为他们做出了榜样。

养育要点

1. 尖叫、大喊和长篇大论的说教，通常都是基于被动的反应，而不是深思熟虑的行为。在你改变大喊大叫的习惯之前，掌握一些技巧（知道还能怎么做）会对你有帮助。按照本节的建议去做，将有助于你掌握需要的技巧。

2. 不要期望孩子们经历一次就能记住自己应该做的事情。（他们会记住自己的优先事项清单上比较重要的事情，但需要不断地训练，才能帮助他们了解那些他们不太看重的事情的社会利益并学会合作。）

开阔思路

在珍妮特家，每当妈妈开口说话时，家里的大多数人要么翻着白眼走开，要么就开始看报纸。妈妈总是不停地唠叨她的要求、想法和感受，已经把每个人都训练得对她的话充耳不闻了。在参加了一个关于沟通技巧的培训后，妈妈意识到如果想让别人倾听，她就不得不尽量少说。

妈妈说："我和你们说话时，肯定很唠叨。"（八个词，但比以前是个很大的进步。）没有人说话，因为他们已经习惯了妈妈会再说一两段话。妈妈只是静静地等着。

珍妮特说："你在和我们说话吗？""对。"（一个字。）

"你想做什么？"珍妮特问，她觉得很困惑，很不自在。

"让你们知道我在练习少说话。"（八个词。）

"关于什么，妈妈？"

"所有事情，珍妮特，而且我需要你的帮助。"（八个词。）

这时，珍妮特感觉自在一些了。妈妈会进行"从来没有人帮我"的说教，而珍妮特对此早已烂熟于心，所以她不需要专心听。在走神片刻之后，珍妮特意识到没人说话。她感到很震惊。珍妮特问："妈妈，你在说什么？你希望得到什么样的帮助？"

"如果我说个不停，就告诉我停下。"（九个词。）

"一定，妈妈，无论你说什么。"

很容易看出，如果妈妈确实努力改变，她将学会在开口说话前让自己的思维更清晰。她还将得到家人更多的关注。而且，最重要的是，她将创造机会体验交谈的真正乐趣，这来自于每个人都真正地参与讨论。

缺乏动力和兴趣

"我的孩子在学校里不用功，得过且过。他在家里也不做家务。我们给他提供过奖励、取消过特权，但都没有用。他似乎对任何事情都没有兴趣或动力。我们该怎么办？"

理解你的孩子、你自己和情形

当一个孩子缺乏动力时，应该走进他的内心世界找出其行为背后的目的。大多数懈怠行为，是对不得不做自己不想做的事情的一种反应。同样是这个孩子，可能会很积极地做自己选择的事情。或许，你的孩子觉得自己无能为力，并在试图告诉你"你强迫不了我"，作为他赢得权力之争的唯一办法。也许，你施加的压力和高期望让孩子觉得你的爱是有条件的，这让他很伤心，所以他想通过不努力，让你也伤心。如果你一直为孩子做得太多，他有可能因此相信自己没有能力，并决定放弃，因为避免尝试要比面对失败更容易。或者，你的孩子在拿自己与其他兄弟姐妹作比较，并试图通过成为与他或她不一样的人，找到自己在家中的归属感和价值感，尤其是如果那个孩子很有积极性的话。另一个可能性是，孩子被允许看了太多电视或玩了太多电子游戏，他已经学会了很多坏习惯。无论是哪种原因，一个缺乏动力的孩子会使父母面对一种最有挑战性、最令人沮丧的情形。父母们典型的反应是替孩子做事、施加更大压力、尝试惩罚，或者让孩子感觉很糟糕，希望他能改变自己的方式。但是，所有这些反应都会使情况变得更糟。挑战在于，父母要停止做这些不管用的事情，并花时间寻找鼓励自己和孩子的方法。

建议

1. 审视一下你自己的行为。你是不是没有给予孩子足够的亲子陪伴（在这种陪伴中，要因为他是他而喜欢他），导致孩子要寻求关注？你是不是对孩子控制太多，引起了权力之争和反叛？你是不是对孩子期望太高，以致孩子感觉难以达到，并对这种有条件的爱感到很伤心？你是不是为孩子做了太多事情，导致孩子相信自己无能？如果你对这些问题中的任何一个的回答是肯定的，就要立即停止这种行为，并选择以下任何一个建议，建立一种互相尊重的亲子关系。

2. 不要期待你的孩子能够坚持到底，你才是那个应该以和善、坚定、尊严和尊重坚持到底的人。用一个词来告诉孩子应该做的事情："家庭作业"、"家务"。要跟孩子有目光接触，并尽量带着坚定而和善的表情。如果你仍然遭到抵制，就一个字也不要说，给孩子一个理解的微笑，眨一下眼睛，或者给孩子一个拥抱，并指一下他需要完成的事情。这些方法要比会招致权力之争的语言表达更有激励作用。

3. 要行动。对于年龄小的孩子，要牵着她的手，和善而坚定地带她走到需要做的事情前。太多的父母说的太多或者"从远处下命令"，但这没用。

4. 诚实地说出你的感受："我感到很生气，因为你花了太多时间在其他事情上，而不是在学校的功课上。我希望你能优先完成作业。"

5. 让孩子从后果中学习。（后果是指孩子的选择所导致的结果，而不是你强加的。）如果一个孩子不做家庭作业，就会反映在成绩不好上，并错过一些机会。不要低估从失败中学习的价值。在孩子体验自己的选择所导致的后果时，你要表现出共情。不要摆出一副"我早就告诉过你"的态度。

6. 接着，要问一些"什么"以及"如何"的问题，来帮助孩子探究并理解原因和结果，并据此为取得成功制订一个计划。"对于所发生的事情你有什么感受？""对你来说什么是重要的？""做或不做作业，对你现在和以后会有什么好处？""对你实现自己的目标来说，什么计划会有效？"（如果孩子说"我不知道"，你就说："你为什么不先想一想，然后再来告诉我？我知道你很善于解决问题。")

7. 共同解决问题。要一起确定问题所在，以及可能的解决方法有哪些。从说出你的看法开始："我注意到你没有付出任何努力做家庭作业，也没有帮忙做家务。"然后，让孩子说出他对事情的看法。只有在孩子感觉你会不带评判地倾听时，这种方法才有效。然后，一起用头脑风暴想出解决办法，并挑出一个对你们俩都有效的办法。

8. 向你的孩子保证，你知道他有能力为取得成功做所有需要做的事情。

预防问题的发生

1. 当一个通常都参与的孩子突然停止参与时，就要注意。这可能表明学校或者家里发生了什么事，比如父母离婚或重病。或者，这个孩子与同龄人的关系可能出现了问题。

2. 帮助孩子设立一些目标。要问问孩子，如果他有一根魔杖可以做他喜欢的事情，他想做什么。这会让你对孩子的真正兴趣所在获得很多领悟。

3. 定期召开家庭会议，共同解决问题。要记住三件事情：第一，当孩子参与作出决定时，他们会更有动力坚持执行。第二，当孩子理解自己所做事情的价值时，他们会更多地参与。第三，当孩子参与用头脑风暴寻找对相关的所有人都尊重并有益的解决方案时，他们能够学到一种有价值的生活技能。

4. 要讨论所有进展顺利的事情，并给孩子先说的机会。然后，问问他认为有什么需要改进的。和孩子一起用头脑风暴想出他能做的事情，以及你能做的最能鼓励和帮助他的事情。

5. 和孩子一起（不是为孩子）建立日常惯例（见第25~28页"建立日常惯例"）。当他们对日常惯例的"何时"和"怎样"

有发言权时，他们更愿意做该做的事。

6. 发挥长处。如果一个孩子在某个方面做得很好，要鼓励她在这个方面花更多时间。（不要要求她必须等到能在另一科目上取得更好成绩时，才能在成绩好的学科上多花时间。）孩子需要在自己有优势的方面感觉到信心。要教给她如何解决自己的弱点，并让她知道，偶尔在某门课程上只是得个"及格"甚至"不及格"是没关系的，只要她能在自己有优势的科目上取得好成绩。

7. 在孩子经历失败的时候，要避免说教，并表现出共情。要教给孩子，错误是学习的大好机会。

8. 要放手，让孩子自己解决问题。放手与放弃不一样。放弃意味着切断所有联系，传达的信息是你不再管了。而当你放手时，在将解决问题的责任交回孩子手中的同时，你保持着跟孩子的联结。

孩子们能够学到的生活技能

孩子们能够知道，他们能自己树立目标，并学会实现这些目标所需要的技能，并且父母会帮助他们。他们能够知道，父母无条件地爱他们，并且相信他们自己能够解决问题并从错误中学习。

养育要点

1. 要通过强调问题不在于失败，而在于失败后怎么做，来帮助你的孩子找到并保持他们的勇气。

2. 记住，不要让孩子为你而活。你的责任是帮助他们发现自己，并找到自己的目标。

开阔思路

　　在八年级，斯图尔特对上学失去了兴趣。早上，妈妈不得不连哄带喊地让他起床去上学。斯图尔特最后会起床，但会很生气，并且闷闷不乐。他拒绝在学校用功，并且逃课，他的成绩在下降。

　　最后，妈妈决定停止这种权力之争。她让斯图尔特和她一起坐在家庭活动室里，以友好的语气问了他一系列有关"什么"和"如何"的问题。"如果不接受良好的教育，你认为自己的生活中会发生什么事？"斯图尔特闷闷不乐地回答："有很多百万富翁都没受过良好的教育。"妈妈同意："没错。你认识的人当中，有多少人辍学了？"斯图尔特说："有几个。"妈妈问："他们现在干得怎么样？"斯图尔特有点不好意思，说："一个进了监狱，另一个在麦当劳工作。"

　　妈妈抵制住了诱惑，没有说："好啊，这就是你想要的结果吗？"相反，她继续引导斯图尔特探讨着可能性。她问："如果不好好上学，你认为自己能得到什么样的工作？"斯图尔特说："哦，我可以当一个合同工。"妈妈说："我肯定你能。如果没有受过教育，哪些工作是你得不到的？"斯图尔特想了一会儿，说："嗯，我不可能当工程师或飞行员。"妈妈等着斯图尔特自己想明白。过了几分钟，斯图尔特说："好吧。我去上学，但我不会喜欢的。"妈妈说："哇，这很深刻。你刚刚发现了一个成功法则——去做一件事，即使你不喜欢，因为你看到了长远的利益。"

如厕训练

"关于如厕训练,我听到了太多相互矛盾的说法。按正面管教的方式该怎么做?"

理解你的孩子、你自己和情形

当今,如厕训练已经成了一个被过分夸大的问题。它可能会造成内疚和羞辱感、权力之争、报复循环、寻求过度关注,以及朋友之间为谁的孩子最早学会使用便盆而竞争。如果你对此一点儿都不担心,你的孩子在适当的时候就能学会使用便盆,因为他们很快就想模仿其他人。然而,对于一个3岁以上的孩子,如果你依然在这个问题上有困难,并且确定不是医学或性虐待方面的问题(见"性虐待",第360~363页),那么你可能已经造成了使用便盆的权力之争。

建议

1. 要等到孩子2岁半之后再开始进行如厕训练——除非孩子恳求更早开始。如果孩子在此之前就自己学着使用便盆,那你很幸运。要注意"自己学着"这个词。当大多数父母说"我的孩子已经开始如厕训练了"的时候,他们真正的意思是:"我正在进行如厕训练。我被训练得要提醒和唠叨,并捕捉孩子看上去好像已经准备好了的时刻。我被训练得当孩子在厕所尿尿或拉臭臭时就及时递上巧克力豆,并在他的日常惯例表上贴小星星。"

2. 当你开始让孩子进行如厕训练时，要准备一个孩子自己能够摆弄的小便盆椅。开始时，要让孩子坐在便盆椅上，想坐多久就坐多久，什么都不用做。孩子可能喜欢在便盆旁有一个堆满了书的书架。

3. 天气暖和的时候，要带着孩子和便盆椅去后院。让孩子光着屁股玩，你坐在一边看书或只是看着孩子玩。当孩子开始尿尿时，要马上把他放到便盆椅上，说："这么做。"在孩子知道社会可以接受的大小便的合适场所之前，你可能不得不经常这么做。如果你不介意有些脏乱，也可以在屋里这么做。

4. 要放轻松点，让如厕训练变得好玩一些。一位父亲将马桶排空后，在里面画了一个靶子，他的儿子便迫不及待地要尝试射中靶心。有一位母亲把孩子的如厕时间变成了母子之间的事，他们俩坐在各自的马桶上看书。

5. 当你开始让孩子穿如厕训练裤时，如果孩子尿或拉在了裤子里，不要羞辱孩子。不要再给孩子重新使用纸尿片，只需帮助孩子清理干净，要说："没关系。你可以再试。你很快就能学会使用便盆椅了。"

6. 要避免奖励或赞扬孩子，比如贴小星星或给他们提供糖果之类，而要说一些鼓励的话，就像上面建议的那样。对你的孩子来说，得到奖励有可能变得比学习社会能够接受的行为还重要。

7. 如果你和一个三四岁的孩子陷入了如厕方面的权力之争，要退出。要教你的孩子如何照料自己（让孩子自己清理干净，以及使用洗衣机），然后就忙你自己的事。这可能听起来有点残酷，但当你对此不再关心时，你会惊讶地发现这个问题消失得有多快。

预防问题的发生

1. 可以一直让孩子用纸尿布（甚至对如厕训练只字不提），直到孩子长到足以谈如厕训练的年龄。（你可能会惊讶他们那么早就要求像爸爸妈妈或自己不穿纸尿裤的朋友那样使用马桶。）然后，你们可以一起制订一个计划，可以包括穿拉拉裤作为过渡。

2. 如果你的孩子到了 3 岁还不会使用便盆，要让医生评估一下，看孩子是否有身体方面的问题。如果孩子没有身体方面的问题，你们就可能陷入了权力之争。猜猜谁会赢吧！要停止唠叨孩子。要以尊严和尊重的方式，让孩子体验自己选择的后果。在双方都心平气和时，要教给孩子自己换衣服。当孩子尿湿或弄脏了裤子时，要和善而坚定地带孩子去他的房间找干净的衣服。然后，领孩子去洗手间，问他是愿意自己换衣服，还是想要你在那里陪他。（不要替孩子换衣服。）

3. 如果孩子拒绝换衣服（如果你真的已经退出了权力之争，就不大可能出现这种情况），要问："穿着脏裤子有什么感受？你有解决这个问题的办法吗？穿着脏裤子你能去哪些地方玩呢？"（见下面的建议。）

4. 找一个心平气和的时间（在孩子没尿湿衣服时），和孩子一起做头脑风暴，想出孩子穿着不干净的裤子时能在什么地方玩。外面、洗手间（抽屉里放一些玩具）或地下室可能是合适的地方。要确保这不是一种羞辱的体验，而是孩子自己的选择。"你可以把脏裤子换掉，或者在我们说好的其中一个地方玩。"

5. 要教给你的孩子（4 岁及 4 岁以上的孩子）如何将洗衣粉放进洗衣机，以及如何按下按钮洗他自己的衣服。

6. 找一所老师愿意承担如厕训练的学前教育机构。如果这个机构能提供让孩子自己使用的小马桶，并且孩子们能有很多机会观察别的孩子如何成功地使用马桶，他们很快就能学会。很多机构还有如厕的惯例，有助于孩子们很快学会。

孩子们能够学到的生活技能

孩子们能够发现，他们能在适当的时候学会社会可以接受的处理正常生活问题的方式，而不会觉得内疚和羞辱。错误不是别的，而只是学习的机会。

养育要点

1. 当孩子面对他们觉得自己无法达到的期望时，他们往往会感到沮丧和无能为力。这通常也是孩子不良行为背后的原因。孩子们可能会试图用一些无用的方式证明自己有力量——通过拒绝做你想让他们做的事情。

2. 当父母们给予孩子的不是无条件的爱时，会对孩子造成伤害。孩子们可能会在意识不到自己隐含动机的情况下想要寻求报复。让父母伤心的一种方式，就是拒绝做父母认为很重要的事情。

3. 知道你的孩子到上大学时可能会学会如厕，应该让你得到一些安慰——而在消除了权力之争的情况下，甚至会更早学习。你要放轻松，欣赏你的孩子。

开阔思路

一位母亲告诉自己2岁的女儿："这个周末我们就开始使用便盆的训练。当你觉得想尿尿或拉屎时，要让我知道，我们一起去洗手间,你可以坐在便盆上而不是拉在纸尿布里。"整个周末,妈妈将自己的全部注意力都放在女儿身上,留意着女儿的每一种迹象或信号。到了星期天晚上,她2岁的女儿已经完全能使用便盆了。尽管在接下来的一年里她偶尔有几次失误,但大多数时候她都能独立、自愿地使用便盆椅。

撒谎或编造

"我不知道如何才能让我的孩子别再撒谎。我们一直很努力地教给他要有道德。我越惩罚他,他就越撒谎。我真的很担心。"

理解你的孩子、你自己和情形

我们找了又找,找不到一个小时候没有撒过谎的成年人。实际上,即便作为成年人,不撒谎的都不多。父母们因为孩子不具备连他们自己都还没有的美德而生气,难道不是很好笑吗?我们并不是在为撒谎找正当理由,而是为了表明撒谎的孩子并不是有缺陷或不道德的。在我们能帮助孩子们放弃对撒谎的需要之前,我们需要搞清楚孩子撒谎的原因。通常,孩子们会因为和成年人同样的原因而撒谎——感觉自己陷入了困境,害怕被惩罚或遭到拒绝,感觉受到了威胁,或者只是认为撒谎会让事情变得对每个人都更容易。通常,撒谎是低自尊的一种标志。人们认为需要让自己显得更好,因为他们不知道自己本来已经足够好了。

编造是童年早期的一种正常行为,这时,幻想和现实往往会混在一起。要享受这种乐趣,并尽可能参与孩子编故事——你或许会造就一个富有创造力的孩子。

建议

1. 别再问会招致孩子撒谎的圈套式问题。圈套式问题是指你已经知道答案的问题，不要说："你打扫自己的房间了吗？"而要说："我注意到你没有打扫自己的房间。你愿意制订一个打扫计划吗？"要专注于解决办法，而不是责备："我们怎样才能完成这些家务活呢？"而不是问："你做家务活了吗？"

2. 当孩子的话听上去更像是编造而不是撒谎时，与上面说你"注意到什么"稍有不同的一种说法，是说出你的想法："这听上去像是个很好的故事。你真善于想象。再给我多说一点吧。"

3. 你自己要诚实。要说："在我听起来，那好像不是事实。当我们感觉自己以某种方式陷入了困境、害怕或受到威胁时，大多数人都不会说实话。我想知道自己的哪些做法可能让你觉得说真话不安全？为什么我们现在不分开一会儿呢？待会儿如果你愿意告诉我发生了什么事情，可以随时来找我。"

4. 要处理问题。假设孩子告诉你他还没有吃饭，而你知道他已经吃过了。他为什么说自己还没吃呢？他还饿吗？如果他还饿，那么他吃了与没吃又有什么关系呢？要和孩子一起寻找解决饿的办法。他只是想得到一些关注吗？要通过和孩子一起找到你们能单独相处的时间，解决他对于关注的需要。他只是想讲一个故事吗？那就让他讲。要了解是个怎样的故事："这听起来像是个很好的故事。跟我多说说。"

5. 另一个可行的做法，是忽略孩子的谎话，并通过问"启发式"问题帮助孩子探究原因和后果。当孩子说他一整天都没吃饭时，要问："发生什么事了？还有吗？你对此有什么感受？你有什么办法解决这个问题？"只有当你真正对孩子的看法好奇时，这些问题才会有效。不要为了证明他在撒谎而问这些问题。如果你认为这是孩子在编造，请见第 2 条建议。

6. 当孩子不想告诉你时，要尊重他们的隐私。这会防止他们为了保护自己的隐私而对你撒谎。

7. 要记住，有时候孩子们编造的东西只是一个无害的故事。尽可能深入挖掘这个故事，甚至帮助孩子写一个故事，或许会很有趣。

预防问题的发生

1. 要帮助孩子相信错误是学习的机会，这样，他们就不会因为犯错而相信自己坏并需要掩盖自己的错误了。

2. 要让孩子们知道，父母是无条件地爱他们的。很多孩子因为害怕说实话会让父母失望而撒谎。

3. 要表达感激："谢谢你对我说实话。我知道这很不容易。我钦佩你这种愿意面对后果的方式，而且我知道你能处理这个问题并从中学习。"

4. 不要再试图控制孩子。很多孩子撒谎是为了发现真实的自我，并做自己想做的事情。同时，他们在做自己想做的事情时，会通过让父母认为他们在做自己应该做的事情，试图让父母高兴。

5. 大多数故事，即便是编造的，也有一些真实的元素。要寻找其深层含义，如果你认为有问题，要和孩子谈谈。

孩子们能够学到的生活技能

孩子们能够知道，在自己家说实话是安全的。即便在他们忘记这一点时，他们也会得到温柔和充满关爱的提醒。孩子们能知道，父母在意他们的恐惧和错误的信念，并且会帮助他们克服。

养育要点

1. 我们大多数人会为了保护自己免受惩罚和责难而撒谎。那些惩罚、评判或长篇大论地说教的父母，会增加孩子将撒谎作为一种防御方式的机会。上面的所有建议都是为了营造一个没有威胁的环境，让孩子们能够感到说实话是安全的。

2. 很多孩子撒谎是为了保护自己免受评判和批评，因为当大人说他们是坏孩子时，他们会相信。他们当然想避免这种痛苦。

3. 要记住，孩子现在什么样并不代表他永远什么样。如果你的孩子说了一个谎，不要通过叫他骗子来作出过度反应。他不是骗子，只是一个说了谎的人。这两者之间有极大的不同。

4. 要专注于与孩子建立亲密和信任的关系，而不是专注于孩子的问题行为。这往往是消除孩子令你反感的行为的一个捷径。

开阔思路

作为一个4岁的孩子，哈罗德很怕黑。他3岁的妹妹经常为此嘲笑和贬低他。有一天晚上，他们待在一个需要穿过外面的一条走廊才能到达厕所的地方过夜。外面刮着风，这个夜晚对于哈罗德来说显得相当吓人。最终，他对尿床的恐惧战胜了自己对于去厕所的"旅途"的恐惧，所以，他向走廊的另一头出发了。走到一半时，他踏入了街边路灯投射在地上的光里，被自己巨大而"强壮"的影子吓了一跳。

在哈罗德孩子气的大脑里，他开始想，如果他像自己的影子那样巨大而强壮，他就永远都会感觉很安全。从那以后，哈罗德形成了一个持续终生的模式，为了让自己感觉到安全和被接纳，他就努力让自己显得比真实的强大。当人们对他的编造变得烦恼时，他会感觉更没有安全感，并会再编造一个。最终，有人透过这种编造理解了这对于哈罗德来说意味着什么，并帮助他明白了他比任何影子都好得多——不管是多大的影子。

想一想章鱼吧，在受到威胁时，章鱼会喷出一团比自己的体积大得多的墨汁雾，以隐藏自己并逃脱猎物的追赶。臭鼬相信它发出的臭味越浓，自己就越安全。所以，编造者在动物王国里是有一些同伴的。

生病

"有时候，我的孩子病得很厉害，让我很害怕，而另一些时候，我认为他们说自己病了只是想引起我的关注，或者为了不去上学。我怎样区别这两种情况呢？"

理解你的孩子、你自己和情形

孩子生病可能会让人很害怕，当孩子患了威胁生命的疾病时，简直就是一场灾难。然而，大多数时候，孩子们都能康复。在有些家庭，孩子们已经知道生病是用来逃避自己不喜欢的一些事情的办法，或者是得到特殊照顾的一个机会。装病可能是孩子的一种求救信号，也可能是寻求过度关注的一种企图。在这两种情况下，重要的是，在处理孩子行为的同时，要处理其行为背后的信念。

建议

1. 如果你怀疑孩子是在将生病当做不去上学的借口，要以不带威胁的方式探究一下这种可能性："我不是很确定，但我想知道你是否在学校遇到了一些问题，你想生病，以便不用去上学。如果是这样，等你准备好了，我愿意听你具体说一说，并帮助你一起解决问题。"

2. 如果孩子说觉得身体不舒服，要认真对待。要倾听她，并认可她的感受。如果你一直在鼓励孩子说出他们的感受——在感到害怕，或担心或不舒服时，说"我害怕（担心，不舒服）"，而不是为了得到帮助，不得不说"我病了"——那么，你就不应该认为孩子在欺骗你。

3. 在家里准备一个体温计，以便你能给孩子量体温，这有助于你判断孩子有没有生病。现在有了给年龄小的孩子使用的腋下体温计。还要考虑到其他症状——孩子不发烧也可能生病。

4. 很多父母非常了解自己的孩子，只要孩子一生病，他们立即就能看出来。要相信你的感觉，并通过外界帮助来消除你的恐惧。当你怀疑孩子需要帮助处理一种令其不知所措的情形时，或者当你怀疑孩子只是在逃避自己害怕的一种情形的责任时，也要相信你的感觉。要自信地采取相应的行动。

5. 当孩子生病时，要确保让他们知道发生了什么事情，以及如何服药。不要强迫孩子吃药，但要向他们解释为什么需要吃药，并请求他们的帮助与合作。

6. 如果家里有人生病了，不要因此忽略家里的其他人和你自己。要和其他人一起喘口气，休息一下。要诚实地告诉所有家人发生了什么事，以及你有什么感受。

7. 要允许孩子不时地过一天有利于心理健康的日子，使他们可以有一天不上学，而不必以"生病"为借口。

预防问题的发生

1. 教孩子倾听自己的身体，以及如何通过良好的饮食和睡眠来照顾自己。
2. 要注意你自己对疾病的成见。你认为最好对病人关怀备至，还是让他们自己休息？你认为生病是件麻烦事，还是在疾病来临时准备好面对？你认为即便生病了也应该"硬扛"吗？你对疾病的看法会影响到你如何对待孩子，以及孩子对生病的感受。
3. 要尽可能使用非药物治疗，这样，孩子就不会认为药物万能。温柔的关爱（TLC）更有助于孩子的康复。
4. 不要暗示孩子如果天冷时不穿外套就会生病，或者睡眠不足就会生病等等，因为这可能是在"安排"他们生病，而不是预防生病。
5. 手边要有出现紧急情况所需要的信息，以便任何人都可以迅速得到帮助。

孩子们能够学到的生活技能

孩子们能够知道倾听自己的身体、照顾好自己，并要求自己所需要的东西，而不必以"我病了"作为借口。

养育要点

1. 如果你生病了，要确保你有家人或朋友过来帮你照看孩子并且照顾你。

2. 无论你采取多少预防措施，孩子们总是会生病的，所以，要接受这一点，而不要责备自己，或者过度保护孩子。

开阔思路

几个 8~12 岁的孩子刚随父母搬到一个陌生城市的新家里，他们的父母晚上就外出了。没有人问过他们能否应付得了——父母只是认为孩子们没问题。

没过几分钟，那个 8 岁的孩子就开始肚子疼。最大的孩子去找邻居帮忙，说："我认为她不是真的病了。我想她只是害怕，我也害怕。"

孩子们的父母没有告诉邻居，他们为以防万一已经将电话号码留给了孩子们。然而，邻居还是拿来了汤、软饮料和冰棍，尽量给孩子们一些安慰。

大约在邻居离开一个小时后，那个 12 岁的孩子又打电话来了。这次是因为一个孩子头疼，他们在家里找不到儿童服用的阿司匹林。这位邻居跑到商店买了阿司匹林，并决定陪着孩子们，直到他们的父母回来。这位邻居意识到，父母留给这些孩子的责任超出了他们的能力。

孩子们是很有创造力的。如果受到了不尊重的对待，他们可能会想出以"生病"作为得到大人认真对待的方式。

恃强凌弱

"我儿子每天都从公交车站跑回家，因为有一个大孩子总是使劲推他，并威胁说要打他。我不想表现得像一个过度保护孩子的父母，或者因为出现在公交车站而让孩子更加难堪，但我不知道怎么帮助他，而且我必须得做点什么。"

理解你的孩子、你自己和情形

谁没有遇到过欺负人的人呢？每个学校都有欺负人的孩子，每个社区也有。他们通过口头威胁和行为使别人成为受害者，有时候让孩子们几乎不可能正常地生活。如果你是个和平主义者，你可能不希望你的孩子反击，但是，你给了孩子哪些其他工具来处理这个问题呢？置之不理不会让这个问题消失。

建议

1. 要鼓励你的孩子将他们遇到的问题告诉一个成年人，即使欺负他们的孩子威胁会因此报复他们。

2. 要建议孩子与小朋友结伴同行，这样你的孩子就不是孤身一人了。孩子们能够互相关照，而且孩子多了会比较安全。

3. 要让孩子参加一个强调自律、自我控制和自尊的防身课。当你的孩子觉得自己更强大、更有能力时，他就没有必要那么好斗了。他的自信将会来自于内在。

4. 要注意观察并和孩子谈谈，以确保不是他先戏弄或招惹别人，然后别人才欺负他。

5. 当孩子抱怨自己被人欺负时，要认真听，并要确保让孩子知道你为他们遭到别人恶劣的对待感到难过，知道你会帮助他们。

6. 建议孩子试试下面的建议：运用幽默感，走开，拒绝打架，和欺负人的孩子交朋友，不要把侮辱放在心上，大声喊叫，或者与欺负人的孩子理论。

预防问题的发生

1. 请求学校帮助加强监管,并对违规者采取零容忍政策。
2. 建议学校建立安全训练和同龄孩子调解制度,让欺负人的孩子和被欺负的孩子进行对话,并让他们知道如何通过非暴力的方式解决冲突。
3. 你要出现在孩子经常被欺负的地方。早上,带上你的咖啡,走到公共汽车站,站在不远处喝。
4. 为了避免自己的孩子欺负人,要确保你的孩子感觉到强烈的归属感,并知道自己并不软弱。要定期召开家庭会议,让孩子学会专注于解决问题的办法。
5. 不让孩子看那些暴力的电视节目和电影,也不让孩子玩模拟谋杀的视频游戏。
6. 要注意,不要在自己家的孩子中助长好人、坏人的区分。如果你总是指责一个孩子而保护另一个,就可能在无意中造成一种潜在的欺负和被欺负的情形。如果你对孩子进行体罚,就是在教给孩子做同样的事情。
7. 要定期召开家庭会议,以减少孩子成为欺负人的人的可能性,因为孩子们能够学会尊重差异并专注于问题的解决方案。

孩子们能够学到的生活技能

孩子们能够学到以不使用暴力或不成为受害者的方式处理问题。他们还能够了解到,欺负人的孩子并不是天生就如此,他们的大部分行为都是学来的,或是为了发泄自己被孤立的感受。

养育要点

1. 不要因为你对自己身边的其他人以否定、情感或身体的虐待，或者威胁和逼迫的方式来解决问题，而造就一个欺负人的孩子。

2. 要教给孩子以非暴力的方式解决冲突的技能。要鼓励你的孩子远离欺负人的孩子，以避免受欺负，并且在遇到很难处理的情形时，要毫不犹豫地请求成年人的帮助。

开阔思路

格兰特家搬进了一座新的公寓大楼，他经常被楼里的大孩子们找茬刁难。有一天，他的妹妹双手叉腰，对那些欺负人的孩子说："如果你们再惹我哥哥，我就亲你们。"那些大孩子们四处逃散，喊着："救命啊，救命啊，别让她靠近我。"

道格的哥哥格斯是个爱欺负人的孩子。每当父母看不见时，他就踢自己的弟弟，踩弟弟的玩具，毁坏弟弟的东西，还在弟弟的房间里吐口水。无论父母怎么做都无济于事。父母对格斯进行说教，威胁他，打他屁股，冲他吼叫，并让他待在自己的房间里。他们努力保护道格并解决这个问题，但根本不管用。

有一天，爸爸把道格送进了一所空手道学校。在学了一年空手道之后，道格告诉哥哥，他现在知道很多厉害的招数，在必要时会毫不犹豫地使用这些新技能。他向全家人简单展示了自己学到的本领，表演了一系列的踢脚、手部动作以及滚翻。从此以后，格斯再也不招惹弟弟了。

手机

"我10岁的女儿坚持说她所有的朋友都有手机,并坚持认为她也必须有一部。我认为她太小了。我15岁的儿子有一部手机,因为我想知道他在哪里,并能和他保持联系,但他每个月打电话和发短信的费用都很多。我不想收走他的手机,但又无法承受他花这么多钱。我该怎么办呢?"

理解你的孩子、你自己和情形

你的孩子想要一部手机来跟朋友联系、拍照、发短信、扮酷、玩游戏和上网。你想让孩子有一部手机,是因为你关心他们的安全,需要和他们保持联系。或者,你也许担心如果你拒绝给他们手机,他们会生你的气。或者更糟,你担心这对孩子是一种剥夺。这种情形已经失控了。男人、女人和孩子们在走路时也把手机贴在耳朵上打电话。拥有一部手机已经变得像拥有一把牙刷那样重要。你生活在一个充斥着各种科技的网络世界,你的孩子常常显得比你更加游刃有余,但你仍然想要为他们提供一些指导。

建议

1. 如果你不想让自己的孩子有手机,那就说不!要告诉你的孩子怎样以及何时才能让他用手机。如果孩子需要与你保持联络,可以给他买一张预付费的电话卡。

2. 如果你决定要给孩子一部手机，要让她支付一部分费用。如果她没有钱支付超过规定部分的话费，要让她知道你会把她的手机保管起来，直到她还清额外费用。

3. 如果你的孩子总是超支，要买一份预付费的套餐，一旦里面的钱用光，除了拨打报警电话之外，会自动停止服务。

预防问题的发生

1. 在家庭会议（或一次共同解决问题的会议）上，要提前讨论你能同意的手机使用规则。要确保孩子们知道自己每个月有多少分钟的通话时间，如何查询使用情况，以及如果他们违反约定会发生什么事情（见上面第 2 条建议）。要确保孩子们知道夜间免费通话时间何时开始。要为孩子们如何支付超额话费形成一个规定。要和孩子们谈谈多么容易在不经意间通话超时并产生额外的费用。

2. 如果你决定给孩子一部手机，要确保他们使用耳机，直到进一步的研究证实手机的辐射不会导致脑部肿瘤。要向孩子解释手机的潜在危险。

3. 要让孩子研究一下学校对手机有什么规定并告诉你，要和孩子讨论这些规定。

4. 不要让孩子在开车时打电话。有些州会对此进行罚款，然而即便不罚款，你的孩子也必须专心开车。

5. 要和孩子讨论一下使用手机的礼仪，以及在电影院或其他公共场所关掉手机的重要性。要讨论在和别人交谈的同时用手机跟另外的人通话为什么不礼貌。

6. 要和孩子谈谈如何对付那些可能用手机诈骗的人和电话销售人员。

孩子们能够学到的生活技能

孩子们能够学到，如何为一件对自己来说很重要的事情安排优先顺序和预算。他们还能够了解到负责任地使用手机和有关手机的礼仪。

养育要点

1. 拥有手机并不是你的孩子与生俱来的权利。给孩子提供一部手机，并不是你的责任。

2. 如果你正考虑为孩子的手机增加全球定位功能，千万不要低估孩子们的创造性和智慧。你或许为了知道孩子在哪里而额外花了很多钱……而孩子的手机却可能被放在了另一个地方。

开阔思路

一位父亲告诉自己的一对上小学的双胞胎孩子，等到他们上了中学后才能有自己的手机。当孩子们上了六年级后，他们又要手机。父亲说："你们需要给我说出为什么需要一个手机的10个充分理由。"当孩子们说第一个理由是往家里打电话时，他不由得笑了起来。"对，"他说，"我相信你们会一直给我们打电话。"第二个理由就不是那么好了。孩子们说他们需要手机，以便父母可以给他们打电话，父亲回答说："我们其实不需要那么经常给你们打电话。"随着孩子们寻找更多的理由，他们想要手机是因为别人都有手机就变得很明显了。

这对父母很明智。他们告诉孩子们，一部手机每周最少需要大约5美元。当孩子们主动提出用自己每周10美元的零花钱支付时，父母提出了另一个建议。他们说可以和孩子们分摊这笔费用，只要孩子们支付超额使用手机所产生的费用。他们还建议不能赊账，因此，如果孩子们欠了钱，他们的手机会由父母保管，直到他们付清超出的所有费用。

父母还说，他们会支付基本费用，但如果孩子们想要升级，他们就必须自己承担升级的费用。孩子们问他们是否可以选择，父母说"不行"。后来，即便当孩子们为了支付超出的费用而不得不省下看电影和吃午餐的钱时，父母也坚持按照订好的规则做。没用多久，孩子们就对自己的手机使用负起了责任。

收养

"我应该在我的孩子多大的时候告诉他是收养的呢？他某个时候有可能会想寻找自己的亲生父母，有什么办法能防止他因此而伤心呢？"

理解你的孩子、你自己和情形

父母们可能出于某些政治的、社会的、哲学的甚至流行的原因而决定收养一个孩子。但是，也有很大一部分人收养孩子是因为他们没有自己的孩子。这个群体中的大多数人，都经历着某种丧失的痛苦——丧失了生育能力，丧失了亲生父母，丧失了自己的孩子。在大多数收养孩子的情形中，这种丧失是一个持续终生的问题。被收养的孩子要处理自己被抛弃的感觉，因为他们认为自己的亲生父母不想要他们；他们还会感觉到羞耻，因为他们认为是自己有问题才被父母抛弃的。

作为父母，当你承认收养会带来一些可预料的、并非不正常的问题时，你就能够走向一个双赢局面了。你对矛盾的接纳以及对孩子的复杂情感的体谅，会产生一种积极的影响。有些孩子会觉得自己得到了更多的爱，因为养父母选择了自己；而另一些孩子则认定父母说他们是收养的是为了让他们感觉好一点，因为他们不够好。被收养的孩子会为自己的身份而困扰——但是，每个人都如此。通过培养孩子对家庭文化的认同感，再加上你的爱和力量，将能帮助你战胜任何问题。

建议

1. 不要对孩子隐瞒收养的真相。在孩子能够理解收养的含义之前，就要告诉他是收养的。你甚至可以在孩子到来之前，就开始练习自己怎么说："能够收养你，我们真是太幸运了。我们太想要你了。"到孩子能够理解收养的含义时，这个词对他来说就不新鲜了。而且，要记住，有些孩子比你想象中理解得要早，所以要尽早对孩子说。

2. 如果孩子开始出现不良行为，不要把收养作为借口或解释。

3. 当孩子对你说"我恨你，我希望能找到自己的亲妈妈"时，不要太当真。亲生的孩子也会经历类似的阶段，会说一些诸如"我恨你，我真希望能换个妈妈"之类的话。即使你认为这永远都不可能发生在你的家，但这会发生，当确实出现这种事情的时候，太认真只会让你很伤心。

4. 要承认并认可孩子的感受。"你很生气，这没关系。你想多了解自己的生母。你觉得不快乐，因为其他孩子都是蓝眼睛，而你是棕色的眼睛。你有这些感受都是正常的，我们爱的正是这个与众不同的你。"

5. 如果孩子告诉你，邻居或学校的朋友嘲笑他是收养的，你要共情地倾听，然后，要用启发式提问帮助孩子处理这种事情："发生了什么事？你对此有什么感受？你对此有什么想法？你认为你的朋友为什么会那么说？其他孩子会因为什么被嘲笑？"要和孩子一起想出如何回应：通过角色扮演、头脑风暴，想出具体的措辞。

6. 当兄弟姐妹中有人抱怨他们当中某个孩子因为是（或不是）收养的而得到了特别关照时，要承认每个孩子来到家里的不同方式，并要让孩子相信他们每个人都是独一无二的、特别的，你爱他们每一个人。此外，要强调你们全家人的共同点，比如"我们都爱巨人队"或者"我们都是电脑迷"。

预防问题的发生

1. 在气氛亲密的时候，要讨论今后可能会出现的问题，以免问题变得很严重。"我注意到，最近有许多关于被收养的孩子想找自己亲生父母的报道。你对此有什么想法？你认为他们为什么想这么做？你有什么打算吗？"你只需要倾听，而不要试图说服孩子产生或放弃他的想法、感受或打算。

2. 要让你的孩子知道，如果他想要找到自己的亲生父母，你会支持他——你会理解，并且不会感到嫉妒或受到了冷落。要保留孩子的相册、学习成绩单、视频和其他纪念物，以便你的孩子在找到亲生父母时和他们分享这些东西。

3. 你的孩子需要知道，他的亲生父母放弃他而给别人收养，是因为他们自己的境况，而不是因为孩子自己有什么问题。要告诉孩子，你很同情他作出了这种决定的亲生父母。要安慰孩子，你很高兴有这个机会给予他全部应得的爱。随着孩子从一个成长阶段走向另一个阶段，你要经常对孩子这样说。

4. 要提醒自己，各个孩子在不同的年龄和阶段的行为是相似的，无论他们的亲生父母是谁，而且所有的孩子都会争夺父母的关注。

5. 如果你对每个孩子的感觉不一样，你要给自己留出培养与养子女感情的时间，而且不要痛责自己。即便在都是亲生孩子的家庭里，这也是正常的。

6. 要设立一个"兄弟姐妹日"，来庆祝孩子们成为兄弟姐妹的那一天。有些家庭庆祝"得到你"纪念日，作为孩子进入收养家庭或收养具有法律效应的纪念。

孩子们能够学到的生活技能

让被收养的孩子探索自己的感受、想法并对自己的出身得出结论，他们就能够体验到这是你的爱。他们能够了解到，自己可以重新爱别人，而不用担心被拒绝；他们还会知道，令人烦恼的事情会随着时间的流逝而成为过去，人生的快乐则会继续。

养育要点

1. 被收养的孩子想了解亲生父母，与亲生的孩子幻想自己能有不同的父母（有钱的、有名的或不那么严厉的）是相似的。这个阶段总会过去，只要你别太认真，或者你只要足够认真地考虑了环境允许你做到什么程度——从跟孩子开诚布公地谈，到和孩子的亲生父母取得联系。

2. 如果你的孩子对这件事确实很认真，你要记住，一个孩子同时爱亲生父母和养父母，要比从两方中选择一方容易得多。要让你的孩子知道这一点。而且，要让孩子知道，如果他找到亲生父母后感到很失望，你愿意为他提供建议。

开阔思路

"我恨你，妈妈。我真想你已经死了！反正你不是我的真妈妈。你只是我的养母。"6岁的帕蒂紧握着拳头，用力跺着脚，哭着向催她上床睡觉的妈妈喊出了这些挑衅的话。

帕蒂怒气冲冲地上床后，妈妈含着泪与爸爸详细讨论了这件事。"我就知道会这样，"她抱怨说，"我早知道会有这么一天，她会因为收养这件事而怪我们。"

幸运的是，帕蒂的爸爸对他们亲生儿子的成长过程记得很清楚。"你不记得纳特在这么大时的样子啦？他那时经常说要让朋友的妈妈当自己的妈妈。我甚至记得有段时间他认为自己是被收养的。亲爱的，我认为你不应该太当真。"他最后说，"我不认为帕蒂因为自己是被收养的才这么说的。我想，这个年龄的孩子在生气时都这样。"

输不起

"我6岁的孩子无法忍受自己输。看到他那么生气，我的心都要碎了。他往往会在开始输的时候退出比赛。有时，他甚至会为了赢而作弊。当我们玩游戏时，我会让他赢，但我不知道在他和别人玩的时候如何不让他输。而且，我不希望他一辈子都作弊。"

理解你的孩子、你自己和情形

我们或许可以猜测，这个孩子已经形成了一种信念，"只有是第一或最好时，我才能感觉到归属和自己的重要"。

很多孩子在很小的时候就参加团队体育活动，并喜欢学习技能和玩游戏。他们很愿意作为团队的一员。当父母或教练太关注赢而不是游戏本身时，或者当孩子们被相互比较时，游戏的很多乐趣就消失了，而孩子也会感到想放弃。

对有些孩子来说，这还可能是一个发育问题。在八九岁以前，有些孩子对游戏规则的含义和目的不感兴趣或不是完全理解。当五六岁的孩子玩游戏时，他们只是为了好玩而在游戏过程中自己制定规则是很正常的，尽管他们可能会因为其他人不遵守同样的规则而感到沮丧。

建议

1. 避免过度保护你的孩子，并要允许他在输的时候体验失望感。不要长篇大论地说教，或试图说服孩子相信他没有那种感受。要认可孩子的感受，说："我能看出来你因为自己输了真的很失望。有这种感受没关系。"这有助于孩子认识到失望是生活的一部分，他能应付得了。

2. 到孩子再大一点之前，要尝试只为了好玩而玩游戏——不必遵循传统的游戏规则。可以自己制定规则，只要玩得开心。或者玩一些没有输赢的游戏——每个人都是赢家。

3. 随着孩子逐渐长大，如果你故意每次都输，就会给孩子造成他总是会赢的错觉。这会让孩子步入社会后遭遇更大的失望。如果你有时赢几次，孩子就能在一个安全的环境中体验失败，因为你相信他有能力处理自己的失望。

4. 如果孩子太难承受自己比赛的失利，可以建议他休息一下，以平静下来。当孩子平静一些时，你可以问一些"什么"和"如何"的问题。"对于这项运动，你最喜欢什么？你对自己的参与有什么感受？如果别人和你一起玩时总是输，你认为他们会如何感受？你怎么做才能让自己无论输赢都能享受比赛呢？你如何评价自己团队的表现？"以一种友好的方式问孩子"什么"和"如何"的问题，能消除长篇大论地说教所造成的抵触情绪。

5. 决定你要怎么做。"我真的很喜欢和你玩游戏，然而你每次都想让我输，就不好玩了。当你准备好无论输赢都享受比赛时，请告诉我，我会很乐意和你一起玩。"

预防问题的发生

1. 要通过问孩子一些能让他们从自身找答案，而不是抵制你的说教的问题，和他们讨论运动精神。"你认为一项好的体育运动意味着什么？你对不好的体育运动是什么感受？你认为将一项不好的体育运动变成好的，最重要的是什么？你作为团队一员的责任有哪些？"

2. 要审视一下你自己的竞争心态。你在逼迫孩子赢吗？你在向孩子传递除了第一名你不接受任何其他结果吗？你在冲着教练喊叫，或者在赛场边指挥孩子吗？你在一场比赛之后对孩子进行说教，指出他们的失误吗？要记住谁在进行比赛——是你，还是你的孩子。

3. 要让孩子看到你对他们能够慢慢学会如何有风度地经历失望充满信心。要和孩子分享你处理失望的成功经历。告诉孩子你从这次经历中学到了什么，以及你认为这对你的生活有怎样的帮助。

4. 要和你的孩子玩一些不涉及输赢的合作式游戏。书店里有很多介绍非竞争性活动的书。

5. 要引导孩子思考自我提高，而不是与别人竞争。可以找一些奥运冠军渴望自己始终尽最大努力的故事——无论他们是赢还是输。

孩子们能够学到的生活技能

孩子们能够知道，当他们没有赢时，感到失望没关系，他们能够处理这种失望。他们能够在引导下考虑别人输了时的感受，以及输了也要有风度对别人是多么体谅。他们能够体验到作为团队的一员与大家一起努力的快乐。

养育要点

1. 要对参与带来的快乐表达感激和喜悦。
2. 有些教练和团队过分强调赢得比赛的重要性，这对你的孩子的损害大于益处。要毫不犹豫地带你的孩子脱离这种环境，如果他也想这么做的话。

开阔思路

马克是家里最大的孩子，到8岁时，他不能忍受自己输掉任何游戏。爸爸因为不愿意看到马克生气和掉眼泪，每次在和他下象棋时都让他赢，助长了马克的这种心态。

在了解了出生顺序的相关知识后，爸爸意识到了让马克经历一些失败的重要性，所以，他开始在与马克玩游戏时至少有一半的时间赢。马克一开始很生气，但爸爸只是任由他感觉自己的感受。很快,马克就知道了输掉比赛并不是世界末日,开始更有风度地对待输赢。有一天,在和马克玩传球游戏时,爸爸传出了一个非常差的球,他觉得具有里程碑意义的一天到来了。马克没有因为没接到球而生气,也没有责备爸爸传得太差,而是用自己的幽默感说:"爸爸传得真好。马克接得真烂。"

暑假

"暑假似乎永远不会结束了。孩子们快把我逼疯了。他们觉得很无聊,很难伺候,而我希望学校明天就开学。他们才刚刚放假一个礼拜啊!帮帮我!"

理解你的孩子、你自己和情形

很多现在做了父母的人,在小时候都是以睡懒觉、和朋友玩耍以及在家周围闲逛来度过夏天的。今天,有62%的家庭是父母均有工作的家庭或单亲家庭。在暑假里,父母不得不将孩子们留给亲戚带,或者让孩子自己在家,也有的父母会雇保姆,或者送孩子去参加日间夏令营。即使你想给孩子提供一个像你小时候那样的暑假,也几乎是不可能的,除非你有亲戚帮忙照看孩子,或者你有足够的钱请人到家里照顾孩子。即便你待在家里,暑假也不容易。你可能认为你的职责就是给孩子安排娱乐活动并确保他们开心(见"无聊",第338~341页)。或许,你时而会试图满足孩子的所有需要,时而又想把孩子们赶走,以便你不必设法让他们开心。无论是哪种情形,你的孩子都需要你的帮助才能过一个不错的暑假。

建议

1. 制定并坚持一个日常惯例，即便暑期的日常惯例与平常的不同。要确保让孩子参与制定这些惯例。

2. 每天要花一些时间和每个孩子单独待一会儿，做一些你们都喜欢的事情，或者只是待在一起也可以。如果你工作的地方离家足够近，可以试试在中午轮流约孩子们共进午餐。否则，就要让孩子帮助你做晚餐，以便你有时间和精力在晚餐后和孩子们快乐地待一段时间。

3. 要规定一个大家一起做家务的时间，在其他时间不要再想家务活。（当你不在旁边监督时，指望孩子把每一件家务活都干完是不现实的。）早餐前或晚餐前是做家务的好时间，通常，这段时间每个人都在家。

4. 看看你们家附近有没有什么课程、特别项目或暑假活动可以参加。报名前，务必让孩子参与作出决定。

5. 不要低估孩子们冥想、沉思或只是休息等"停工时间"的重要性。大多数孩子每个学年的日程都很繁忙。要记住能有一天或者几天什么事情都不做的感觉有多好。当孩子们过几天这种日子的时候，你不需要惊慌。

6. 要让孩子参与确定看电视的时间限制，在不应该看电视的时间，要把电视关掉。不要让电视成为孩子的保姆。

预防问题的发生

1. 和孩子一起，用头脑风暴列出一些对付无聊的办法。然后，当孩子们抱怨无聊时，你可以说："你为什么不去看看你的清单上该做什么呢？"

2. 暑假里，孩子们需要和朋友在一起。如果你不放心孩子在你不在家的时候邀请朋友过来，就需要安排其他人待在你们家，以便孩子能和伙伴们一起玩。有时候，和另外一个家庭达成协议也很容易，这样孩子们就可以待在一个有成年人在场的地方。

3. 如果你不得不将孩子留给临时保姆，要让临时保姆知道孩子的生活惯例，而不是期待临时保姆和孩子一起解决问题。不要指望大孩子在没有报酬或者没有选择的情况下照顾弟弟妹妹，而要建议孩子们相互照料。

4. 尽管很难，但在你下班回到家开始做家务之前，要和孩子一起待一会儿，让孩子们知道你很高兴见到他们，并问问他们这一天过得怎么样，都是很重要的。要让孩子们清楚地知道，这一段时间不是抱怨时间，而是分享时间。

5. 计划一些适合夏天的特别的郊游和例行活动，并且只有你和孩子们参加。

6. 要和孩子们谈谈，了解他们打算如何度过暑假。有些孩子等了一整年，就为了这段时间可以熟练掌握一个电子游戏、读一套书、看一些老电影，或者只是"消夏"。不要太快地判断他们想要如何打发时间，或认为你的想法一定比他们的好。要和他们一起安排出做他们认为重要的事情的时间。

7. 如果你不想让自己的孩子几个月什么都不干，可以了解一下全年三学期制的学校。如果你所在的学区没有类似学校，可以游说政府建一所。

孩子们能够学到的生活技能

孩子们能知道，他们要么自己找事做，要么就会觉得无聊。他们还能够知道，不能因为他们在放假，就忘记自己在家里的责任。孩子们还可以了解到，家人会帮助他们度过一个安全而快乐的暑假。

养育要点

1. 由于很多父母都在上班，暑假不再像以前那样了。很多孩子需要利用暑假休息一下，却没有机会有效地利用这段时间。提前作出有效地利用这段时间（包括休息时间）的计划，是很重要的。

2. 有些孩子在暑假里因为没有可以专注的事情而变得很消沉。还有一些孩子通过从商店里偷东西或者加入团伙来打发无聊。孩子们需要专注于有成效的事情来避免这些陷阱。

开阔思路

美国是发达大国中唯一在夏天中断学生们三个月学习的国家，以致老师和学生们用在放假和开学上的时间，比保持学校有成效地运行的时间还多。最初设置暑假是因为家里需要孩子们一起帮忙收割夏天的庄稼，但现在这已经过时了。我们保留了形式，但失去了其作用。结果，与其他发达国家相比，我们的孩子少了40~60天的学习时间。

将来，美国可能会开展全年制（一年三学期制）教育，中间有几次短假期。在此之前，要考虑和你的孩子讨论在暑假里打工、当志愿者、参加暑期课程或其他有益的活动。

顺从

"我的孩子特别不听话。我担心自己是否会'省了棍子，惯坏了孩子'，但我越为让他顺从而惩罚他，他就变得越不听话。"

理解你的孩子、你自己和情形

在考虑顺从这个问题时，想一想你的长期目标是很重要的。在当今社会，教孩子顺从可能会很危险。那些学会顺从的孩子，可能会成为"努力寻求别人赞同"的人，并且会顺从任何想要控制他们的人——起初是家人，然后是同龄人群体、团伙、邪教，甚至是专制或有虐待倾向的配偶。有些孩子会拒绝放弃自己的权力感，并变得叛逆。那些不知道有更好的办法的父母，会更努力地强迫孩子顺从，从而造成激烈的权力之争。更好的办法是，教给孩子合作、解决问题的技能以及尊重自己和他人。圣经学者告诉我们，《圣经》中的棍棒从来不用于打或惩罚，而是用于指引。孩子们需要的是指引，而不是惩罚。

建议

1. 对于2~4岁的孩子，要用本书推荐的很多养育工具：坚持到底；问启发式问题；积极的暂停；花时间训练；以及让孩子承担与其年龄相符的家务活，以教给他们承担责任、合作和贡献的价值。

2. 对于4~8岁的孩子，除了上述养育工具之外，还要加上家庭会议和一对一地共同解决问题，以教给孩子解决问题的技能；以及表达真实的感受；还有放手，以教给孩子相互尊重和生活技能。简单来说，你可以这么做：询问孩子想要什么；告诉孩子你想要什么；看看你们的想法是否接近。如果不接近，你们两个人要尽可能多想一些主意，并列成一个清单，从中选出一个试行一周；到一周结束时，再一起就怎样解决问题交换意见。

预防问题的发生

1. 要帮助孩子学会如何对待他们在外面可能会遇到的专横的规则。要教会他们接受恰当和有益的规则，并以尊重的方式努力改变那些不恰当和对人不尊重的规则。可以在晚餐时间或通过家庭会议的讨论做到这一点，你们要探讨遵守、反抗或改变规则的可能性及相应后果。

2. 不要求孩子盲目服从，并不意味着放任。有些时候适合一起找到解决办法，而有些时候行动比讨论更重要。事先决定你要怎么做，并以尊严和尊重的方式坚持到底。如果你的孩子跑到了马路上，要紧紧拉住他们的手不放。要说："当你准备好待在我身边时，我就放手。"如果孩子在商场里到处乱跑，要带他们回到车里，静静地坐着，直到他们准备好再试一次（要记住，你必须提前让孩子知道你会怎么做）。所有这些都要在坚定而和善的情况下进行——不要加上说教或羞辱。

孩子们能够学到的生活技能

孩子们能够学会自律、责任感、合作、解决问题以及尊重自己和他人。

养育要点

1. 很多年前，顺从可能是在社会生存所必不可少的一个重要品质。然而，在当今社会，要成为一个成功、快乐、有所贡献的社会成员，个人需要的是为培养良好品格所需的内在控制能力和生活技能，而不是顺从。

2. 当父母想用惩罚和奖励教孩子顺从时，他们真正教给孩子的是，只有当父母在场时，孩子们才需要顺从。捕捉孩子的好行为并给予奖励，捕捉他们的坏行为并予以惩罚，就变成了父母的责任。那么，当父母不在场时会怎样呢？

3. 父母们在运用惩罚时常常被愚弄，因为孩子的不良行为当时就会停止，他们就认为孩子顺从了。如果他们看看孩子从中真正学到了什么，或许就会大吃一惊。孩子在被惩罚时，通常会作出以下五种决定中的一种：

- 愤恨："这不公平！我不能相信大人！"
- 报复："这回他们赢了，但我会扳回来！"
- 反叛："我偏要对着干，以证明我不是必须按他们的要求去做。"
- 偷偷摸摸："我下次决不让他抓到。"
- 自卑："我是个坏孩子，不会自己思考。只有按照大人说的做，我才有人爱或有价值。"

开阔思路

在"过去的好时光"，顺从的样板随处可见。爸爸顺从上司，以免丢掉饭碗；而妈妈顺从地按照爸爸说的去做——或至少在表面上顺从——因为这是当时的文化所要求的。少数族群也接受顺从的角色。孩子们有很多顺从的榜样。

现在，孩子们很难看到顺从的榜样了。当今，少数族群在积极地主张自己完全平等、尊严和尊重的权利。大多数女性想要的是一个婚姻伴侣而不是顺从。很多男性想要的是一个能够为家庭的经济收入作出贡献的妻子，而不是一个需要照顾的女人。男人和女人一样，再也不想在家里做二等公民，他们组成了很多团体来评估自己的作用，维护自己的权益。正如鲁道夫·德雷克斯指出的那样："当父亲失去对母亲的控制时，父母双方也就失去了对孩子的控制。"孩子们只是在仿效自己身边的榜样。如今，教给孩子们责任感和道德，要比顺从重要得多。

心理学家罗洛·梅曾说过："美国人最终应该做的是，在旧金山港树立一座责任女神像，与纽约港的自由女神像并列，以时刻提醒我们，没有其中的一个，就不会有另一个。"

说脏话或骂人

"我的几个儿子总是说脏话。我几乎无法忍受和他们在一起。我丈夫和我从来不那样说话，而且我们也告诉过他们别说脏话。他们会停一会儿，但很快又开始说脏话。请帮帮我！"

理解你的孩子、你自己和情形

骂人和说脏话在生活中的很多场合——比如媒体和成年人之间——已变得如此普遍，以至于教给孩子尊重的行为与不尊重的行为之间的区别变得极其重要。你也许说了脏话,甚至自己都没注意到,而你的孩子可能会照搬他们甚至不理解的一些话,因为他们"感觉"到了这些话的影响而模仿。如果你对说脏话过于敏感,你的孩子或许就会因为其具有的震惊效果而说脏话。如果你在孩子们玩耍的地方待一会儿,就会发现自己的孩子并不是唯一说脏话的人。无论如何,如果听到脏话让你很反感,你就需要着手处理这个问题了。

建议

1. 让你的孩子知道,你不喜欢听到脏话,并请求他们的帮助。可以建议孩子要么用其他的词,要么只能在你听不到的时候说。

2. 如果孩子坚持说脏话,要让他们去别处说,或者你离开,直到他们说完。

3. 要让孩子知道,尽管说脏话可能很有趣,但可能不适合某些场合,因为这是不尊重的。孩子们需要知道,有些人对脏话很反感,如果他们不知道何时不能说,就会错失很多好机会。

4. 对于 3~5 岁的孩子,要说:"让我们把这个词换成_____。"如果你能给孩子提供一些听上去很有趣的选择,比如真见鬼、该死、无赖、胡说或幼稚,孩子们很有可能会按照你说的去做。有个家庭就发现说"哦,口臭!"很有趣。

5. 有时候,对脏话置之不理,就足以让它在变成一种习惯之前消失。

6. 如果孩子因为沮丧、愤怒或其他强烈的情感而骂人,要说:"你现在看起来真的很沮丧,想谈谈吗?"

7. 要让孩子知道,你尊重他拥有任何感受的权力,如果他们能尊重你不听他们说脏话的权力,你会很感激。

预防问题的发生

1. 不管是对待那些为模仿玩伴并让自己身边的大人大吃一惊而骂人的孩子，还是那些用说脏话来试探自己的力量的孩子，都要平静地回应，而不要表现得很震惊，通常就能使这个阶段很快过去。

2. 用家庭会议作为坦诚而不带评判地讨论孩子骂人问题的一种方式。要教孩子通过寻找更多富有表现力的方式表达自己，以展示他们的智慧。

3. 要问你的孩子是否知道他所说的脏话的含义。如果不知道，就把含义告诉他，并问这是不是他要表达的意思。要教给孩子，某些词近乎于性骚扰或种族歧视。

4. 如果家庭成员希望少说脏话，可以启用零钱罐。每当有人说脏话时，他就必须往零钱罐里放一枚25美分的硬币。等到存钱罐里的钱足够买披萨的时候，就订一份披萨，和孩子们共度一个美好的夜晚。

孩子们能够学到的生活技能

孩子们能够学会要意识到自己的行为对他人的影响。他们能够学会以可接受的、尊重的方式表达自己。

养育要点

1. 要当心电视、电影和电脑对孩子的影响。要监督孩子对媒体的接触（尤其是对于年龄小的孩子），并让他们参与讨论媒体呈现的尊重行为与不尊重行为之间的区别（尤其是当孩子大一些时）。

2. 不要期待只尝试一次就能解决问题。要一次又一次地尝试，再尝试。

3. 要记住并提醒孩子，他们可以感觉自己的感受，但表现感受的方式可以有很多选择。比起说脏话来，说"我真的对你很生气"是更可以接受的。

开阔思路

当十几岁的儿子在家里开始骂人时，斯通夫人变得非常担心。她决定数一数儿子在她面前使用不恰当语言的次数。然后，她将儿子使用某些词的次数告诉了他，并说自己会继续数。她说："我发现他现在更能意识到自己使用骂人的词了，上周他说脏话的次数减少了。我想，在我们家，这是一个意识欠缺的问题，而不是不尊重。"

死亡和悲伤

"我和孩子一起看新闻，正好看到一则涉及死亡的报道。我的孩子显得既不安又困惑。我应该如何处理这个问题呢？"

理解你的孩子、你自己和情形

死亡是生命不可逃避的一部分，但在我们的文化中，我们常常回避或否认这个问题。媒体会让死亡看起来非常可怕和痛苦，以至于死亡成了千篇一律的事情。即使年迈的祖父母或外祖父母的死亡作为一个自然过程来临时，通常也不是在家里，并且不会让孩子们见到。这些问题使得孩子们很难对死亡有一个健康的理解和看法。和孩子们谈死亡，虽然很有挑战性，却是养育中很重要的一部分，这能给孩子们提供信息、支持和安慰；还是了解孩子已经知道些什么以及他们可能有哪些错误观念的一种方式。

建议

　　1. 不要试图向孩子隐瞒死亡和临终的事实。你要通过让自己能够谈论死亡和临终，使孩子也能谈论。要通过坦率地谈论那些生命垂危的人，并鼓励孩子与临终者交谈，帮助孩子学习参与其中。如果孩子要去探望临终者，要让他们为即将经历的事情作好准备。如果不允许探望，要让你的孩子打电话、寄卡片或写信问候。当有人去世时，不要把孩子打发走。孩子也需要安慰。

　　2. 当你失去了关系亲近的人时，不要在孩子面前隐藏你的悲伤。要让他们看到，悲伤没关系。

　　3. 要允许孩子积极参与料理后事，尤其是与他们亲近的人去世时，以便他们能获得一种圆满结束的感觉。这包括参加葬礼、守灵、追悼以及种纪念树或制作供大家回忆的纪念箱。要提前让孩子们为即将经历的事情作好准备，并允许他们选择是否参与。要让他们帮助计划周年忌日的活动。

　　4. 当家里有宠物死了的时候，要让孩子参与计划一个适合的仪式和葬礼。要将此作为一个机会，与孩子讨论他们对于死亡是生命的一部分的看法。要鼓励孩子表达他们对与这只宠物所共度时光的感激。

　　5. 当孩子们接触到由暴力导致的死亡时，要坦率地讨论他们的恐惧和忧虑。要帮助他们明确自己可以利用的资源，使他们不至于感到自己很容易受到伤害。这可能包括祈祷、写日记、画画，以及与包括老师和朋友在内的人谈谈。

6. 不要期望你的孩子通过一次谈话就能理解死亡。不同年龄的孩子有不同的生活经历，所以，你也许需要经常提到这个话题。有些孩子可能只需五分钟就能处理自己的悲伤，而另一些孩子则可能一直害怕自己会死去，或担心自己会失去父母双亲，没有人照顾自己。

7. 孩子们有时只会按字面意思理解事情，所以不要用诸如"他睡着了"，"他离开我们了"，"他现在幸福了"，"我们失去他了"，"他病死了"，"他老死了"之类的话。这些话会让孩子对死亡意味着什么产生各种幻想和恐惧。

8. 要向孩子解释，不同的人对于死亡以及死亡时发生的事情有不同的信念。要强调所有的观点都值得尊重。

9. 当孩子亲近的人去世时，要通过和孩子谈论那些快乐的时光和美好的回忆，来平衡痛苦的表达。不要拿走逝者的照片，或者对待逝者就好像这个人从来不曾存在过一样。

预防问题的发生

1. 要和孩子们谈谈如何为你们所在地区可能发生的自然灾害作好准备。要确保他们知道在发生火灾、地震、龙卷风或飓风时该怎么做。当他们知道该如何做时，有助于他们感到自己不那么容易受到伤害。如果孩子们为那些有可能导致战争的国际事件担心，要鼓励他们给国会议员和总统写信。

2. 要留意孩子可能在为丧失亲人而悲伤的迹象，并准备好给予安慰。如果孩子问你什么时候会死，要安慰孩子说你可能还会活很长时间，而且即便你出了什么事，还有很多爱他并且会照顾他的人。你也可以说："我也不清楚这个问题的答案。"

3. 如果你的孩子感到内疚或认为是自己造成了某个人或宠物的死亡，要保持坦率的沟通。要倾听并安慰孩子。

4. 要注意，不要将孩子与那些已逝的人作比较。没有哪个活着的人能够与一个"天使"比。

5. 要鼓励孩子通过制作剪贴簿、相册或写日记来记录自己的感受。

6. 当你的孩子经历了某种丧失时，要记住，悲伤是需要时间的。不要认为表达一次痛苦和关爱，或举行一场仪式就足够了。

孩子们能够学到的生活技能

他们能够学到，死亡是生命的一部分，有了父母的帮助和自己的勇气，他们能够面对自己对未来的恐惧。他们有很多应对造成心灵创伤事件的个人资源。当知道死亡是生命的一部分时，他们还能懂得更加珍惜生命。

养育要点

1. 要解决好你自己对于死亡和临终的态度。
2. 跟孩子聊聊你对自己长生不老的看法和恐惧。
3. 将每一天都作为一个礼物来迎接，并与孩子分享这种心态。

开阔思路

一个小女孩和她的姐姐在一次车祸中丧生。她班里的同学们开了一次班会，请同学们赞扬这个小女孩曾经怎样感动过自己。每个学生都有一次机会说出对已故小女孩的感谢。然后，老师问同学们："你们现在有什么担忧吗？"有些孩子害怕回家。很多孩子以前从来没有面对过死亡，不知道该怎么做。他们做了头脑风暴，想出了几个建议。一个建议是制作一棵电话树①，以便孩子们能互相打电话，即便是在深夜。孩子们还列出了一份自己在白天可以去与之交谈的人员名单。很多孩子都有自己感觉在学校时可以交谈的不同的人：门卫、图书管理员、餐厅督导、心理辅导老师、老师、校长以及其他孩子。大家决定，任何人在觉得有必要时都应该得到允许去找某个人谈。他们决定，将小女孩的照片贴到圆形发夹上，佩戴一周，作为对她的纪念。他们还种了一棵自己买的小树，在一年中一直精心照料，以纪念这个小女孩。孩子们找到了很多不同的办法来处理悲伤，为学校的教职员工做出了榜样。

　　单亲妈妈苏珊和她年幼的儿子德鲁为他们俩谁会先死而担心，因此，他们作了一个约定：先去世的那个人要回来告诉对方自己很好，无论是通过托梦还是某个特殊的征兆。

　　当苏珊的一个朋友失去了自己的小宝宝时，苏珊安慰她说："我有一个关于夭折的婴儿的理论。我认为所有的婴儿都是带着爱而来的，并且他们都有自己的使命。有时候，需要他们在这个世界上待很多年才能实现这份爱并完成自己的使命，而有的时候，当他们还在子宫里时就完成了这一切。我相信，当他们早早地离开我们时，是因为他们来过了，完成了自己的使命，并为我们上了珍贵的一课。现在，我们要做的是搞清楚这一课是什么。"

　　当德鲁的一位从二年级开始就关系很好的朋友开枪自杀后，德鲁的理论是：尽管他对朋友的离去真的感到很难过，但现在他有了一个属于自己的守护天使。德鲁确信自己还有其他守护天

---

① Phone tree，由一人打电话联系多人的办法。——译者注

使,但他并没有亲眼见过他们。现在,当德鲁的生活中有美好或令人兴奋的事情发生时,他会想象他的朋友——他的守护天使——在天堂向他微笑并帮助他。

同胞竞争（另见"同胞之间争吵或打架"）

"最近,我们带着两个儿子和他们的表哥一起旅行,那个孩子是独生子。在旅行的整个过程中,三个男孩子几乎一直在抢位置,而且都想找到自己的特殊地位。这正常吗?"

理解你的孩子、你自己和情形

每个人都需要感觉到自己有归属、很重要。家,是孩子们认定自己归属状况如何的第一个场所。孩子的观察能力很强,但是解释能力却很差。当一个新生儿诞生时,大一点的孩子往往会相信:"妈妈爱我不像爱小宝宝那样多。"当孩子再大一点时,他们经常错误地相信,一个家庭中只能有一个人在某方面独占鳌头。如果一个孩子认为她的兄弟姐妹已经在运动方面比较突出,她就可能会决定成为一个用功学习的孩子,或者有音乐专长的孩子,或者成为一个交际花。孩子们常常会基于出生顺序形成各种典型的性格。家里最大的孩子经常努力事事领先,发号施令;排行第二的孩子会寻找各种不公正并成为反叛者,或者会努力赶上家里最大的孩子;排行最小的孩子会认为自己生来就应该得到额外的关注;独生子女想要的是独一无二。在孩子们努力寻找使自己很独特的方式时,如果大人试图控制这种情形,就是白费力气。孩子们会找到自己获得归属感和价值感的方式。

建议

1. 要进入孩子们的内心世界。当新生儿降生时，家里最大的孩子通常会感觉自己"被赶下了王位"，正如你在看到自己的配偶带回家一个新恋人时的感觉一样。年纪最小的孩子在将自己与哥哥姐姐进行比较时，常常会觉得自己能力不足。理解孩子们的感受，有助于你带着同情心与他们相处。永远不要说："你不应该那样感觉。"要允许孩子感觉自己的感受。

2. 同情并不意味着要赞同孩子的感受并提供帮助。过度保护孩子，以及努力把他们从将会在生活中体验到的各种感受和情绪中挽救出来，都是毫无益处的。同情有助于你在实行下面的建议时保持和善而坚定。

3. 要避免训练孩子成为受害者或恃强凌弱者。当你认为大孩子总是有错的一方（恃强凌弱者），并拯救小孩子（受害者）时，就会出现这种情况。小孩子经常在你没有看到的时候挑起冲突，就是为了让你来解救她（形成了一种受害者心态）。要同等地对待他们，并要用"孩子们"这个词："孩子们，我相信你们能解决问题。"或者："孩子们，在找到解决办法之前，你们需要到外边去（或者去不同的房间或同一个房间）。"

4. 要确保每天与每个孩子都有一段单独相处的特别时光。如果一个孩子嫉妒另一个孩子，要让他知道感到嫉妒没关系，而且你想和每个孩子都有特别时光，很快就轮到他了。

5. 如果孩子们之间的状况已经失控了，要看看你是否能让他们转向其他合作重于竞争的活动中去，比如竞赛或者接力赛。

预防问题的发生

1. 向每个孩子传递正面的信息,让他们知道自己有多么特别。比如,对于上面提到的那三个男孩,可以告诉其中一个孩子:"你真的很擅长组织一些活动。"告诉另外一个:"你真的很擅长不理会群体压力,而做自己喜欢的事情。"告诉最小的孩子:"你肯定想出了如何让那两个大孩子觉得自己是老大,而你还能得到自己想要的东西的办法。"

2. 找一些强调群体合作和团队精神的活动。要帮助孩子们看到,让有不同长处的人共同参与,会有更多乐趣。在定期召开的家庭会议(或者小组会议)上,要让孩子们学会说出对别人优点的感谢,并用头脑风暴找出问题的解决方案。

3. 要特别让孩子们知道,你有多么欣赏使他们区别于其他孩子的独特品质。

4. 不要为了激励一个孩子像另一个孩子一样——这本身就是一种误导——而在孩子之间进行比较。这会让孩子非常沮丧。

5. 当孩子认为父母对自己的爱是有条件的时候,就会出现问题。如果父母强调竞争(着重的是比较和评判),而不是合作(强调独特性和差异),同胞竞争就会失控。要确保将爱的信息传递给孩子们,并让孩子们知道,每个孩子都因为是独特的个体而被父母爱着。

6. 不要在孩子们面前滔滔不绝、小题大做地谈新生的宝宝。这会强化大孩子们认为自己已经被"取代"的信念。

7. 去掉你的"公平按钮"。孩子们会经常按这个按钮,并用它来操纵你。

8. 当父母之间对养育风格有争议时,孩子们之间的竞争就会加剧,因为孩子们会觉得这就像是在争夺两个大人。

孩子们能够学到的生活技能

孩子们能够学到如何共处，但会认识到每个人都是唯一和特别的。他们能够学到如何对待困难，并解决自己的问题。最重要的是，他们会认识到父母爱他们每一个人，并且这种爱是无条件的，而不是取决于自己的行事方式。

养育要点

1. 同胞竞争是正常的，在每个有不止一个孩子的家庭中都会发生。如果两个孩子相差不到3岁，同胞竞争会更严重。当父母之间竞争时，同胞竞争会增强；当父母之间尊重地合作时，同胞竞争会减少。

2. 如果家中有一个孩子获得归属感和价值感的方式发生了变化，其他所有孩子就不得不重新评估自己的独特位置。通常，当全家人都参加心理治疗时，随着"问题"孩子开始变好，"好"孩子会变差。这是正常的，会持续到每个孩子在家中重新找到自己的独特位置。

开阔思路

帕姆的两个孩子在地板上扭打，互相拳打脚踢、威胁、嘲笑、摔跤。每当她试图阻止他们时，他们都会变本加厉。她对两个孩子之间的同胞竞争感到很生气，担心自己的两个孩子永远不能好好相处。

她的朋友丽塔当时正在参加一个养育学习班。她建议帕姆跟她一起去上课，将这个问题提出来讨论。帕姆这样做了，并惊奇地发现其他父母都碰到过类似情形。这让帕姆得到了一些安慰，但她仍然想知道该怎么对待她那两个打架的孩子。

大家通过头脑风暴想出了很多建议。帕姆从中选出来并决定尝试一个星期的建议，是把孩子们看成两只扭打在一起的小熊。神奇的是，当她简单地改变了心态之后，她对孩子们的行为就没那么担心了。她不再试图让孩子们停下来，而是坐在一旁欣赏他们的"表演"。她意识到两个孩子其实只是在一起玩耍取乐。她是唯一感到生气的人。当她不再因此唠叨两个孩子时，他们似乎也不再那么需要扭打了，尽管他们还没有完全放弃这种好玩的"游戏"。

韦恩·弗雷登和玛丽·哈特韦尔·沃克在他们的儿童歌曲《老大》里准确地描述了"被赶下王位"的孩子的感受。这首歌是这样开头的：

喔，做个老大有多难，现在实在不好玩。
三人世界多美好，妈妈爸爸还有俺。

同胞之间争吵或打架（另见"同胞竞争"）

"当我的几个孩子相互争吵或打架时，我该怎么办？"

理解你的孩子、你自己和情形

大多数兄弟姐妹都会争吵或打架。大多数父母的干预方式都会在不经意间增强孩子之间的竞争和打架的需要。父母的干预或许能在当时制止冲突,但之后他们会感到沮丧,因为孩子们在两分钟之后又开始争吵。为了真正有效地帮助孩子们解决真正的问题,在解决孩子的行为时,要解决孩子行为背后的信念(见"开阔思路")。孩子们是由于认为自己要有价值就必须赢,才以争吵或打架来象征自己在家里的地位吗?他们觉得受到了伤害想要还击吗?他们觉得自己受到了不公平的对待,而打架是他们赢得正义的唯一方式吗?争吵或打架是你们家解决问题的唯一方式吗?孩子们是在以争吵或打架来让你看看你无法制止他们吗?当你帮助孩子们改变其对归属感和自我价值感的错误信念,并教给他们以其他方式解决问题时,他们争吵或打架的次数就会大大减少。

建议

1. 不要站在任何一方。否则,就会强化孩子们对需要竞争的信念。要完全同等地对待孩子们——正如下面很多建议所表明的那样。

2. 要说:"你们俩可以去不同的房间,直到你们准备好停止吵架。"当争吵失控时,这可以起到冷静期的作用。要告诉孩子们,当他们准备好之后,可以出来再试一次。

3. 要给两个孩子一个选择。"你们要么停止争吵,要么出去吵。如果你们继续吵,我不想听到。"

4. 当涉及婴儿时,要先把婴儿抱起来,并当着大孩子的面对婴儿说:"你需要回到自己的房间,直到你准备好停止打架。"然后,要拉着大孩子的手,重复同样的话。把一个不懂事的婴儿因为打架而放回自己的房间,可能显得很荒谬。然而,重要的是要同等地对待孩子们,这样你才不会把一个孩子训练成受害者,而让另一个孩子成为一个欺负人的人(见"养育要点")。

5. 如果你任由两个孩子争吵，而你静静坐在旁边，并相信孩子们不用你干预就能自己解决问题，这对两个孩子来说可能是一种安慰。（这不容易做到，因为让父母们在这种情况下避免干预是很难的。）有些父母甚至会搂住两个孩子，说："你们知道你们都爱对方。说一句'我爱你'，然后还像以前那样怎么样？"

6. 如果孩子们在为一个玩具而争吵，要把玩具拿走，并让孩子知道，当他们准备好玩玩具，而不是为玩具争吵时，你会把玩具还给他们。

7. 有时候，孩子们的打架是他们在一起玩耍的一种方式。可以把他们看成是可爱的小熊宝宝，只要没有危险，就由着他们扭打。

8. 让争吵或打架的孩子都坐到沙发上，并告诉他们必须待在那里，直到对方允许才能离开沙发并再试一次。这会将孩子们的注意力转移到双方合作上，而不再争吵或打架。

9. 把发生冲突的孩子们送到同一个房间里，告诉他们，只要他们想出了解决办法，就可以出来。

10. 离开房间。信不信由你，孩子们吵架或打架的一个主要原因是为了让你介入。孩子们都希望你能站在他们那一方，责备并惩罚另一个孩子。这样，他就能感受到自己的重要。

11. 打断孩子们的争吵或打架，问他们中是否有人愿意把这个问题放到家庭会议的议程上来寻找解决办法。

12. 如果有迫在眉睫的真正危险（比如，一个孩子正要朝另一个孩子扔石头），你什么也不要说，而要采取行动。要赶快上前阻止石头扔出去，然后，再采用这里介绍的其他方法。

13. 运用幽默感，玩"小猪叠罗汉"游戏。当你看到孩子们在打架时，要把他们摁在地上，并且说："小猪叠罗汉。"这是在邀请大家玩爬到人堆上的游戏，看看最后谁在最上面。这会成为每个人都念念不忘的一个家庭传统。

预防问题的发生

1. 要在家庭会议上讨论争吵或打架的问题。让孩子说说他们对为什么会吵架或打架的想法，以及对解决问题的其他替代办法的想法。家庭会议能给孩子们树立一个专注于解决办法的极好的榜样。

2. 当晚上给躺在床上的孩子掖被子时，在孩子说了自己一天中最伤心和最快乐的时刻之后，要问孩子："现在可以说说你和弟弟在争吵时发生了什么吗？愿意想出解决问题的办法吗？"然后，在一起寻找解决办法之前，要倾听孩子的看法。

3. 永远不要在孩子们之间作比较。当你说"我知道你可以做得和姐姐一样好"时，你或许认为自己是在鼓励孩子改善，但实际上，你是在让孩子感到气馁并造成竞争。

4. 在家庭会议上谈谈这里提供的所有建议，问问孩子，在他们吵架或打架时希望你用哪一种。

5. 用本节"开阔思路"中蜡烛的故事，向孩子们表明对一个孩子的爱并不会因为爱另一个孩子而减少。

孩子们能够学到的生活技能

孩子们能知道，除了吵架或打架之外，还有其他方式可以解决问题。他们不用为自己在家里的地位而战，就能拥有归属感和自我价值感。

养育要点

1. 要注意同等地对待打架或吵架的大孩子和小孩子。否则，年龄小的孩子很容易相信"我在家里能显出自己很特别的办法,就是让哥哥陷入麻烦"。很快,她就会用你难以察觉的一些方式挑起冲突。如果你总是责备大孩子:"你应该更懂事!你更大!"大孩子就很容易相信"我没有妹妹那么特别,但我能想办法扳平"。受害者和欺负人的孩子就是这样造就的。

2. 要通过重视差异、鼓励个性、让孩子们参与解决问题,并以尊严和尊重的方式对待他们,造成一种合作的氛围。在合作的氛围中,打架或争吵会大大减少。

开阔思路

当孩子们打架时,一位父亲会把拇指伸到孩子们面前,说:"我是 CBN 电视台的记者。谁愿意第一个对着麦克风说说这里发生了什么事?"有时候,孩子们就会笑起来,而有时候,他们会轮流说出自己的看法。当他们说完自己对打架的看法后,这位父亲会转身对假想的观众说:"好了,各位。这是我们发自现场的最新报道。要想知道这些聪明的孩子是如何解决这个问题的,欢迎明天继续收看。"

4 岁的贝姬觉得弟弟的出生把自己"赶下了王位",她对这个小宝宝的感受让她很困惑。有时候,她爱他,而有时候她希望他从来没有出生过,因为妈妈和爸爸在他身上花了那么多时间。她不知道自己怎样才能得到父母的关注,除了做出像小宝宝一样的行为。

有一天晚上,小宝宝睡着后,妈妈和贝姬一起坐在餐桌旁,说:"宝贝儿,我想给你讲一个关于咱们家的故事。"她已经找好了四支长度不一的蜡烛。"这些蜡烛代表咱们家。"她拿出一支长蜡烛说,"这是蜡烛妈妈,代表我。"妈妈一边说一边点燃了蜡烛,"烛火代表我的爱。"她拿出另一支长蜡烛,说:"这是蜡烛爸爸。"她用蜡烛妈妈的烛火点燃了蜡烛爸爸,说:"当我和爸爸结婚时,我把自己全部的爱给了他——而我的爱一点都没有少。"妈妈将蜡烛爸爸放到了烛台上。然后,她拿出一支略短的蜡烛说,"这只蜡烛代表你。"她用蜡烛妈妈的烛火点燃了这支短蜡烛,说:"当你出生时,我把自己全部的爱给了你。你看看,爸爸仍然拥有我全部的爱,而我的爱一点都没有少。"妈妈将这支蜡烛放到了挨着蜡烛爸爸的烛台上。接着,她拿出最短的那支蜡烛,一边用蜡烛妈妈的烛火点燃,一边说:"这支蜡烛代表你的小弟弟。当他出生时,我把自己全部的爱给了他。你看——你仍然拥有我全部的爱,爸爸也拥有我全部的爱,但我的爱并没有减少,因为爱就是这样。你可以把爱给你爱的每一个人,而你的爱并不会因此减少。现在,看看我们全家人用这所有的爱点燃的光吧。"

妈妈给了贝姬一个拥抱,问:"这能帮助你理解我爱你就像爱你的小弟弟一样多吗?"

贝姬说:"能,而且我也可以像你一样爱很多人。"

发生在我们身上的事情,永远不如我们对这些事情产生的信念重要。我们的行为是以这些信念为基础的,而且这些行为和信念与所有人的主要目标直接相关——感觉到我们有归属和价值。妈妈学会了处理贝姬不良行为背后的信念,从那以后,这再也不是问题了。

偷窃

"我钱包里的钱和几个孩子储蓄罐里的钱都少了。12岁的女儿坚持说她没有拿,可我注意到她买了唇膏、指甲油,还给她的朋友们买零食,她的零花钱不可能够买这些东西。"

理解你的孩子、你自己和情形

绝大多数孩子都至少偷过一次东西(绝大多数成年人在小时候也偷过东西)。当孩子偷东西时,绝大多数父母会过度反应。在惊慌中,父母会指责孩子是小偷或者骗子。父母往往会因此而错误地打孩子、禁足或羞辱孩子,认为这会防止孩子长大后成为小偷。但是,评判和惩罚孩子,只会使情况更糟糕。处理偷窃行为可以为你提供一个机会,帮助孩子练习思考能力、社会责任感,并专注于互相尊重的解决方案。

建议

1. 当你已经知道孩子偷了东西的时候,不要试图用圈套式的问话给孩子挖陷阱:"这是你偷的吗?"而要告诉孩子:"宝贝,我知道你偷了这个东西。我小时候也有过一次。我当时觉得很害怕、很内疚。你这么做的时候是什么感受?"要以非威胁性的语气继续问一些"什么"和"如何"的问题:"你想过店主发现东西被偷之后,会是什么感受吗?你认为店主需要卖出多少东西,才能赚够钱支付店员工资和房租,并且还能剩下养家糊口的钱?

你能提供什么帮助？"很多孩子没有想过这些问题，你能帮助他们学会关心他人。

  2. 如果孩子偷了东西，要专注于如何把东西还回去或用钱进行补偿，而不是指责或责骂孩子。要告诉孩子，偷来的东西必须还回去，并且你需要她的帮助想出一个归还的计划。如果需要，可以先给孩子一笔钱进行补偿。要制订一个她能承受的还钱计划，并每周从她的零花钱里扣除。要保存一份还款记录，以便孩子能看到自己做得怎么样。

  3. 在孩子向商店归还偷来的东西时，你要提供支持。不要惩罚，而要同情。要告诉你的孩子："我知道你会感到害怕和尴尬，但这是我们有时候为了纠正错误而不得不经历的。"当孩子们愿意承认错误并且努力改正时，店主通常都会赞赏孩子。

  4. 如果你在自己家里发现了孩子朋友的玩具，只需要说："我相信比利很想念这个玩具。让我们给他打个电话吧，让他知道玩具没丢，并且我们一有时间就给他送去。"

  5. 要给孩子一个机会将偷来的东西还回去，并且不让孩子丢面子，可以这样说："我不关心是谁拿了这个东西，而只关心把东西还回来。我相信一小时之内这个东西会被放回到原来的地方，并且什么也不会问。"

  6. 如果一个来你家做客的孩子偷了你的东西，要让那个孩子知道，你欢迎他来你家里玩，只要他不带走你们家的物品。如果他继续偷你或你孩子的东西，要让他知道，在归还他拿走的东西之前，他可以在外面玩，但是不能进到家里。

  7. 如果你怀疑你的孩子偷东西是为了卖钱吸毒，那就需要得到专业帮助了。你很难独自处理这种情况。

预防问题的发生

1. 很多孩子偷东西是因为他们相信没人爱他们，而且没有归属感。他们认为自己有权力伤害别人，因为没有人在乎他们，这让他们很伤心。这叫做"报复循环"。因而，重要的是要找到让孩子知道有人爱自己的办法。要将行为与做出这种行为的人区分开，在制订解决问题的计划时要表现出对孩子的爱。

2. 通常，孩子们偷是因为这是他们得到自己想要的东西的唯一办法。在符合家庭预算的情况下，要确保孩子的零花钱能够支付他们的开支（见"零花钱"，第223~228页）。

3. 有时候，偷窃的发生是因为钱就放在外面，对孩子诱惑太大。要把你的钱和贵重物品收起来。如果你怀疑一个孩子偷了另一个孩子的东西，要帮助被偷的孩子得到一个上锁的盒子，放他希望保护的物品。

4. 孩子们可能会出于嫉妒而偷兄弟姐妹的东西。要问问孩子是否认为你对一个孩子的喜爱超过了另一个。要从孩子的回答中寻找线索，看看是否被自己言中了。要告诉孩子们，感到嫉妒是正常的，你非常爱他们。要跟孩子们讨论你所发现的他们的特别之处，并确保是正面的，而不是批评性的。

5. 在家庭会议上，帮助孩子"探究"偷东西的后果。（如果已经发生了偷窃行为，要确保这种交谈是友善的、泛指的，而不是针对某个孩子的。）要通过问一些"什么"、"为什么"和"如何"的问题，来达到这种效果："你们认为为什么有人会偷东西？偷东西的后果是什么？我们在家里如何做才能让大家感到信任和安全？"

6. 要传达给孩子们一种无条件爱的信息，但不包括解救他们。也就是说，让孩子知道你会怎么做，而不是试图控制他们怎么做。对于一个为了吸大麻而盗取轮毂盖和汽车零件的十几岁孩子,你可以说:"如果你坐了牢,我仍然会爱你,我会给你送饼干,但我不会保释你。"当一个10岁的孩子弄坏了从朋友处"借来"的玩具时,你可以说:"我会帮助你一起想办法解决这个问题,但是我不会替你解决。"

孩子们能够学到的生活技能

孩子们能够知道,他们能够保全面子、消除错误,而不失去父母的爱和尊重。他们对金钱的需要很重要,父母会帮助他们找到无需偷窃也能满足需要的办法。他们会认识到自己并不是坏孩子,而只是犯了一个能够改正的错误。

养育要点

1. 十几岁的孩子可能会为了寻求刺激或者获得同龄人的认可而偷窃。被抓住并且允许其作出补偿,对他们是有益的。当发生这种事情时,不要解救他们,或保释他们。否则,他们可能会认为自己是不可战胜的,没有人能阻止他们。

2. 解决孩子受到伤害的情感以及缺失归属感的痛苦,往往比惩罚性措施能更快地阻止偷窃行为。

开阔思路

丽贝卡忧心如焚地前来咨询。她怀疑女儿朱莉偷她的化妆品,还从弟弟那儿偷钱。当学校打来电话说一个募捐者捐赠的食品不见了时,这成了压倒她的"最后一根稻草"。丽贝卡都准备将女儿送去坐牢了。

以前，丽贝卡对待女儿偷东西的方式是当面质问她。朱莉会坚称自己无辜，即使那些钱或东西就在她的房间里放着。然后，丽贝卡会大发雷霆，说女儿是骗子，并将她禁足一个星期。

丽贝卡决定这次换一种方式来处理。她告诉朱莉，学校打电话来，说她在分发募捐者捐赠的食物时短少了。丽贝卡说她愿意把补足差额所需要的钱提前给朱莉，并且从她每周的零花钱里扣除，直到还清为止。丽贝卡问朱莉是否可以接受每周偿还75美分或者1美元。

朱莉猝不及防，开始编造各种借口。妈妈说："宝贝，让我们想出如何偿还的办法。"朱莉回答："好吧，那就每周1美元吧？"

丽贝卡接着说："有人说看到你给你的朋友分享那些丢失的食品。"

朱莉开始辩解。过去，丽贝卡会说女儿在撒谎，然后事情就会不可收拾。这次，丽贝卡说："朱莉，我确信你的朋友喜欢的是你这个人，而不是你给了她们什么东西。如果你想招待自己的朋友，为什么不邀请她们来家里一起做饼干或者玩游戏呢？"

朱莉说："好吧，也许可以。"她在离开房间前，给了妈妈一个大大的拥抱。

当朱莉认识到她必须承担责任并且偿还偷来的东西之后，她便不再偷东西了。当妈妈表达了对女儿无条件的爱，不再给女儿贴标签，不再羞辱她，而是直接处理问题时，便堵住了朱莉用辩解来逃脱的机会和权力之争。她还涉及了一些潜在的问题，比如改善母女关系，增强朱莉的自尊，以及专注于问题的解决办法而不是责备的重要性。

拖延

"对我提出的任何要求,我的儿子都会说'一会儿'或'稍等会儿'。如果他有哪一次立刻去做,我会昏倒的。他的父亲也总是拖延,快把我逼疯了。这是遗传吗?"

理解你的孩子、你自己和情形

拖延并不是遗传,但会把别人逼疯。即使是拖延者本人也会对自己的行为感到生气。拖延,是在以一种社会可接受的方式说:"我不想做,你强迫不了我。"这是一种被动地表达自己的方式。当我们知道"应该"做某件自己不想做但别人认为应该做的事情时,拖延是很正常的。潜意识中,你认为如果自己等足够长的时间,这件你不喜欢做的事情可能就会消失。拖延也可能是一种寻求认可、报复或逃避一件看起来太难的任务的下意识方式。拖延的人自己也许意识不到其行为背后的目的。如果任其发展,就会变成一种持续终生的习惯。

建议

1. 要减少拖延,你能够做的最有效的事情之一,是让孩子们参与建立日常惯例(睡前的、早晨的、家庭作业的、吃饭时间的惯例,等等),并确保每个活动都有截止时间。惯例会变成事情正常进程的一部分,让拖延没有机会。(见"建立日常惯例",第25~28页。)

2. 如果你的孩子无论如何都拖延，要让他们体验拖延造成的后果，不要解救或提醒他们。例如，如果你的女儿拖延洗衣服，她可能就不得不穿脏衣服；或者，你的儿子不得不让朋友们等他，直到修剪完草坪再一起去公园。你不想惩罚自己的孩子——要确保未能如期完成任务的后果符合逻辑。要记住，"允许"后果自然而然地发生与"强加"后果是完全不同的。

3. 如果你的孩子忘记了及时做一件事或拖延，然后又对最后期限或后果感到生气，你要共情地倾听，但不要替他解决问题。很多孩子只有在自己体验到后果而不是被告诉可能会发生什么时，才能从中学习。

4. 不要问能用"是"或"不"回答的问题，除非你愿意接受以"不"作为答案。例如："你想现在就做家庭作业吗？""不。"相反，要试着给孩子提供一个选择，作为和孩子分享权力的一种方式："你想在5分钟之内还是10分钟之内做作业？"

5. 如果你说了什么事情，就要当真——如果你当真，就要坚持到底。如果你提出一个要求，而孩子说"等会儿"，你要说："这不是一个选择。现在就要做。做完后叫我，我会检查的。"然后，站起来等着，直到孩子开始行动。

预防问题的发生

1. 要审视一下你在哪些方面对孩子发号施令，并期待孩子按你说的去做，而不是给他们创造说出自己的想法或让其选择的机会。孩子们在事先被告知，尤其是当大人尊重地让他们参与制订计划时，他们会更愿意做事情。

2. 要事先得到孩子的同意，并让他们参与计划的制订过程（见第25~28页"建立日常惯例"和第168~176页"家务活"）。

3. 不要在你上班的时候将任务清单交给孩子去做，并期待他们在你回家之前完成这些事情。更好的做法是给孩子设定一个你能在场实施的最后期限（见第 7~9 页"坚持到底"）。

4. 要问孩子拖延对他们来说是否是一个问题，以及他们是否愿意得到帮助解决这个问题。如果孩子愿意，就帮助他们认真考虑一个计划，从最后期限开始往前推算，并安排出一份需要完成的所有步骤的时间表。

5. 创造一些孩子可能会犯错误，而你能够帮助他们从后果中学习的情形。比如，如果你的孩子说她会在和朋友出去玩之前完成一件事情，而她根本没有做，你不要提醒她。等到她要出发的时候，告诉她需要给朋友打电话，通知对方自己会迟到，因为她要先做完一件事情。

孩子们能够学到的生活技能

孩子们能够知道，如果拖延会发生什么事情。他们能够培养计划和组织方面的技能，从而把事情做好。他们能够学会给自己规定最后期限。他们还能知道，对父母感兴趣而自己不感兴趣的事情说"不"没关系。这样，他们就不必把拖延作为逃避做自己不喜欢的事情的一种方式。

养育要点

1. 如果你认为自己的孩子是因为某项任务似乎难以完成才拖延，要帮助她找到把事情分成小步骤开始做起的方法。要让孩子知道，错误是学习和成长的大好机会，她不需要做到完美。

2. 要尊重孩子的做事风格。有些人在压力下会做得更好。那些在你看来似乎是拖延的行为，或许只是一个孩子在等待自己的焦虑临界点来临，以帮助自己完成一件事情。

开阔思路

玛西的儿子乔希是个电脑高手。玛西问他是否能帮她安装一个电脑程序。他说:"当然,一有时间我就帮你。"玛西知道乔希正在忙他自己的事情,但每次她让他帮忙时,乔希似乎都有一个借口。最后,她问:"乔希,我很高兴等到你有时间帮我安装这个程序,但是,如果你能让我知道什么时候有时间,就帮了我的大忙了。然后,我就不会烦你了,因为我知道你会说到做到。"乔希咧嘴一笑,说:"好吧,妈妈,我在20分钟之后帮你。"他确实做到了。

外出工作

"我有个朋友外出工作,因为她不得不工作。我也外出工作,因为我想工作。我们都担心孩子会因为有个职场妈妈而在情感上受到伤害。请帮帮我们。"

理解你的孩子、你自己和情形

人们很容易将世界上的各种问题归咎于上班族父母、单亲父母、物质至上、电视、电脑和许多其他"情形"。然而,我们都知道很多在这些环境中长大的孩子,都是很出色的成年人。而有些在同样环境中成长的孩子却出现了各种问题。是什么造成了这种差异呢?和善而坚定的养育方式不是唯一的因素,但却是你可以控制的一个变量,并且具有重大的影响。

最近的研究表明，那些上班时将100%的精力投入工作、在家时将100%的精力投入家庭的妈妈们的孩子都在健康地茁壮成长。艾伦·盖林斯基①成功地发现了问题的根本所在。她问孩子们对妈妈外出工作有什么感觉。她发现，孩子们实际上对自己的职场妈妈感到很骄傲，只要妈妈在家时不忽视他们。我们有理由认为，孩子们对职场爸爸也是同样的感觉。

想一想。很多全职在家的妈妈可能会心情沮丧，沉迷于肥皂剧，或者忙于参加社交活动，以致忽略了孩子，即使她们不工作。无论是外出工作还是全职在家，父母都可能会对孩子太娇纵、太严厉或过度保护。孩子们茁壮成长的原因不在于其父母是全职在家还是外出工作，而在于父母是否使用了尊重的养育方法。

建议

1. 放弃你的内疚感。当你的孩子们知道你有一个"内疚按钮"时，他们会很乐意去按。孩子们会做管用的事。如果他们能用你的内疚来操纵你，他们就会这么做。

2. 不要向孩子传达一种他们被剥夺了什么的心态。相反，传达的心态应该是："在我们家就是这样，我们可以感激自己的状况，并以此来营造一种团队合作和贡献的家庭氛围。每个人都需要贡献自己的一份力量。"

---

① 美国家庭与工作协会主席艾伦·盖林斯基（Ellen Galinsky）对儿童所作的调查显示，大多数儿童都表示，如果他们有一个关于父母工作的愿望可以成真的话，他们会希望父母回家时不要带着那么大的工作压力。美国 William Morrow 出版，出版于1999年。——作者注

预防问题的发生

1. 让孩子一起计划他们如何成为你们的家庭团队中一名能有所贡献的成员。他们可以帮助制定日常惯例并分配家务活。

2. 优先安排特别时光。在每次的家庭会议上，都要花时间计划并安排家庭娱乐时间。还要将孩子们的活动列出来，比如足球赛、舞蹈演出、他们的计划和学校活动，你要优先安排出席的时间。此外，要安排与每个孩子定期单独相处的特别时光。

3. 当父母和孩子双方都能得到有尊严和尊重的对待时，相信孩子可以从他们所处的环境中获益。

4. 要有家庭之外的兴趣，无论是兼职工作、一项爱好、志愿者工作，还是一份全职事业。兼顾家庭和工作固然具有挑战，然而，完全以孩子为中心并以孩子的生活代替你的生活会更糟糕。做父母只是你众多身份中的一个方面。

孩子们能够学到的生活技能

孩子们能学到，当家里需要他们作出有意义的贡献时，他们会有一种感觉到自己的能力和责任的满足感。

养育要点

1. 如果你觉得自己需要因为外出工作而给孩子们物质补偿，或以娇纵作为补偿，就是对你自己和孩子的不尊重。

2. 太多的父母都错误地相信，要做一个好父母就意味着他们应该时时刻刻陪伴在孩子身边，并且照顾到孩子的每一个需要。这实际上剥夺了孩子学习自立和合作的机会。

3. 要倾听你自己的内心，而不是听朋友和其他亲属说你是否应该出去工作。要相信你能为自己和家人作出正确的决定。

开阔思路[①]

作为一个职场妈妈，可以让你的孩子从中受益——也可能会给孩子带来伤害，这完全取决于你如何处理下面的各种因素。

有害因素	有利因素
感到内疚	充满信心
照料孩子不当	高质量地照料孩子
误解孩子的动机	理解孩子为什么会有不良行为
溺爱	允许孩子自立
惩罚、贬低或低估孩子	有效的养育技能
缺乏条理性和日常惯例	和孩子一起安排事情并制定日常惯例
忽视孩子	和孩子一起计划并度过特别时光
工作狂	平衡家庭和工作

这个故事是"爱哭"那一节提到的一位母亲关于工作和内疚感的经历。

"孩子们长到十几岁后，我对自己出去工作的内疚感又出现了。这一次，我决定暂停工作一段时间，以便能在家陪孩子们度

[①] 引自简·尼尔森和丽莎·拉森·费奇合著的《职场父母的正面管教》，Three Rivers Press 出版。在这本书中，作者用了一章的的篇幅介绍外出工作的父母要处理的各种因素。——作者注

过十几岁这几年。在一次家庭会议上,我宣布了这个决定。我还提到,这意味着我们需要稍微节省一些——他们的零花钱会少一些,披萨之夜要减少几次,出去度假要精打细算。

孩子们的反应让我很吃惊:'不行!我们不希望你停止工作!我们为你和你的工作感到很骄傲。有整天待在家里唠叨我们的妈妈该让人多无聊啊。'(我不知道他们怎么会有这种想法。)

我没有错过这个好机会,我说:'那么,如果你们喜欢有一个上班的妈妈,你们就需要在家务上承担更多的责任来帮助我。我知道你们一直在做家务,但我希望你们帮忙干一些大活,比如拖地板和大扫除。'

他们说:'没问题。'"

玩具和整洁

"让我的孩子们收拾玩具是一场持续的战斗。当孩子有朋友来家里玩的时候,他们会把所有玩具都拿出来,扔得到处都是,留下一片狼藉就离开了,让我很恼火。我唠叨他们,并威胁要把玩具都收起来,但都不管用。"

理解你的孩子、你自己和情形

大多数父母都不喜欢让自己的家变成游戏场。大多数孩子都不喜欢收拾。孩子的大多数朋友在玩过之后都会忘记帮助收拾。这是与孩子的年龄相符的行为,但你有权力期待自己的孩子参与收拾玩具。不要惩罚孩子或抱有不切实际的期望,你必须学会如何以一种能让孩子合作的方式教会孩子。

建议

1. 不要自己收拾烂摊子，并且不要因为你的孩子留下了烂摊子而惩罚他。

2. 通常，2~5岁的孩子需要别人的帮助。期望他们按照你的要求收拾好，是不现实的。你要说："我会帮助你一起收拾玩具。哪些是你想让我收拾的，哪些你想自己收拾？"或者，"我们一起把定时器设好，看看在定时器停下来之前我们能收好多少玩具。"

3. 年龄小的孩子往往对"收拾歌"反应很好。你只需让他们在收拾玩具时和你一起唱："收起来，收起来。该收起来了。"他们还喜欢那种肚子上带计时器的可爱毛绒小羊玩具，这种玩具可以用来提醒"收拾时间"到了，或者孩子们也可以自己设定收拾需要花的时间。

4. 对于6~12岁的孩子，要说："你那乱糟糟的房间需要收拾了。你是愿意自己收拾，还是想邀请朋友帮你收拾？"

5. 问问孩子是否想自己收拾玩具，或者是否需要你来收拾。（这种办法只在一种情况下管用，即你们事先说好如果由你"收拾"，你会把地板上的所有玩具都装在一个袋子里，孩子要等到一个星期之后才能拿回去。见"预防问题的发生"第2条。）

6. 如果在孩子的一个朋友来你们家玩过之后，孩子的某些物品不见了，要帮助孩子给那个朋友家打电话，问他是否不小心拿走了你孩子的玩具。要让对方家里人知道，你很乐意在方便时顺道将"丢失的"玩具拿回来。

预防问题的发生

1. 在一次家庭会议上，请孩子和你一起做头脑风暴，看看你们能提前想出多少办法来解决这个问题。要记住，孩子们更有动力按照自己想出来的办法执行。

2. 决定你要做什么。要让你的孩子事先知道，如果他们不收拾玩具，你就会把地上的玩具收起来装进一个袋子里，在车库里或者架子高处放一个星期。如果你确实不得不执行这个后果，你会惊讶地发现有多少玩具是孩子根本不在意的，因为你给他们买了太多的玩具，以至于他们的喜爱不会超过2分钟——这其实是你的问题。

3. 对于2~6岁的孩子，要将每一个玩具或每套玩具（尤其是有小部件的）放在不同的塑料束口袋里，并将袋子挂在高处的挂钩上。要教给孩子，他们和朋友每次只能拿一个或两个袋子。在他们玩其他玩具之前，必须将正在玩的玩具收拾好并放回袋子里。

4. 当你的孩子有朋友来家里玩的时候，要让他们事先知道你期待他们怎么做，并帮助他们提出一个计划："你们认为需要多少时间能收拾好？你们想设定时器吗？还是到了收拾的时间让我来告诉你们？"在孩子的朋友离开之前，要请他（或她）与你和你的孩子一起检查房间，以确保他们遵守了约定。

5. 在孩子的房间或家里的一个独立的地方为孩子设一个游戏区。要让孩子们知道，玩具应该放在这个区域，而不是放在客厅。如果大孩子的玩具中有对小孩子造成危险的小部件，要将他们的游戏区安排在家里的一个单独区域。

孩子们能够学到的生活技能

孩子们能够学到，与特权相伴的是责任。他们能够学会在父母的帮助下事先做出计划，以确保他们的朋友会合作。

养育要点

1. 不要唠叨、威胁或惩罚孩子。要寻求解决方案，而不是责备。

2. 你的孩子可能对收拾东西很负责任，但他们的朋友在自己家却不一定需要这么做。要帮助你的孩子让朋友一起收拾，而不要认为你的孩子独自收拾是由他自己造成的。

开阔思路

一位妈妈说了她的经历："在我们家，孩子们很早就知道我说到做到，所以他们不会想试探我。当他们的朋友来家里玩，并拒绝帮忙收拾时，我会听到孩子们在隔壁房间里说：'你也要开始收拾了。她说该收拾时，不是在开玩笑。她会走进来，等到我们收拾完，才会让我们离开这个房间。'"

"他们偶尔有个别朋友会坚持试探这种界限。这时，我的孩子会来问我是否会帮助他们劝劝朋友。我会坐在房间中间，每次捡起一个玩具，将它递给那个倔强的朋友。我会说，'谁想把这个收好？谢谢你帮忙放好。这个玩具呢？谁想放这个？'直到最后一个玩具被收好，我才会离开。"

违抗、不听话和叛逆

"无论我让女儿做什么事，她都拒绝合作。她就是人们所说的那种固执的孩子——违抗、不听话和叛逆。我试过了书中的每一种惩罚方法，但都不管用。有人说她患有对立违抗性障碍，需要药物治疗。这对我来说似乎太过分了，但现在我真的不知道该怎么办。"

理解你的孩子、你自己和情形

你和你的孩子陷入了很容易变为报复的权力之争。你越试图把自己的意愿强加给孩子，或者向她的要求让步，她就越不服从，而且你们俩都会变得越发沮丧。违抗、不听话和叛逆的孩子，是上天赐给那些需要练习引导孩子合作，而不是控制别人或过于宽容的父母的礼物。

建议

1. 你首先要做的是审视一下自己的行为。违抗、不听话和叛逆，往往是孩子对过度控制型或过度保护型父母的一种直接回应。

2. 如果你的孩子好争辩，他身边或许有一个让他经常争辩的人。如果这个人是你，要练习让你的孩子说最后一句话。（这比你想象的要难。试试吧。）

3. 要进入孩子的内心世界，并作一些猜测，以了解不听话背后的原因是什么。例如："你生气是因为你认为我总是指使你吗？""你感到伤心是因为小宝宝得到了太多关注吗？"你通常能够猜出孩子的生活中发生的哪些事可能激起了他们的违抗。如果你猜对了，孩子会感觉得到了认可和理解。如果你猜错了，可以再试一次。

4. 在可能的情况下，要通过为你的孩子提供有限制的选择，让他做主。比如，要问孩子："你认为自己准备好自己过马路了吗，还是愿意让我牵着你的手？""你愿意让我扶着自行车的后面帮你练习，还是能自己骑？""当你用车的时候，你是愿意还回来时至少有半箱油，还是你想失去用汽车的权利？"

5. 有些孩子会一再逼迫父母，直到被打屁股，然后他们才罢休。他们已经被训练得不挨打就不罢休。不要打孩子的屁股，而要牢牢地抱着不听话的孩子坐在你的腿上。无论孩子如何挣扎，都不要放手，直到孩子安定下来。对于年龄大的孩子，要说："我不会惩罚你。我为过去曾经用过那些方法道歉，并希望能够改善我们之间的关系。我对你现在的做法不高兴，但是我爱你，并希望得到你的帮助，使我们能停止相互争斗，并且一起想出解决问题的办法。"

6. 不要告诉你的孩子去做什么，而要试着问孩子需要怎么做。"在你过马路之前，你需要怎么做？""我们是如何约定你还车的时间的？"这通常会让孩子思考，并用自己的力量解决问题，而不是违抗你的直接命令。

7. 要让你的孩子知道你需要他的帮助，并对孩子说："我会很感激你帮助做的任何事情。"这往往能够让孩子合作，而不是违抗。

8. 诚实地表达你的感受，也是一种有益的方法。要记住使用"我觉得＿＿＿因为＿＿＿我希望＿＿＿"的句式。

预防问题的发生

1. 这是你学习如何邀请孩子合作的一个机会。要注意自己在怎样不停地说。你在对孩子大声喊着下命令、唠叨和责骂吗？孩子可能会因为你说的比做的多而对你的话充耳不闻。如果是这种情况，就要少说多做。不要说任何事情，除非你是当真的；如果你对一件事是当真的，就要给予其充分关注。要和善而坚定地说出来，然后坚持按照你说的去执行。

2. 对于一个习惯了违抗、不听话和叛逆行为模式的孩子，要找出时间加以训练。（这包括训练你自己在坚定的同时要和善。）带你的孩子去诸如公园之类的地方。当孩子出现违抗行为时，要拉着他的手，带他回家，并且说："我们明天再试一下。"如果你们是和其他人在一起，并且你不想破坏大家的兴致，那就把违抗的孩子带回车里。你要准备一本书，以便你在等待孩子说"我准备好再试一次了"时有事情可做。要事先让孩子知道你会这么做。不要小看孩子每一次犯错给你提供的机会，要尝试，尝试，再尝试！

3. 给孩子有限制的选择，问启发式问题，而不要长篇大论地说教。要询问孩子的看法和建议。真正认真倾听孩子对你说的话。

4. 要在家庭会议上让孩子参与解决问题。当孩子们受尊重地参与到作出决定的过程时，他们很少会违抗、不听话或叛逆。

5. 很多时候，孩子们变得违抗和叛逆是因为他们觉得父母对自己的爱是有条件的。要确保你的孩子知道你无条件地爱他们——并且你知道你们能找到对双方都尊重的解决问题的办法。

6. 你要有所选择，一些不重要的事情要随它去。要问问你自己，那些当时对你而言似乎非常重要的事情，在一周、一个月或一年后，你是否还会记得或在意。提前作出计划并坚决执行到底以作出真正的改变，是需要大量精力的，所以，不要把你的精力浪费在不那么重要的事情上。

孩子们能够学到的生活技能

孩子们能够学到，当每个人都得到尊重的对待时，合作比争论更有效。他们会知道，父母不仅说到做到，而且还允许并尊重他们作出的适当的选择。

养育要点

1. 孩子们愿意合作，并且会做对自己最有益的事，但是，如果你对他们不尊重，他们就宁愿自己忍受更大的痛苦，也要让你看看你不能对他们颐指气使。

2. 如果你在介入和对孩子进行控制之前，等待并观察一下，孩子们通常都会做出正确的事。如果他们犯了错误，你可以帮助他们改正，或者问他们下次会以怎样不同的方式做。通常，你只需问"你愿意再试一次吗"就足够了，而无需控制和惩罚孩子。

3. 很多孩子独立性都很强。别把孩子看做是在违抗你，而把他看成一个果断而自信的孩子怎么样？或许，这个孩子需要的是更多一点的空间，而你的无处不在令他感到窒息。

开阔思路

13岁的比利经常被接触过他的人称为不听话的孩子。他确实表现得似乎无所不知，拒绝听任何人的话。别人越是冲他喊叫，他越是置之不理，并且会反着做。

比利和家人、朋友去滑雪。一行十人花了大量的时间寻找比利，他总是先于所有人出发，并且经常"失踪"。大家对比利都很生气，不停地大喊着命令他、威胁他，或者在背后悄悄地议论他多么难以相处。没有一个人玩得开心。

比利的表哥和他一起乘缆车上山，并对他说："比利，我希望你在乘缆车上山时想一些事情。我有个想法想征求一下你的意见，但我希望等我们到达山顶时你再把想法告诉我。因为我们人很多，我想建议大家最好在山顶等人到齐后，再往下滑。我不确定这是否是一个好主意，所以请你帮忙想一想，等到了山顶再让我知道你的想法。"这两个男孩儿在缆车里继续一路聊着棒球、学校和朋友。

比利到山顶后一个字也没说，但是，在这一天剩下的时间里，他在滑下山之前一直都耐心地等待着所有人都到齐。他经常停下来看看后面，并等待落在后面的人，一直都满脸笑容。

比利的表哥赢得了合作，而且比利感到了自己很重要，因为表哥征求了他的意见，而不是告诉他怎么做或再一次指责他。对于不听话的孩子来说，请求他们合作非常管用。

无聊

"我的孩子总是抱怨无聊，想让我放下所有事情去跟他玩。"

理解你的孩子、你自己和情形

在我们生活的这个社会里，孩子们习惯了别人给他们提供娱乐。电视、电脑和视频游戏是导致这种困境的主要因素。孩子们可以被动地坐在那里，看芝麻街节目或玩视频游戏，并且得到极大的娱乐。（的确，芝麻街有教育意义，而且视频游戏能让孩子练习手眼协调，但它们也限制了孩子的创造力、智慧和大脑的正常发育。）造成这种现象的另一个因素，是很多父母认为他们必须解决自己孩子的每一个问题。孩子们确实需要你帮助他们参与体育运动、户外活动、爱好和其他适度的活动，但是，他们不需要你给他们提供娱乐，或让父母控制他们一天当中的每一分钟。

建议

1. 要问孩子："你有什么主意解决自己的问题吗？"如果你的孩子说："我不知道。"不要轻易给他答案。你可以说："我相信你能自己解决。"

2. 不要试图替孩子解决问题，而要共情地倾听并认可："我能理解。我自己有时候也觉得无聊。"如果孩子一直纠缠你，你要继续倾听，并用不表态的"嗯、哦"表示认可。最终，你的孩子会对自己不能成功地让你解决他的问题而感到非常无聊，以至于他会找一些其他事情去做。

3. 另一个可能的办法，是对孩子说："这很好。或许你的大脑和身体都需要一些安静的时间。你愿意学习如何冥想吗？"她可能会转身跑掉。然而，冥想会是你为孩子作出的一种很好的示范练习，可以在孩子准备好的时候教给他们。

4. 要限制看电视、玩电脑和视频游戏的时间，以便孩子习惯于发挥创造性、开动脑筋，而不是消极被动或依赖于电子产品（见"电子产品"，第98～103页）。

5. 要告诉孩子，你很高兴告诉他们如何清洁烤箱或擦窗户，作为解决无聊问题的一个办法。

预防问题的发生

1. 在一次家庭会议或解决问题的会议中，和你的孩子一起对无聊时可以做的事情进行头脑风暴，看看你们能想出多少主意。让每个孩子从这个大清单中选出自己最喜欢做的事情，并列出自己"当我无聊时可以做的事情"清单。

2. 当孩子再一次抱怨时，你要说："你或许可以看看你的清单。"

3. 一旦孩子有了在无聊时可以做的事情的计划，你可以给他一个选择："你可以继续无聊，或者你可以找些事情来做。我相信你会做对自己最好的事情。"

孩子们能够学到的生活技能

孩子们能够学到，如何安排空闲时间取决于他们自己。他们可以寻求别人的理解、情感支持和鼓励，但最终他们能够照顾自己，并且能够从小就开始锻炼自立的技能。他们还可以学到，无聊是创造力的先导，无聊——如果允许出现的话——通常会导致一些令人兴奋的新活动。

养育要点

1. 孩子们能感觉到他们什么时候能让你为他们感到抱歉，并努力为他们解决问题。你或许已经注意到，当你努力为他们解决问题时，你总是达不到他们的满意。

2. 要对你的孩子有信心。这种信心是可以传染的。孩子会按照你的引导，并形成对自己的信心。不要害怕让孩子参与家务或参与能填补他们的部分时间的日常事务。这也有助于孩子少感到一些无聊。

3. 孩子们觉得无聊，可能是因为他们需要成年人帮助筹划一些他们可以参与的项目、活动以及户外活动。也有一些情况，孩子们感到无聊是因为被父母忽略了，并需要大人帮助他们了解一些可利用的资源以及如何得到。还有一些孩子感到无聊，则是因为刺激过度。

4. 不要认为保护孩子免受生活中的每一个挫折是你的责任。

然而，不能以此作为走向另一极端的一个借口，并证明忽视孩子是合理的。

开阔思路

如果允许孩子们无聊超过一小时的话，他们就会极其厌倦这种无聊，从而开始运用他们天生的智慧找到一个其他方法。当我的孩子说："爸爸，我觉得无聊。"我会说："我理解，亲爱的。让我知道你怎么解决吧。"然后，我会继续做自己的事情。

物质至上

"我很担心我的孩子们变得物质至上。如果没有名牌的衣服、太阳镜、昂贵的汽车和很多垃圾食品，他们似乎就没法活了，而这些东西在我小时候家里根本就负担不起。"

理解你的孩子、你自己和情形

我们的孩子生活在一个消费者时代，媒体将其描述为一个充满了新鲜、刺激、精彩——而且通常很昂贵——的东西的世界。孩子们很容易认为，如果他们没有这些东西，就是被剥夺了。父母们通常给予孩子的太多，因为他们错误地认为不应该让孩子将就——而且，因为父母们自己也是物质主义者。父母们往往会听信孩子的理由："我的朋友们都有。"并且会屈服于他们自己的同龄人压力，不想与其他父母不一样。当你为孩子提供他们能自己挣来的东西时（或至少挣来一部分），你就剥夺了孩子学习重要生活技能的机会。

建议

1. 如果你有能力支付，不要说："我买不起。"要对孩子说实话。可以说："我不愿意那样花我的钱。等你自己挣钱时，你可以决定想怎么花。"

2. 不要接受承诺——应要求孩子在得到想要的东西之前，先完成工作或攒够钱。这会教给孩子忍耐和延迟满足。

3. 不应该给孩子们开放式的选择。对于3~5岁的孩子，要选出两双符合你的预算并且实用的鞋子，让孩子选择想要哪一双。对于5~8岁的孩子，要告诉他们预算是多少。"我们一起去商店吧，你可以选一双在自己预算之内的鞋子。"

4. 问孩子："你需要的是什么？"以及"这与你想要的有什么不同？"（孩子可能需要一双新鞋，却想要昂贵的名牌鞋。）对于8~12岁的孩子，要说："我愿意以最合理的价格为你提供你所需要的质量最好的东西。如果你想要的不止这些，那么，我需要知道你会怎么做来补足这两者之间的差额。"（一些想法包括：周六做更多家务，节省零花钱，或送报纸。）

5. 对于12~16岁的孩子，要通过经常与其讨论他们当前和将来的需要，教给他们作预算。要与孩子就买衣服的预算达成一致（见"零花钱"，第223~228页）。要允许孩子从错误中学习，不评判、不解救。

6. 对于16~18岁的孩子，要开始"断奶"过程。要跟孩子讨论你已经给他们提供了什么，以及你现在希望提供的少一些，因为他们现在能干更多的事情了。

预防问题的发生

1. 要帮助孩子们形成感激的心态。在家庭会议上或就餐时，要留出让家人分享他们感激的事情的时间。

2. 要抵制住给孩子想要的每一样东西的诱惑。这可能会导致他们认为爱就意味着从别人那里得到物质的东西。

3. 要通过与年龄大一些的孩子讨论他们在诸如汽车、汽油、约会和存钱等方面的需要，以及他们可以做什么来满足这些需要，帮助他们为将来作计划。对于年龄小的孩子，这可以是让他们为买冰激凌或一个想要的玩具存钱。然后，就尽可能让孩子自己处理问题。（抑制住你解救的冲动。）

4. 当孩子做错时，要问："发生了什么事？你的哪些选择或决定导致了这件事情的发生？你认为自己下次会怎么做？"

5. 要鼓励孩子通过做一些慈善工作无私地为他人服务，比如照看孩子、帮助无家可归者、在节假日为贫困儿童买玩具以及去养老院看望老人等。

6. 要注意生活、媒体和书籍中出现的更看重帮助他人而不是物质至上的事例。要通过表达你对这些人的赞赏，以及和孩子讨论，来强调这些故事。

7. 要抵制住来自其他父母的压力，不要在意"其他父母会怎么看我？"这种问题。而要问自己："我怎样才能教给孩子需要的生活技能？"

8. 要和孩子一起看电视和报纸上的广告，并讨论广告商是如何激起我们购买自己并不真正需要的东西的欲望的。

9. 不要害怕简单地生活。孩子从你如何做中会学到很多，而不只是从你是如何说的。

孩子们能够学到的生活技能

孩子们能够学会理解欲望和需要之间的区别，并相信自己能够通过努力满足某些欲望和需要（有时是在父母的帮助下）。他们能够学到，幸福和成就并不在于你买了或拥有多少东西。

养育要点

1. 从古至今，父母们一直在努力为孩子提供他们自己小时候比较缺乏的东西。当他们成功地做到这一点时，最终却总是批评自己的孩子不感激"我们为你提供的一切"。感激来自于辛勤的努力，而不是来自于施舍。

2. 孩子们是通过观察你怎么做来学到自己的价值观的，而不是通过听你怎么说。如果你过着一种物质至上的生活，孩子照你的样子学，你就不要太惊讶。

开阔思路

我们强化了孩子的物质主义——通过教给孩子如果他们纠缠我们足够长的时间，几乎就能得到想要的一切。我们通过不尊重自己设立的界限，并用做不到的事情威胁孩子，教会了孩子这一点。我们经常说一些不当真的话，比如"我买不起"。但是，对于那些从来不必凑合并且发现自己想要的大部分东西都不用努力就能得到的孩子来说，"我买不起"意味着什么呢？

当女儿说想要一辆新自行车时，父亲说他买不起，孩子会奇怪："爸爸这句话到底什么意思呢？"她回忆起以前的经历，并会想起来："之前三次爸爸说他买不起的时候，我就纠缠他，直到我得到了想要的东西。所以,他的意思一定是我纠缠得不够让他重视这件事。"

爸爸说:"我买不起。"

而女儿说:"纠缠,纠缠。"

爸爸向女儿保证:"不,宝贝儿,这次我真的买不起。"

她还是说:"纠缠,纠缠,纠缠。"

最后,爸爸说:"你看,我能想到的唯一方法就是刷信用卡了,但额度已经用完了。"

她想:"有进展了。他在考虑怎么为我买。我快成功了。"所以,她继续纠缠爸爸。

爸爸的最后一种武器是说:"如果我给你买了这辆自行车,你就得放弃三年的零花钱。"

女儿暗自想:"嗯,上次我'放弃了两年的零花钱',但哪一天也没少拿一分钱,所以,没什么大不了的。"

她继续纠缠,纠缠,纠缠,最终爸爸让步了。

她怎样看待如何让你为她买想要的东西呢?想要一样东西,纠缠足够长的时间,她甚至能够战胜"我买不起"。

午睡 (另见"就寝时的烦恼")

"我的孩子拒绝睡午觉,但到了下午5:00,她会非常疲倦并且爱发脾气,每个人都苦不堪言。有时候,她在5:30左右会睡着,在8:00左右醒来。然后,晚上的睡觉时间就变成了一场噩梦。我怎样才能在知道她需要午睡时让她睡午觉呢?"

理解你的孩子、你自己和情形

孩子们之所以抗拒睡觉，不是因为他们不需要，而是因为在他们探索自己令人激动的世界时不想错过任何事情。在帮助他们学习作出选择并遵守能让他们自己和别人的生活更快乐的规则的过程中，以尊严和尊重的方式对待他们对自主的需要，是很重要的。你有权拥有自己的安静时间，期望孩子能自己玩一会儿也没关系。就从把午睡时间称为"安静时间"开始吧。你的孩子可以睡觉，也可以不睡。你可以在午饭后安排一个小时的休息，作为给你自己一些时间并让孩子在他们自己的房间里安静地玩耍的一个机会。在"安静时间"里，不要坚持让孩子睡觉，但要让他们尊重别人对个人空间的需要。

建议

1. 不要告诉孩子她累了（即便你认为孩子累了）。要承认另一个事实——你累了，需要休息一会儿。

2. 要告诉孩子，她不是必须睡觉，但她必须在自己的床上或安静时间的其他专用地方（见"预防问题的发生"第4条）待一小时，安静地做点事情，比如看书或听轻音乐。

3. 给孩子一个有限制的选择："你想在1：00还是1：15开始自己的安静时间？"

4. 要和善而坚定地予以执行。当孩子在安静时间结束之前起床时，要温柔地牵着她的手，带她回自己的安静地点。在头几天，你可能需要反复这么做20次或更多，直到孩子知道你说到做到。

预防问题的发生

1. 建立一个日常惯例，并坚持执行。在"安静时间"之前，可以安排 5 分钟的特别时光读一个故事或玩一个游戏。

2. 孩子们喜欢惯例，而且应该参与惯例设立。要用问问题和有限制的选择了解孩子对于如何使"安静时间"有效的想法。

3. 在计划"安静时间"的惯例时，要确保将其安排在一些安静的活动而不是刺激的活动之后。

4. 尽量使"安静时间"与晚上睡觉时间有所不同。可以让孩子选择一个专门的"安静时间"毛绒玩具，在不同的房间用不同的床、毯子或一个特别的睡袋。

5. 教给孩子使用简单的录音机。让孩子自己选择一组安静时间听的音乐，自己打开录音机。

孩子们能够学到的生活技能

孩子们能够知道，他们的抗拒会得到尊严和尊重的对待。他们会知道，在他们有一些选择的同时，还需要遵循对每个人都尊重的日常惯例。

养育要点

1. 并不是所有的孩子都需要同样多的睡眠。有些孩子到 2 岁或 2 岁半以后就不需要午睡了，而另一些孩子直到上了幼儿园还需要午睡。

2. 让孩子通过"哭个够"表明自己的沮丧，并不会损害孩子的自尊。对一个孩子来说，形成"我没有能力对待沮丧"、"我不需要遵循任何界限"、"我可以操纵别人按我说的去做"的信念，会损害孩子的自尊。

开阔思路

芭芭拉和戴维在其《父母管教手册》一书中举了如下的例子：

我们认识的一位母亲允许自己学龄前的儿子在他哥哥的房间里午睡，只要他……乖乖地睡着。我们认识的一位奶奶在她的壁橱里保存着一个米老鼠睡袋，那是孩子们的叔叔用过的。孩子们可以选择家里的任何一个房间午睡，还可以用睡袋"露营"，只要他们马上去睡。（这些孩子在自己家里从来不午睡，但在奶奶家里总能午睡两三个小时。）

习惯

"我女儿不停地咳嗓子，简直要把我逼疯了。我告诉过她，当她发出这种噪音时，我会提醒她，让她能意识到并停下来。但这个方法不管用。"

理解你的孩子、你自己和情形

如果让你尽量不要想大象，会发生什么？你会一直想着大象。这同样适用于一些恼人的习惯。我们越是提醒、提及、唠叨和暗示，这种习惯就会变得越糟糕。咳嗓子、抠鼻孔以及其他让大人烦恼的习惯，在开始时通常都是孩子完全无意识的一个举动，而后，随着孩子被千百次提醒不要那样做而不断得到强化。有些父母担心这是孩子们对压力作出的反应，往往给予更多的关注。然而，孩子得到的对其习惯的关注越多，习惯就会变得越顽固。孩子们不会故意形成坏习惯来让大人围着自己转，但是，当大人开始这个游戏时，他们很愿意奉陪。

建议

1. 不要理睬孩子的坏习惯，让孩子自己决定是否或何时停止这些习惯。你可以离开房间，如果这有助于你视而不见的话。

2. 要让孩子知道，你理解他们可能不由自主地就发出了某种特别的噪音，或有了某个习惯。还要告诉孩子，当他们这么做时，你很难在旁边待着，如果你感到厌烦，你会到其他地方待一会儿。

3. 如果你的孩子为自己的某个习惯感到担心，并希望你帮助解决，你要安慰孩子，无论如何你都爱他们。如果你有什么建议，要告诉孩子。有些咬指甲的孩子在做过美甲后就不再咬了。那些总是随身带着小毯子的孩子，常常会让父母在一天中把毯子收起来几次，放到一个特定的地方，直到他们想用时再拿出来。那些总是抠鼻孔的孩子，也许愿意用纸巾代替手指，尤其是当他们有自己的一小包纸巾时。

4. 要鼓励你的孩子表达他们的感受，你只需倾听，以此作为处理可能造成了这种习惯的压力的一种方式。

预防问题的发生

1. 咳嗓子和其他发出难听声音的习惯，可能与某种身体疾病有关。带孩子去作一个全面的身体检查，而不是仅仅关注嗓子，或许会有帮助。

2. 如果孩子咬指甲，或有其他让你烦恼的习惯，不要把这当成一个问题指出来，或者唠叨孩子的行为。如果你能把这些习惯想成是可爱而讨人喜欢的，这些习惯很可能过一段时间就会消失。

3. 要让你的孩子知道，有些行为是私密的，最好选择在没有别人在场的时候进行，因为别人可能会感到不舒服（见"自慰"，第416~419页）。

4. 如果你对孩子在学校的学习成绩、音乐或运动方面的表现提出了过高的、不合理的要求，而给孩子造成了压力，要马上停止。

5. 要认识到，有时候孩子们正在经受的压力和你没有任何关系，所以，不要认为他们的行为是针对你的。要通过讨论、游戏、角色扮演以及问问题，尽量找出困扰孩子的真正原因。最好的问题是那些听起来傻傻的问题。当你问一个真正很"傻"的问题时，孩子会帮助你搞清楚，并告诉你实际上是怎么回事。例如，如果孩子在用咬指甲来对付压力，你可以问："我想知道，你咬指甲是因为想磨牙吗？"大多数孩子会以一种怪异的表情看着你，然后告诉你他们咬指甲的真正原因。

孩子们能够学到的生活技能

孩子们会知道，自己不是坏，也不是神经质。他们有一些特别的习惯，当没有人对他们施加压力时，他们能选择以不同的方式改变这些习惯。他们还能认识到，尽管别人可能不喜欢他们的行为，但只有他们自己才能决定改变。

养育要点

1. 孩子们想知道自己是有归属的,而且是特别的。你可以通过爱孩子本来的样子,并花时间陪伴他们,向他们传递这个信息——或者,他们也可以因为受到父母的唠叨、责骂或试图控制他们的某个习惯而得到了很多关注而感到自己很特别。孩子们会接受这两种关注中的任何一种,但当他们得到负面关注时,他们可能会认定自己不可爱,并且没有归属。通常,他们会陷入以越来越负面的方式寻求关注的恶性循环中。

2. 向有啃大拇指习惯的孩子说他们再这样下去就不得不戴牙套,或者会把嘴弄坏,对孩子的心灵造成的伤害要比对他们的嘴的伤害更大。无条件的爱,以及对他们能够处理好自己的生活的信任,能减轻他们的压力,并增加他们作出不同选择的机会。

开阔思路

4岁的贝琪喜欢朝人吐口水。每当有人说"你好,贝琪"的时候,她就会撅起嘴巴准备向对方吐唾沫。她的父母很尴尬,无法理解她怎么有了这个"坏"习惯。他们对别人都很尊重,不理解贝琪从哪儿学会了这个"淘气而令人厌恶"的行为。他们让贝琪停止吐口水的所有努力都无济于事。

有一天,他们去看望一位朋友,当贝琪撅起嘴巴要吐口水时,这位朋友笑着说:"贝琪,我打赌你喜欢吐口水。让我们一起去洗手间往马桶里吐口水吧。我也认为这样做很好玩。"

贝琪的父母以一种既羞愧又吃惊的复杂表情看着贝琪牵着这位朋友的手进了洗手间。几分钟之后,他们回来了,贝琪不吐口水了。贝琪的父母意识到,他们一直在通过试图控制贝琪的行为造成了一种权力之争。现在，他们有了一个新选择，可以告诉贝琪："只要是在洗手间里，你吐口水就没关系。"没用多长时间，贝琪就放弃了吐口水的"习惯"。

洗澡的烦恼

"在我们家，洗澡时间就像是一场噩梦。如果我试图给小女儿洗头发，她就会尖叫，而且我10岁的儿子拒绝泡澡或淋浴，除非我亲自把他拖进浴室。"

理解你的孩子、你自己和情形

很多年龄小的孩子都抗拒洗澡（他们进了浴盆之后，往往又抗拒出来）。当他们长到十几岁的时候，通常会弥补"失去的时光"，有时候一天会冲好几次澡。婴儿不再需要通过每天洗澡来预防尿疹了，因为"湿纸巾"是那么有效。你和你的医生可以决定多长时间给婴儿洗一次澡最好。然而，在某个年龄，大多数小孩子完全不想洗澡。你越努力强迫他们，情况就越糟。幸亏，在你学习避免洗澡时的权力之争的这段时间里，孩子脏一点也不会要命。

建议

1. 年龄小的孩子喜欢遵循日常惯例，尤其是在他们的帮助下制定的日常惯例表。参与，能够增进合作。洗澡时间是睡前惯例表中的一部分内容（关于建立日常惯例表，见"就寝时的烦恼"，第190~195页）。

2. 要让不愿意洗澡的孩子知道，洗澡不是可以选择的，但他们可以选择洗澡的日子和时间。这就给了孩子们一定的权力，并且增进了合作的可能性。

3. 到该洗澡时，要坚定而和善地提醒孩子们已经达成的一致，并给他们一个选择：他们是希望你关掉所有让他们分心的东西，比如电视、视频游戏和电脑，还是想自己做？给孩子们一个煮蛋计时器，在洗澡前设定10分钟倒计时，可能会有帮助——这是为了让孩子再一次分享权力和控制。①

4. 要使用有限制的选择，让不愿从浴盆里出来的孩子自己决定，洗澡需要15分钟还是20分钟？他们是想自己设定计时器，还是让你来设定？他们要自己拔掉浴盆的排水塞，还是由你来拔？

预防问题的发生

1. 要让洗澡时间充满乐趣。要给孩子们一些专门在浴盆里玩的特殊玩具——任何能喷水或舀水的玩具通常都能带来很多乐趣。要给孩子们在浴盆里玩耍留出足够的时间。要和年龄小的孩子一起坐在浴室里，以确保他们的安全。

2. 年龄小的孩子们喜欢和父母一起洗澡。当你的孩子第一次表达出对隐私的需要时，就该让他独自洗澡了。不要坚持让孩子进来和你一起洗澡或淋浴。

3. 让孩子帮你洗头，然后你给他们洗。小心不要让肥皂泡沫进入孩子的眼睛，并且要使用无刺激性的洗发液。如果你在水池里或用喷头给孩子洗头，并让浴室成为一个玩耍的好地方，有些

---

① 要了解肚子里装有计时器的可爱毛绒玩具的相关内容，请登录www.positivediscipline.com。——作者注

孩子就愿意洗澡。

4. 对于那些想花上半个小时淋浴的十几岁孩子，要和他们谈谈节约用水以及对需要用热水的其他人的尊重。在他们的帮助下，要找一个你和孩子都有空的时间，然后定出一个淋浴需要的时间。

孩子们能够学到的生活技能

孩子们能够学会良好的卫生习惯以及对他人的尊重。他们能发现日常惯例可以是有趣的，以及自我照顾并不一定意味着自我折磨。孩子们还能够学到，他们有隐私权，而且大人会尊重这一点。

养育要点

1. 如果因为你试图匆忙让孩子上床睡觉而导致孩子在该洗澡时拖拉，可以考虑将洗澡时间变成一天当中的一段特别时光，而不是一件琐事。

2. 两代人以前，大多数人每周在周六晚上洗一次澡，是为了周日去教堂。在全世界的很多地方，每周洗澡超过一次是一种奢侈。要鼓励孩子们在必要时洗澡，但对于"必要"要有灵活性，以鼓励孩子们合作。孩子们往往在体验到一次个人的严重不清洁之后，才会更加重视清洁。

开阔思路

一位妈妈收养了一个3岁的残疾女孩，她说洗澡时间就像一场噩梦。这个小女孩只会说几个字，比如"妈妈"。然而，她在学习手语方面却很聪明。妈妈会把这个小女孩放到浴盆里几分钟，然后就赶快把她抱出来，把她擦干，把她放到床上。在妈妈给她擦干并放到床上去的时候，这个小女孩总是又踢又叫。

这位妈妈参加了斯蒂芬·格伦（本书作者之一）的一次讲座，意识到由自己决定洗澡时间何时结束，不是很尊重孩子。她决定让孩子有更多选择。当天晚上，她把女儿放进了浴盆，并告诉孩子准备好出来时就叫她。20分钟后，妈妈进来看女儿是否准备出来了。小女孩用手势说"没有"。半小时后，妈妈再次进来看，小女孩仍然示意"没有"。在过了大约45分钟之后，小女孩喊道："妈妈，妈妈！"当妈妈走进浴室时，小女孩作了一个"出来"的手势。这是两年当中小女孩第一次在妈妈给她擦干身体并送到床上去时没有又踢又叫。

消沉

"我的孩子看上去总是那么消沉。这到底是身体问题还是情绪问题？"

理解你的孩子、你自己和情形

每个人都有感到消沉的时候。偶尔感到消沉，与持续地以一种消沉的方式行事，是完全不同的。当孩子们消沉时，可能表明他们的生活中发生了令人不安的事情。他们可能正遭受着酗酒或吸毒的父母的虐待、猥亵或忽视。重要的是，要客观地观察并找到这种行为的模式。如果消沉是一种反复出现的状况，你要为自己和你的孩子向那些实施非药物治疗的专业人员寻求帮助。要远离那些使用抗抑郁药物治疗孩子的治疗师和医生。你的孩子的感受是判断发生了某种严重事情的一个重要线索，而对孩子使用药物应急则很难触及深层的问题。有些孩子学会了用行为消沉作为得到特别的服侍或额外关注的一种方式。

建议

1. 要有好奇心。对于发生了什么事，要问孩子一些开放式问题，比如，"发生了什么让你感觉不好的事情吗？你能跟我说说吗？""我看到了一张阴沉的脸。有什么我能帮忙的吗？"

2. 有时候，你可以通过问一些傻傻的问题或猜测孩子的感受，从年龄小的孩子那里得到一些信息，比如："你是因为泰迪熊不跟你玩而生气吗？""我打赌，我知道你为什么伤心——因为我今天忘记胳肢你了。""你不高兴是因为我陪妹妹的时间比陪你的多，你希望我能多陪你玩一会儿。"

3. 要保持开放的心态。不要假定你知道孩子为什么不高兴。父母们经常想当然地认为孩子不高兴的原因与他们自己感觉不好的原因是一样的。当父母离婚，或有人去世时，父母会认为这就是造成孩子不快乐的原因，但当他们问孩子因为什么烦恼时，会发现孩子是希望有一个朋友陪自己玩，或能有钱买一套特别的衣服。

4. 要当心，被称为"消沉"的是一种鸡尾酒式的感受，包括伤心、愤怒、不安、怨恨、害怕、绝望以及其他更多感受。不要通过贴上一个不准确的流行标签，把这些感受过分简单化。

预防问题的发生

1. 要和你的孩子保持坦率的沟通。要让孩子知道，他们可以把自己的感受告诉你，你不会因此取笑他们，或者说他们不应该有那种感受。

2. 对自己发怒，会造成消沉。孩子们可能会对一些事情生气，并且没有意识到生气没关系。于是，便将怒气转向了自己。要审视一下你可能对自己的孩子过度控制、过度保护，或有过高期望的做法。这些情形可能会造成孩子无意识的、隐藏的愤怒。

3. 引发孩子消沉的一个常见原因，是他们相信自己无法达到父母的期望，所以，为什么还要尝试呢？感觉到爱是有条件的，会让人非常消沉。要确保你的孩子知道，你无论如何都会爱他们。

4. 要确保你在孩子们争吵或打架时不站在任何一方，或者给一个孩子贴上"麻烦制造者"或"坏孩子"的标签。如果孩子们认为自己没人爱、没人站在自己一边，他们最终会感到无助和绝望。

5. 不要用你不打算做的事情威胁孩子。如果你说一些像"你们这些孩子太让我生气了，我要收拾行李离开家"之类的话，孩子们会被吓坏，并按照字面意思理解你的话。你的孩子需要知道自己是安全的，而如果孩子认真对待你说的话，你在气头上的威胁会给孩子造成很多伤害。

孩子们能够学到的生活技能

孩子们能够知道，他们可以把困扰自己的事情告诉大人，而且有人可以交谈。他们不必自己解决每一个问题，或保守着秘密。他们能够学会表达愤怒的恰当方式，这样就不会发展为消沉（见"爱发脾气或好斗的孩子"，第 45～51 页）。

养育要点

1. 不要试图说服孩子相信自己没有那种感受，或认为你比他们还了解其真实感受。

2. 对孩子们来说，有时候感觉不快乐和消沉没关系。如果你让孩子有自己的感受，他们或许会很快度过这种情绪周期。如果你试图在他们不快乐时使他们快乐，他们可能会一直烦躁不安，让你看看你无法控制他们的感受。

开阔思路

一个家庭里的两个孩子表现出的消沉很不一样。8岁的女孩威胁要自杀，她把几种东西混在一起，然后威胁说要吃下去。她的家人带她去作心理咨询，在此过程中，她承认，她很高兴父母注意到了她，并承认当她威胁着要自杀时，父母对她非常关注。心理咨询师建议，她的父母每天可能需要分别单独与女儿一起待15分钟，做一些有趣的事，作为她得到关注的一种方式。

她喜欢这个主意。在度过了一周的特别时光之后，她以"自杀"倾向表现出的消沉就消失了。

另一方面，她10岁的哥哥总是显得闷闷不乐和愤怒。他的消沉就是对自己发怒的结果。当心理咨询师让他描述自己典型的一天时，他提到自己每天一个人看电视能有6个小时或更长时间。咨询师向孩子的父母表达了担忧，说孩子看电视已经上瘾了，是有害的，需要帮助他找到打发时间的其他方式。当他的父母同意限制儿子看电视的时间时，他说他不知道有什么其他事情做。这个男孩、他的家人以及咨询师一起做了头脑风暴，列出了一份除看电视之外他能做的其他活动的清单。

第一周,这个男孩只是盯着电视的空屏幕。第二周,他会走过去看看活动清单,然后双手抱着脑袋坐下来。到了第三周,他意识到父母不会放松看电视的限制,所以,他尝试了清单上的一些活动。他花了六个多星期才摆脱消沉,开始微笑,并喜欢上了其他活动。

12岁的米切尔睡不着觉。他的学习成绩开始下滑,并且拒绝吃东西。他整天都阴沉着脸,并且很暴躁。他的母亲很担心,带他去看家庭医生,医生听了症状后立刻为米切尔开了抗抑郁的药物。没有一个人花时间搞清楚他在为什么烦恼。相反,他们都寻找一个原因,作出一种诊断,提出一个治疗方案。

有一天,米切尔在父亲家里过夜。(他的父母正在办理离婚,并已经为此激烈争吵了两年多。)在和父亲一起看电视时,米切尔问:"爸爸,你打算和别人结婚,把我们留给妈妈吗?"

"米切尔,"爸爸答道,"你在说什么呀!听起来你很担心。你怎么这么想?你知道我爱你,永远不会离开你们这几个孩子。妈妈和我不再住在一起了,但是你永远都是我生命中的一部分,而且我们总能找到在一起的办法。我以为你知道这一点呢。"

"好吧,爸爸。妈妈说你有了一个新的女朋友,她不喜欢孩子,她可能会告诉你不允许我们过来,并且让你搬得远远的。我不相信这是真的,但有一天我无意中听到你在电话里跟别人说要搬到另一个州去。"

爸爸搂住米切尔说:"难怪你一直担心。如果你再有这种感觉,请马上找我问清楚。你无意中听到的只是我在向朋友抱怨。我不是当真的。你知道人有时候在生气时会说一些言不由衷的话吧?你听到的就是……我夸张了些。米切尔,我不会搬走,而且如果以后有任何大的变化,你和我都会在事情发生之前详细讨论的。我爱你。"

性虐待

"我找不出哪份报纸或杂志没有报道孩子遭受性虐待的事。我怎样保护我的孩子避免遇到这样的事情呢？"

理解你的孩子、你自己和情形

我们真希望这个世界不需要我们在此专门谈性虐待。读这部分时，可能显得有点吓人或言过其实。不幸的是，统计数据确凿无疑——每四个人中就有一人经历过某种形式的性骚扰或者性暴力。这可能是因为孩子受到性侵犯的事件正在增多，或遭到性侵犯后向相关机构报告的人在增多。孩子受到性侵犯后，对他们人格的影响可能会持续一生，而大多数时候这种影响都是灾难性的。大多数遭受过性虐待的孩子会认定这是他们自己的错，认为自己是坏孩子。他们用大量的时间隐藏这件事，因为他们认为自己是异类，生活在害怕别人发现这件事的恐惧中。在有些案例中，遭受性虐待的记忆会慢慢淡化，但那种感受和认定却始终存在。在以后的生活中，他们脑海中可能会突然闪现遭受性侵犯的情景，让他们认为自己快要疯了。作为父母，我们可以做很多事情来保护我们的孩子，或者在孩子遭到侵犯后帮助他们。如果这影响到了你或者你爱的人，请你一定要认真对待。

建议

1. 孩子是人，不是性工具。将孩子当做性对象，是极为有害的。如果你在这么做，要马上停止，并请求帮助。你不是坏人，但你的行为是错误的，你需要找到改正的方法。有一些机构和训练有素的专业人员能够帮助你和你的孩子。

2. 如果你怀疑自己的孩子受到了性虐待，要寻求帮助，即便你怀疑侵犯者就是你的配偶。你可能想把自己的恐惧压在心里，尽量独自处理这件事，或希望一切都会过去，你要抵制住这种愿望。这被称为"沉默和否认"，只会让事情随着时间的推移变得更糟。如果你感到说出真相害怕侵犯者会伤害你，就要寻求专业帮助。他们每天都在处理这种问题，能够随时阻止性侵犯，并且保护你和你的孩子，并帮助侵犯者改邪归正。

3. 如果你的孩子暗示自己受到了侵犯，或者抱怨生殖器区域的问题，要认真对待孩子的抱怨并寻求帮助。如果你发现了淤青、伤口或感染，你的孩子就可能受到了性虐待。要向孩子保证，说出真相不会让他们惹上麻烦，你会随时提供帮助，而且如果他们说谁虐待了他们，你会相信他们，并且不会认为自己的孩子是坏孩子。

4. 轻视或者忽视孩子们的求救，是一个非常严重的错误。大多数受到性虐待的孩子都会被告知，如果他们走漏半点风声，就会造成家庭破裂，或者所有人都会认为他们是坏孩子，或者有人会受到伤害。孩子们需要极大的勇气才能打破沉默并说出秘密，所以要认真地对待他们。

预防问题的发生

1. 要跟孩子坦率地谈谈性虐待的可能性。要告诉孩子，出于爱的触摸和出于索取的触摸是有区别的，并且没有人可以触碰他们的隐私部位。如果他们对于任何人触摸他们的方式感到不安，要确保让他们知道说"不"没关系，即便对方是个成年人。要向你的孩子示范如何坚定、响亮地说"住手!"。要跟孩子保持坦率的沟通,以便他们觉得在有问题时可以无拘无束地告诉你。

2. 要告诉孩子,他们是人,他们的身体很珍贵,属于他们自己。没有人有权伤害他们、把东西放进他们的身体,或者让他们进行性行为。

3. 如果你的孩子举止奇怪,要和他们谈谈所谓的秘密,并要让孩子知道他们可以信任你,如果有人让他们保守一个秘密,他们可以告诉你。要让孩子把秘密说出来。如果你怀疑发生了什么事情,在跟孩子谈时,要用那些不加掩饰的词,比如,"我想知道,叔叔在亲你的时候,是否把他的舌头放进了你的嘴里?"或者,"爸爸要求你吻过或者吮吸他的阴茎吗?"或者"保姆往你的阴道里放过什么东西吗?看上去有点红肿。"

4. 要留意兄弟姐妹之间的报复循环。有时候,如果大一点的孩子认为弟弟或妹妹得到的爱更多、更受宠或者更特别,他们就会对其进行性虐待,作为一种还击方式。十几岁的孩子可能认为对弟弟或妹妹实施性行为比较安全。要让他们知道,这是不可接受的。要在所有孩子都在场时谈这一点。如果你的一个孩子告诉你另一个孩子对她进行性骚扰,要立刻寻求专业帮助。

孩子们能够学到的生活技能

孩子们会知道他们是人,有权力决定发生在自己身体上的事情,并且有人会认真对待他们、爱他们,并在他们受到性虐待的时候帮助他们。

养育要点

1. 如果你在小时候受到过性骚扰或骚扰过别人,就需要寻求帮助解决自己的问题，因为如果你自己还有未解决的性骚扰问题，就很难帮助你的孩子。

2. 如果你在养育孩子的过程中让他们自信、得到了认真对待，并给他们机会为家里作出贡献、能够讨论自己的想法，你就是在间接地预防性虐待。那些知道自己是有价值的人的孩子，那些相信自己有权利、自己的感受合情合理的孩子，以及那些了解有可能发生哪些危险的孩子，不太容易受到性骚扰。

3. 不要低估加害者（猥亵者）的操纵能力和卑鄙的天性。这种人会通过让你相信他是无辜的、事情是你的孩子编造的，而屡屡得逞。

开阔思路

一个小女孩在5岁的时候被邻居的一个男人猥亵了。他说如果她告诉任何人，听到的人就会死去，就是她的错。他还说如果他发现她告诉了别人，就会将她剁成碎片，放在盛豆子的罐子里，煮了当晚饭吃。他说在她50岁之前不能告诉任何人。

当她48岁时，她的脑海中开始闪现受猥亵的情景，并开始焦虑，但她不知道为什么。她对那次事件的记忆被遗忘并封存了起来，如今又涌现了出来，她吓坏了。经过一年的心理治疗后，她能够面对这次事件了，怀着极大的恐惧感把这件事告诉了自己的心理治疗师。有几个星期，她每天都给治疗师打电话，以确定他还活着，因为她在自己50岁生日前就把这件事告诉了他。

这是受到性侵犯的人经历的创伤和痛苦的一个小案例。如果孩子能与父母进行坦率的沟通并了解相关知识，并且知道告诉父母不会给自己带来麻烦，父母会随时帮助他们而不是伤害他们，很多这种悲剧就可以得到预防。

性探索和性教育

"我看见邻居家的男孩和我的 5 岁女儿在一起,两人都脱了裤子。我不想惩罚她,但我不希望她玩性游戏。我不知道怎样教给她在性方面的规矩。"

理解你的孩子、你自己和情形

当今的世界与我们这代人成长时的世界有很大的不同。现在,有各种极端——既有发誓在结婚之前禁欲的孩子,也有些孩子认为在派对上与人"勾勾搭搭"是一种像一起看场电影一样平常的行为。媒体赞美性、渲染性,所以,孩子们在文化上经常受着"要性感"和"要性行为"这种信息的轰炸。你的价值观可能和孩子的大为不同,并且你或许甚至会认为孩子会遵循你的价值观,因为你是父母。如果你就是这么想的,那么当孩子们因为不知道自己对性的观念是对是错而挣扎的时候,你就没有办法成为孩子们迫切需要的那种咨询师。

对于年龄小的孩子来说,好的性教育能够帮助他们了解身体各部位如何运作、什么是正常和不正常的、婴儿是怎么来的、作为有性动物意味着什么,以及对想占自己便宜的大孩子或成年人说"不"的信心。随着孩子逐渐长大,好的性教育能让你和孩子开始一次没有评判的对话,并使交谈进行下去。

建议

1. 当你看到自己的孩子在和另一个年龄相仿的孩子探索性或性器官时，这是他或她已经准备好接受性教育的一个线索。不要责骂、羞辱或让你的孩子难堪。要让孩子知道，对性和身体的各部分感兴趣是正常的。要告诉孩子，你会回答他的问题并解释身体的运作，但是你不希望他和其他孩子玩"医生"或"展示并说明"的游戏，因为性器官是身体的私密部位。

2. 要跟孩子谈谈对自己和他人的尊重。让其他孩子参与性展示或探索是不尊重的。

3. 要避免惩罚，因为这很可能会导致孩子将性探索转入"地下"。对于十几岁的孩子来说，这尤其重要。一旦你开始对孩子实行禁足或取消他们的特权，你的孩子就会想出绕开你的办法，并蔑视你设立的规矩，你会因而失去本可以拥有的成为其咨询师的机会，只会有害而不会有益。

4. 要问孩子对于性或者阴茎、阴道或乳房有什么样的问题（要用正确的词）。如果你能够，就要诚实地回答孩子的问题，并且不要感到尴尬。不要提供超出孩子问题之外的信息，除非你觉得有必要。要用你的常识来帮助你了解孩子能够理解多少。

5. 和孩子一起去图书馆，找一些适合孩子年龄的好的性教育书籍。

预防问题的发生

1. 找一些专门针对小孩子的好的性教育书籍，在孩子两三岁的时候就开始给他们读。在这个年龄，孩子不会理解你读的很多内容，但仍然会喜欢这些书。当孩子长大一点，并且邻居家的孩子试图给他们说这方面的信息时,他们将能够说:"哦,我已经都知道啦。"

2. 对于3~10岁的孩子,当你在晚上给孩子掖被子时,可以偶尔问一句:"你对于自己的身体是如何运作的,有什么问题吗?"他们的回答往往是"没有",但你是在表明,性以及性器官如何起作用都是正当的话题,就像学校和玩具一样。

3. 对于6~18岁的孩子,他们在一个周末从电视和电影里看到的露骨的性交往,比他们的祖辈一辈子所能想象到的还要多。他们需要与成年人坦率地交谈自己看到的东西。这种沟通需要是双向的。要问你的孩子有什么想法和感觉,而不要说教和评判。然后,要告诉孩子你的想法和感受。你可以用启发式问题引出孩子的想法和感受:"你对自己在电视上看到的有什么想法?你有什么感觉?你有什么结论?"也要说出你的想法和感受。

4. 孩子长大一些后,要跟他们谈谈为什么推迟性行为对他们有好处——随着年龄的增长,他们的情感和智慧会更加成熟,就不会对自己和(或)他人不尊重了。他们就有望拥有自信和自爱,做自己觉得正确的事,而不会感到必须以牺牲自己为代价去取悦他人。孩子们需要知道,如果有人说:"如果你爱我,就要和我发生性关系"或"如果你不和我发生性关系,我就去找愿意这么做的人",他们就应该逃离这个人,能跑多快就跑多快。

5. 如果孩子不顾你的感受,性行为很活跃,你要确保孩子免于意外怀孕和性传播疾病。

6. 你不应该用艾滋病或其他性传播疾病的威胁向孩子灌输恐惧和内疚感,这往往会招致孩子的反叛。你应该以一种鼓励孩子倾听并作出明智决定的方式,实事求是地向孩子提供有关这些疾病的信息。

7. 要告诉孩子,你会为他们解释任何他们听不懂的词,如果他们对自己身体的某些现象不理解,比如分泌物、遗精或月经,你希望他们问你。最好提前让孩子知道这些事情，并且知道这都是正常的，这样，他们就不必由于害怕自己反常或患上了危及生命的疾病而生活在恐惧中。无论孩子问到什么，你都要平静，而且不要评判说出这个词的孩子的朋友。如果你需要帮助回答问题，就请医生回答你不知道的问题，或者找一些书籍和其他资源让孩子放心。

孩子们能够学到的生活技能

孩子们能够学到，性是自己和生活中美妙的一部分，他们的性器官和功能是正常的，无需感到恐惧或羞耻。他们能够知道，和父母谈论任何事情都没关系，父母会为他们提供真实有益的信息。有了这些正确的信息，他们就能够为自己作出正确的决定，而无论别人怎么想。

养育要点

1. 如果你对性感到尴尬或认为它不好，你的孩子也会接收到这样的信息。他们可能会学到你的态度，或者决定不让你知道他们的感受、问题和行为。不是你说了什么，而是你如何说的，才是对孩子有最大影响的。

2. 对克利夫兰1400位十几岁女孩的父母所作的研究发现，92%的母亲从来没有与自己的女儿讨论过性。如果谈论性让你感觉不舒服，就要如实地告诉孩子，并说明为什么。然后，无论如何都要和孩子谈这个话题，或者将这个问题交给孩子聊得来的一位负责任的成年人，以便让孩子从另一个角度看待这个问题。这个人可以是一位咨询师、家庭成员或朋友。

开阔思路

　　一个女孩小时候遭受了很大的痛苦，因为她不能与自己的父母讨论性——他们太难为情了。她6岁的时候，邻居家的一个男孩想让她看看如何"操"，这是她不懂的一个词。男孩把她带到一个谷仓里，让她脱了裤子蹲下来，然后开始对着她的屁股小便。后来，这个小男孩告诉所有其他孩子他"操"了这个小女孩。这件事情在整个小学和中学阶段都影响着她。她几乎每年都会成为一次别人嘲笑的对象。孩子们会追着她满院子跑，嘲笑她肚子里有婴儿。在初中时，孩子们会传她的小纸条并咯咯地笑。随着她逐渐发育成熟，有些相信她名声很坏的男孩开始对她提出下流的要求。

　　她太缺乏性教育了，以至于她不知道自己没有发生过性行为；或者，即便那个小男孩知道怎么做，这也不是小女孩的错，她不是坏孩子。这个小女孩如今已经长大，能够笑着说起这件事了，但是性教育或与父母坦诚的沟通，本来可以使她免于遭受这么大的痛苦。

　　作为父母，你可以问问自己为孩子提供性知识的最终目标是什么。只是为了告知孩子吗？或许不是。只是为了帮助孩子在成熟后避免性方面的难题吗？不，不只如此。难道不应该是为了帮助孩子用健康的方式看待性，使孩子长大成人后能够拥有快乐、成功和负责任的性生活吗？如果你记住这个目标，将有助于你了解对孩子说些什么以及如何说。

学校里的问题（另见"家庭作业"）

"我的孩子在学校作弊被抓到了。现在，我不得不去跟老师见面。我觉得既胆怯又尴尬，我作为母亲很失败。我怎样才能让孩子在学校守规矩呢？他在家里挺好的。"

理解你的孩子、你自己和情形

孩子在学校里的问题，也需要你同时处理孩子的行为和行为背后的信念。孩子在学校的不良行为有太多的原因。通常，这些原因都与寻求权力或者报复有关，尽管有一些学习成绩不好的孩子认为自己可以通过成为麻烦制造者而得到认可，或者决定干脆不去尝试，省得努力之后又失败。

太多的时候，我们都认为是孩子的错，但原因很可能在于学校的环境过于鼓励竞争，没有给孩子们学习尊重和解决问题的机会，或者不尊重不同的学习风格。你的孩子可能受到了某个习惯于惩罚或羞辱学生的老师的不尊重对待。有些孩子在不受尊重的环境中无法正常学习，这需要父母提出来，帮助他们找一个安全的学习环境。你的孩子也可能是因为遇到了欺负人的孩子或小团伙而害怕去学校。

建议

1. 花一些时间了解孩子的内心世界，以发现其行为背后的信念。有时候，这只需要和孩子出去走走，问一些问题，听听孩子的说法。

2. 要以积极的方式提起这个问题："学习成绩好对你而言一定非常重要，你甚至愿意通过作弊达到这个目标。从长远来看，这么做对你有怎样的帮助或伤害呢？你还有其他方法达到这个目标吗？"

3. 要努力共同解决问题。一起找出问题所在，以及有什么可能的解决方法。

4. 要告诉老师，你希望在跟老师见面时，让孩子也参加。既然要讨论你的孩子的问题，让孩子在场帮助你们理解问题所在并一起寻找解决方法，效果会更好。要建议会议的基调是"我们并不是要责备谁，我们是在寻求解决方法"。要先让孩子说说对问题的看法以及可能的解决方法，然后你和老师再说。孩子们通常都知道发生了什么事情，由他们说而不是由别人告诉他们的时候，他们会感觉到更多的责任。此外，务必要讨论孩子做得好的所有事情，还是要由孩子先说。

5. 作过这些讨论，或许就足够了。太多的时候，我们只关注后果或解决方法，低估了友好的讨论带来的理解的力量。当孩子们感觉到自己得到了倾听、认真对待和爱时，他们就会改变激发不良行为的那些信念。

6. 对于有些孩子来说，换老师或找一所新学校可能是改善他们在学校表现的解决之道。如果你和孩子都觉得这种改变会有帮助，就要毫不犹豫地帮助孩子采取行动。

预防问题的发生

1. 要花一些时间去学校参观。坐在教室里，看看是什么感觉。老师们是鼓励孩子还是让孩子们泄气？他们采用的是一套对有些孩子会造成羞辱并招致另一些孩子反叛的奖励和惩罚方法吗？老师们用班会让孩子们参与寻找问题的解决方法吗？如果没有，他们愿意考虑这种可能性吗？

2. 为孩子提供信息，说明你为什么认为良好的教育是重要的，而不要长篇大论地说教。要用真实感受说出你的价值观："我感到_____因为_____我希望_____。"

3. 建立亲密和信任。说教和惩罚造成距离和敌意。进入孩子的内心世界并切实地倾听，会建立起亲密和信任。一种亲密和信任的基础，对于积极的养育工具发挥作用是至关重要的。

4. 承担起你在造成孩子的问题中的责任。承担责任并不意味着你应当感到愧疚，而是你应该深入了解并意识到自己造成了哪些问题。孩子感受到的是有条件的爱吗？"只有学习成绩好，父母才会爱我。"要达到你的期望孩子会感到压力太大吗？如果孩子看到我们为造成问题承担起了责任，他们就会愿意承担自己应承担的那部分责任。

5. 决定你要做什么，并提前让孩子知道。"我相信你能解决自己在学校里的问题。如果老师来电话，我会把电话给你。我不会因为你旷课而向老师撒谎。我会倾听，并且会向你提供建议，但只在你要求的时候。"

6. 有些孩子在学校表现差是因为他们的父母控制过多，并试图掌控孩子的作业及在学校的所作所为。要尝试退后一步观察，看看你不再唠叨时孩子会怎么做。要等待一周，观察，然后和孩子讨论你注意到的情况。

孩子们能够学到的生活技能

孩子们能够认识到，他们对自己的选择是负有责任的。父母会帮助他们想清楚发生了什么事、造成这件事的原因，以及他们怎么做才能带来不一样的结果。最重要的是，他们能够认识到父母是无条件地爱他们的，并且能够在没有内疚和羞辱的情况下从自己的错误中学习。孩子们还能够知道，父母能够从正反两面看待问题。

养育要点

1. 父母们可能很难面对那些因孩子的行为而责备他们的老师。有意识地多关心孩子而非你的自尊，对你会有帮助。

2. 老师们也经常感到自己在学生的父母面前处于劣势并且会害怕。在你和孩子与老师见面谈孩子的问题时，要表现出对老师的同情，而不是为自己辩解。总要有人打破这种相互戒备的链条，创造一种每个人都互相关心的氛围。

开阔思路

16岁的黛安早晨开始睡懒觉。为了让黛安起床并准时去上学，妈妈陷入了与黛安的"战争"中。随着妈妈的大吼、说教，甚至试图将黛安从床上拽起来，权力之争愈演愈烈。黛安也像妈妈一样大声喊叫。终于，有一天早上，黛安大喊道："别烦我了！我恨你！"

妈妈惊呆了，但幸运的是，这句话让她想起了自己前一年在一个养育学习班上学到的一些概念。她记得，有时候最重要的是要和孩子建立一种亲密和信任的关系，而不是距离和敌意。于是，她决定不再试图控制黛安，而要用无条件的爱支持女儿的决定。

第二天早晨，妈妈没有叫黛安起床，而是由着她睡懒觉。等她最终醒来的时候，妈妈坐在她的床边，认真地说："宝贝儿，既然你不想去上学，为什么不退学去找份工作呢？"

妈妈态度的转变和支持让黛安很吃惊。权力之争消失了，黛安开始向妈妈说自己的想法。她说："我不想退学。只是我最近落后很多，永远都赶不上了，所以何必还费事呢？我怎么做都没用；老师只是一直惩罚我。没希望了。我真希望去上业余补习学校，在那里可以按照自己的进度学习。"

"嗯，那为什么不去呢？"妈妈问。

黛安说："如果你去补习学校，每个人都会认为你是个失败者。"

"你是怎么想的？"

"嗯，我现在已经落后了。"黛安说，"如果我去补习学校的话，我知道自己能赶上。问题在于，你必须先被普通学校赶出来，然后才能上补习学校。"

妈妈说："你为什么不去找指导老师看看有什么办法呢？如果你需要我的支持，我很高兴陪你一起去。"

她们一起去见了指导老师，这位老师并不建议黛安去业余补习学校，而是让她尝试自学一个学期。黛安很喜欢这个办法，奋力追赶，以便自己能在三年级时回到正常学习中。指导老师告诉黛安，他从未见过哪个学生在自学中做得这么好，并且赞扬了她的自律。

黛安很感激妈妈给予她的无条件的爱和尊重，以及指导老师对她的鼓励。当他们与她一起解决问题，而不是反对她时，黛安受到激励，结束了恶性循环，并执行了一个富有成效的计划。

养育方式的差异

"我的男朋友认为我对自己的孩子太温和了。他说孩子们都成了被宠坏的淘气包,需要严加管教。我认为他太严厉了。我们正打算结婚,但我需要再考虑一下,因为我不确定我们是否能一起养育孩子。"

理解你的孩子、你自己和情形

我们究竟从哪里得到这么一个荒诞的观念,认定若要共同养育孩子,就意味着父母双方必须要有完全一致的养育理念和行为?如果父母之间是一种相互尊重的关系,那么双方就会既尊重自己,也尊重对方,并且知道两人不一致也没关系。孩子们完全可以毫不费力地明白爸爸是这种做事方式,而妈妈是另一种。这并不会给孩子们造成困扰。有害的做法是,父母中的一方试图过度弥补另一方的做法,而不是做自己;或者允许孩子操纵父母相互对抗并主导整个家庭。一旦父母们学会看重彼此的差异并尊重对方的养育方式,他们就能快乐地共同养育,并承担起各自的责任。这里所说的共同养育,适用于再婚家庭、离异家庭、几代人共同养育的家庭,以及父母生活在一起的家庭。

父母双方在每一件事情上都一致的情形,是很少见的。如果你是第二次或第三次结婚,就更难找到双方一致的养育方式了。好消息是——孩子们能很快地知道哪个父母会怎么想,谁在什么事情上会不跟他们计较,以及当他们有哪种需要时应该去找谁。你们的职责在于学会尊重彼此的差异,并发挥各自的长处。

建议

1. 要摆脱非对即错的思维方式,并欣赏彼此的差异。要看到父母各自对家庭的贡献,并注意其长处。要允许不同的看法。要让对方知道,尽管你可能不喜欢他或她做某些事情的方式,但你愿意尊重他或她与孩子的关系。如果父母中的一方在管教孩子，另一方就不要介入，除非有虐待孩子的现象。如果你不赞成对方的做法，要选择一个孩子们不在身边并且你们没有压力的时间，一起谈一谈。

2. 如果你认为孩子在挑拨你们相互反对，建议你在和配偶讨论之后，要让孩子知道你们的想法。如果孩子需要作一项决定，要让他们知道，在作出决定之前，他们需要得到父母双方的同意。

3. 不要试图通过与你的配偶对着干，来过度弥补他或她的做法，而变得过于严厉（以弥补对方的"过于软弱"）或过于宽容（以弥补对方的"刻薄严厉"）。你的孩子能够学会对待不同的养育风格。

4. 要让配偶看到你的养育技巧，并相信经验不足的他或她会通过观察而并不是说教和唠叨向你学习。

5. 如果你认为自己的配偶感到灰心，要慷慨地给对方拥抱，并说一些体贴的话，比如："这确实很难。我想你现在一定感到很烦。想谈谈吗？"

6. 不要在孩子面前说对方的坏话，或者让孩子在父母之间传话。不要向孩子抱怨你的配偶或前配偶，并指望孩子能帮助你解决与他或她的关系中的问题。

7. 如果你的孩子向你告你的配偶的状，要建议他们把抱怨放到家庭会议的议程上，或让他们知道，在他们向对方谈自己关切的事情时，你会和他们在一起。不要试图在没有孩子参与的情况下替他们解决问题。

预防问题的发生

1. 在要孩子之前，要与配偶讨论你们在养育角色和责任方面的已有看法，并一起参加养育学习班，学习并讨论那些对你们两个人来说都很新的方法。

2. 要定期召开让全家人一起讨论问题的家庭会议，直到所有人都同意一个试行一周的解决方案。要允许这个计划执行一周，以观察其效果。要将你们的看法在下次家庭会议上提出来。

3. 如果你相信你的配偶在虐待孩子，要让他或她知道你不会容忍虐待，而且，在必要时，你会向合适的权威机构寻求帮助。

4. 要和孩子们谈一谈，让他们知道，你意识到你或你的配偶可能太娇纵或太严厉了。要问孩子在这种情况下他们怎样做才能给予自己力量。或者，你可以观察孩子们能多么熟练地以不同的方式对待不同的父母。

孩子们能够学到的生活技能

孩子们能够知道，父母之间的差异可以成为财富而不是负担。他们会知道，做事的方式并不是非对即错。他们还能学会观察人的行为，并找到让自己的需要得到满足的办法。

养育要点

1. 如果你的配偶的养育方式与你的大相径庭，你要清楚自己的界限，并尊重自己的权利——你有权拒绝看到你的孩子被虐待，或者有权拒绝自己总是受到批评。

2. 想一想孩子在从你们解决夫妻关系冲突的方法中能学到什么。如果你们相互操纵、互不尊重，你的孩子将学会这样。如果你们一起作出决定，一起解决问题，并以双赢的方式解决冲突，孩子们也将学会这种方法。

3. 如果家里存在任何形式的暴力——比如身体虐待、性虐待或药物滥用——就要寻求帮助。这些问题无法凭你的一己之力解决。大多数社区都有一些群体或项目，来帮助有这些问题的家庭，所以你不必感到孤立无援，或不得不将损害每个人自尊的秘密压在心里。

开阔思路

卢伦在家里排行中间。她已经习惯了充当调解人与和事老，并常常发现自己试图在两种相反的力量中间"不偏不倚"地解决问题。当她有了自己的孩子后，她总是努力保护孩子免受他们的父亲伤害，她的丈夫在真生气时会发脾气、大吼大叫。没过多久，孩子们就学会了如何利用这一点。当卢伦不在的时候，他们和父亲相处得很好；但卢伦一回到家，孩子们就抱怨、告父亲的状，并恳求她取消他们与爸爸商量好的约定。卢伦越试图"保护"孩子们，她的丈夫就越生气，越会大喊大叫。

有一天，卢伦无意中听到孩子们在谈论如何逃避做家务活。"当爸爸说该洗碗时，我就开始哭，说每次都是我洗碗，太不公平了。然后，你就抱怨爸爸强迫我们做所有的家务活。我敢打赌，妈妈肯定会开始和爸爸争吵，而我们就可以去玩视频游戏了，然后妈妈会替我们洗碗。"卢伦不知道自己是该哭、该笑，还是该喊叫。她决定等待机会。

那天晚上，当孩子们开始玩这种"把戏"时，卢伦甜甜一笑，说："我相信你们能和爸爸一起解决这个问题。我要去看书了。当你们洗完餐具后，来告诉我你们今天在学校都做了什么。"她强忍住笑走开了，孩子们目瞪口呆地盯着妈妈的背影。

要求过多

"我3岁的儿子想把他的牛奶装到一个特殊的杯子里,而不是我给他的杯子。我9岁的儿子认为开车送他去这去那是我的职责;我十几岁的女儿坚持让我半夜里在电脑上替她打学校的论文。我愿意帮孩子们的忙,但我想知道这是否会宠坏他们,并且教会他们对别人要求过多,期待得到别人的特殊照顾。另一方面,如果我不尊重孩子们的要求,我是否会损害他们的自尊,让他们认为自己的愿望无关紧要呢?"

理解你的孩子、你自己和情形

这是个很好的问题,所有希望培养孩子健康的自尊的父母,都会问这个问题。孩子低自尊的一个主要原因是得不到倾听、认真对待和肯定。然而,有些孩子因为父母为他们做得太多,而变得难以伺候,所以,他们认为自己的愿望总是会得到满足。重要的是,要理解溺爱、对孩子的要求言听计从,与由于否认孩子的重要性而不满足孩子的愿望之间的明确界限。

感到自己被赋予了权力的孩子,会有自己的想法并希望参与作出决定的过程。要求过多的孩子则希望每件事都按照他们的想法去做。他们常常被称为"难以相处的孩子"。惩罚不能帮助这些孩子,对他们的要求让步也无助于他们。所有和善而坚定的建议,都能帮助父母们避免权力之争,并采用能教给孩子重要生活技能的方法——比如合作和解决问题。

建议

1. 放下你手头的事情，向孩子的要求让步，不是你的职责。当你出于尊重自己和自己的需要而对孩子说"对不起，但我有其他事情要做"的时候，不要感到内疚。这对你和你的孩子都有好处。让孩子知道自己可以健忘、不体贴和苛求，是对孩子的不尊重。

2. 要通过给予孩子为学会满足自己的需要所需的训练，帮助孩子实现自己的愿望，也就是说，要把玻璃杯放在孩子可以够到的地方，以便他能自己拿杯子倒牛奶；对于需要开车接送孩子的情形，可以安排好合乘车辆；规定好你愿意帮孩子打印论文的截止时间，并坚持执行。

3. 要问你的孩子"发生了什么问题"以及"如何解决"，以便帮助孩子搞清楚自己怎样才能解决问题。

4. 给孩子提供一个有限制的选择："你能自己再去拿一杯牛奶吗，还是愿意我帮你？""你愿意自己骑自行车去参加比赛吗，还是打电话给贾斯汀的妈妈，看她能不能带你去？我很高兴去接你回来。""如果你想让我帮你用电脑打论文，我希望你能在晚上九点之前把论文给我。不然，欢迎你用我的电脑自己打。"

5. 要在家庭会议上讨论相互迁就的原则，并制订可行的计划。"我愿意贡献出我的时间和车接送你，你愿意怎么帮助我呢？""如果你能帮忙送弟弟们参加足球训练，并把他们接回来，我可以为你打论文。""如果你今天晚上能帮我洗碗，我可以开车接送你训练。"要事先准备好你希望在哪些方面得到孩子们帮助的一些提议。

6. 在每次家庭会议上，要提前计划包括近期需要的交通和家庭作业帮助在内的时间表。

7. 要找到解决办法，而不是自己承担全部的责任。如果孩子们把你当成了专职司机，你可以和其他父母们商量让孩子们合乘，要鼓励孩子在合适的时候骑自行车、坐公交车。

8. 要通过在孩子们学习新技能时陪在他们身边，帮助他们自己解决问题，比如，在孩子给其他父母和朋友打电话商量交通问题时、自己练习倒牛奶时、学习如何打论文时等等。不要期待你的孩子能够独自做这些事情，也不要认为替孩子做这一切是你的责任。要像一个团队一样合作。这需要多花些时间，但你的孩子将学会提前作计划的责任感。

9. 对于年龄大一点的孩子，你只需说："这听上去像是个合理的要求，但我肯定你能想出一个办法得到自己想要的。"然后，要放手让孩子做，而不是感到替他们做是你的职责。

10. 当孩子要求你做他们很容易就能做到的事情时，要微笑着说："好好试一下！"然后，要让孩子自己做，不用你的帮助。

预防问题的发生

1. 如果你的孩子3～5岁，就要为一些反复出现的问题找出解决办法。例如，如果他总是要特殊的杯子，就把他的餐具放在碗柜里较低的地方，将牛奶和果汁分小瓶放在冰箱低层的架子上，以便他能自己取。

2. 要花时间训练孩子——教孩子打扫洒出的食物，在把自己的餐具放回碗柜之前洗干净，等等。要给孩子充分的说明，以便他们理解需要怎么做。例如，牛奶需要清洗干净，才不会变酸、发出臭味，我们才能有一个干净的厨房。

3. 孩子们很难将自己想做的事情与别人的时间和是否方便联系起来。他们需要你的帮助才能想到这些事情，并提前作出计划。你要非常明确地让孩子知道你什么时候可以帮助他们。例如，如果孩子在最后一刻才要求你帮他洗衣服，要告诉孩子，你很乐意在洗衣日洗放在洗衣篮里的衣服，其他衣服只能等到下一次再洗；或者，如果孩子到了一定年龄，你可以说自己愿意教他如何使用洗衣机。

4. 要相信自己的孩子，并说一些鼓励的话：我对你有信心。你能行。你很擅长解决问题。

5. 一旦孩子到了4岁，家庭会议就能够为他们提供一个学习合作能力的大好机会。

孩子们能够学到的生活技能

孩子们能够学到，希望得到自己想要的东西是可以的，但不能要求别人的特别服侍。当孩子学会依靠自己并尊重他人时，他们对自己的感觉会更好。孩子们还能学到，如何通过事先计划来让自己的需要得到满足，以及如何处理因自己的需要并不总能得到满足而产生的失望情绪。

养育要点

1. 有些父母以爱的名义对孩子的各种要求让步，但这是在做一件对你自己和你的孩子没有爱心的事情。你是在教给孩子，爱就意味着让别人满足他们的要求。

2. 分清楚哪些情况下你愿意开车接送孩子并提供帮助，是完全正当的。有时候，父母们会以牺牲自己的需要为代价，过度满足孩子的需要。

开阔思路

  12岁的珍妮特喜欢芭蕾，并且决定参加每周五次的芭蕾学习班。珍妮特的母亲对女儿想坚持学芭蕾感到很兴奋，并且为女儿学得很好而自豪。然而，妈妈有全职工作，知道自己不能每周五天都放下工作去开车接送女儿。妈妈告诉珍妮特，在妈妈不能接她的日子里，她得安排好搭别人的车。

  珍妮特反对，说没有其他同学住在自己家附近。妈妈帮助珍妮特查了公交车时刻表，并想出了如何乘公交车去舞蹈班的办法。珍妮特很不高兴，因为她需要带着所有跳舞的行头去学校，并要带着这些东西和家庭作业乘公交车，还要在市区换乘，而且要没完没了地等车。

  妈妈解释说，她不是在试图让女儿受苦，但确实不能放下工作接送她，所以，珍妮特需要想清楚芭蕾对她来说到底有多重要。最终，珍妮特选择了乘公交车。尽管这很不容易，但她认为这种牺牲是值得的。多年之后，珍妮特认识到，她从中获得的生活技能和自信，在她决定环游世界时派上了大用场。

  由于妻子手术后需要卧床休养，克拉克承担了各种家务琐事。他吃惊地发现完成全部家务竟然需要那么多时间，而且几乎留不出一丁点儿时间给自己，他为此感到很沮丧。孩子们不停地需要他的帮助。他尽了自己最大的努力愉快地满足每个人的需要，但他正在失去耐心。

  最让他恼怒的是，每当他准备好出门时，孩子们总是在最后一刻跑来跑去地做他们早该完成的事情，让他等着。他和孩子们谈了这件事，他们发誓要改好，但没有任何改变。有一天，克拉克发了脾气，说："够了！今天又迟到了，周末你们两个哪儿也不许去。"

他的两个孩子恳求爸爸宽容，但克拉克很坚决。他的大儿子尤其着急，因为他在朋友周末的过夜生日聚会上有重要的任务，但无论他怎么争辩，父亲就是不改变主意。

这位男孩给奶奶打电话，抱怨这件事不公平。奶奶问这件事的原因，他告诉了她事情的来龙去脉，轻描淡写地提到他和弟弟总是拖拉。

"达斯汀，"奶奶说，"你们的父亲感到既生气又伤心，因为你们对他不尊重，而且我认为他对你们禁足是为了扳平。"

"我怎么不尊重他了，奶奶？照顾我们、接送我们是他的责任。我们还小，不能开车。"

"宝贝儿，你们的父亲是在为你们做好事。他开车送你们去这去那，并不是他欠你们的。他是在努力对你和你的弟弟好，他可能觉得自己没有得到尊重，因为你们总是通过让他等来利用他，而且既不感谢他，也没有通过为他做好事来回报他的帮助、尊重地对待他。"

"奶奶，也许我应该说声对不起。你认为呢？"

"如果你是认真的，而且如果你能想办法让爸爸看到你确实想改变，而不只是口头上说说，我想这会有帮助。你或许可以告诉爸爸，你认识到自己错了，并打算改正。而且，要问他是否可以考虑把对你的禁足推迟一周，以便你能遵守对朋友的承诺。"

"我会试试的，谢谢你，奶奶。"

达斯汀确实不知道接送他们并不是父亲的责任，而提出了无理要求。和奶奶的交谈帮助他有了更多的了解，因此，他能着手改善与父亲的关系了。

咬人

"我怎样才能让我的孩子不再咬她的小朋友呢?她一受到挫折,就会咬人。"

理解你的孩子、你自己和情形

咬人是有些孩子从出牙到3岁左右的一种暂时行为,我们希望了解这一点会对你有所帮助。尽管孩子咬人会让父母感到尴尬,让被咬的孩子的父母生气,但在大多数情况下,咬人并不是一种不良行为,而只是一种技能的缺乏。当孩子们在与其他孩子交往的场合感到沮丧,并且不知道如何以社会可接受的方式表达自己时,就有可能咬人。有些学步期的孩子也会咬人,因为这是他们的一种探索方式:"我想知道苏茜尝起来或感觉起来是什么样子。"

孩子们还会咬自己的父母,并认为这是一种游戏。重要的是,处理孩子咬人问题的方式,不能遗留下其他问题,比如让孩子感觉自己坏,或者认为伤害比自己小的孩子没关系,因为大人就是通过伤害孩子的方式来惩罚孩子的。

建议

1. 不要因为孩子咬人而咬他,或者用肥皂洗孩子的嘴巴。伤害一个孩子并不能帮助她学会停止伤害别人。
2. 如果你的孩子咬过别人,要密切监督。在孩子开始与人争执时，就要迅速介入（见"朋友之间的争吵或打架"，第 247 ~ 250 页）。

3. 在孩子和其他小朋友玩耍时，要密切观察几天。每当她看起来准备要咬人时，要带她离开，并且说："咬人是不可以的，要用语言表达。"她可能不理解你的话的意思，但会理解你的行为。如果孩子还不会说话，在说过咬人不可以之后，要提供一个转移孩子注意力的选择："你想玩秋千还是玩积木？"

4. 如果在你能够干预之前，孩子就咬了人，要先安慰咬人的孩子，然后让她帮助你一起安慰被咬的孩子。要给你的孩子一个拥抱，并且说："看，萨莉哭了。我们能做点什么帮助她感觉好起来呢？让我们放一些冰块在她被咬的地方，而且你还可以帮我给她一个拥抱。"有些人反对这么做，但请想想你在给孩子做出怎样的榜样。你在教给孩子专注于安慰另一个孩子而不是伤害。你的孩子不会理解说教；她也不理解惩罚；但她能感受到同情和帮助他人的力量。当她的大脑发育到足以理解这些时，她会记住同情，而不是羞辱和痛苦。

5. 要向被咬的孩子的父母道歉。要真诚地说出你的感受："我对此觉得很难堪，我会尽我所能帮助我的孩子不再咬人。然而，我不相信惩罚能解决任何问题。"在安慰了咬人的孩子之后，要安慰被咬的孩子，让孩子看到以爱的方式对待他人。

6. 如果被咬孩子的父母认为你应该惩罚你的孩子，你要坚持自己的立场："我能看出我们有不同的理念，对于我们任何一方来说，试图改变对方都是不尊重的。"然后，要带着尊严和对自己以及对方的尊重离开。比起别人怎么看待你，你的孩子更重要。

预防问题的发生

1. 要和你的孩子玩"假扮"游戏。假装你们两个在因为一个玩具吵架，并且你正要去咬她。这时，要停下来问："如果我咬你，你会有什么感受？你更希望我怎么做？"然后，再假装你们因为玩具吵架，并让孩子试试她刚才说的替代咬人的建议。

2. 用头脑风暴想出处理这个问题的其他方式。如果孩子想不出咬人之外的其他方式，要教给孩子用你教给她的话。你可以提供一些建议，比如，告诉另一个孩子"我对你很生气"、"该轮到我玩了"、"我去拿另一个玩具和你换"，或者让一个成年人帮助解决问题。然后，玩"假扮"游戏，以便孩子能练习这些方法。

3. 表达你的真实感受："当你咬其他人的时候，我感觉很糟，因为我不想看到有人受到伤害。我希望你找一些其他事情做，不要咬人。"或者"我觉得现在待在你身边不安全，因为你咬人。我要去一个安全的地方待着，直到你准备好再试一次。"

4. 如果你的孩子还不会说话，重要的是要接受一个事实：她需要密切的监督，以及和善而坚定地转移其注意力，直到孩子学会以社会可接受的方式来对待沮丧。让人欣慰的是，孩子到了上幼儿园的时候就不再咬人了——如果不是更早的话。

5. 当你对孩子进行密切监督时，你将能理解孩子在试图做什么。在告诉她采用另一种方式之前，要先说出她的意图："我能看出你想要那个球。通过咬人来得到球是不可以的。让我们再另找一个球吧。"

6. 如果你的孩子正在长牙阶段，并且一直想咬人，就给她一个填充动物玩具、一块布或一个牙胶来咬。要给她一根冷冻果汁棒，帮助她减轻牙龈疼痛。

孩子们能够学到的生活技能

孩子们能够学到，伤害别人是不可接受的。他们能够明白，无论他们做什么，父母都爱他们，并且会帮助他们找到可接受的解决问题的办法。他们不会形成受害者心态或欺负人的心态（如果你在羞辱咬人的孩子的同时，安慰被咬的孩子，往往会造成这样的结果），而是能够学到，自己能够以不伤害别人的方式解决问题，而且父母在帮助他们学习的过程中会充满爱意地保持和善而坚定。

养育要点

1. 有些人认为，安慰一个刚刚咬了人的孩子是在奖励不良行为。事实并非如此。在不接受孩子的行为时，拥抱能使孩子对你的爱感到放心。拥抱能帮助孩子感觉到归属感，并且有助于减轻孩子做出不良行为的需要。拥抱还向孩子表明了一种可接受的行为方式——爱一个人的同时，可以告诉对方你不喜欢他或她做的事情。

2. 有些父母认为，你应该咬孩子，以便让他们体验被咬的感觉。3~4岁以下的孩子无法理解共情之类的抽象概念。他们能够理解具体的例子，并会模仿你的行为。通过咬孩子，你实际上是在教给孩子，咬是一种可以接受的行为方式——尽管这会造成伤害。咬孩子，是在为孩子做出一个报复（诚实的父母会承认这正是他们真正想要的）和暴力的榜样。要记住你的行为的长期后果。你是想教给孩子报复和暴力，还是一种尊重的解决方案？学习需要时间，无论是阅读、开车还是与人交往的技巧。

开阔思路

　　苏珊和她的新男友弗兰克，总是当着苏珊 2 岁的女儿贝齐的面争吵。每当他们俩争吵的时候，贝齐就会走向弗兰克并咬他。弗兰克认为苏珊是在放任自己的孩子；苏珊则认为贝齐是在试图表达自己对争吵的看法。苏珊和弗兰克都认为，是时候帮助贝齐找到表达自己的其他方式了。首先，他们决定不再当着贝齐的面争吵。然后，他们都认为应该真正关注这件事，因为他们能够看出来贝齐什么时候要咬人。她会两眼放光，头往后仰，张着嘴巴。在这种时候，离贝齐最近的人会带她离开弗兰克身边，并且说："人不是用来咬的。如果你想咬的话，妈妈会给你一个橡胶玩具让你咬。"没过几天，贝齐就不再咬弗兰克了。

药物滥用

　　"我们家有药物滥用史。我如何才能保护我的孩子，不让他们变成瘾君子呢？如果我的孩子真的开始滥用药物，我该怎么办呢？"

理解你的孩子、你自己和情形

　　如果你的生活受到过药物滥用的影响，你就会知道生活在噩梦中是什么样子。为了吸毒，瘾君子会撒谎、欺骗和盗窃。他们信誓旦旦却从不遵守，而和他们共依存的家人也只能寄希望于这次会不同。在化学物质依赖者与他人的关系中，有很多令人沮丧的模式和行为，因此，你想保护自己的孩子是再自然不过的了。要打破这种成瘾者与依赖助成者之间相互助长的恶性循环，你会发现，鼓励——形成勇气的过程——能够帮助你打破你和他人之间这种药物滥用的循环。这并不意味着你能用鼓励改变别人，而是意味着你可以运用鼓励来改变你自己，或者提供一个能激励别人因知道自己不会受到评判而愿意审视自己行为的环境。与流行观点认为"毒瘾是天生的，而非后天形成的"相反，我们认为，决定我们人生道路的并非那些发生在我们身上的事情，而是我们对这些事情作出怎样的决定。有什么比知道你和其他家庭成员能够作出新的决定更鼓舞人心的呢！

建议

1. 要确保孩子从可靠的渠道获得关于化学物质依赖的信息。要使用互联网了解关于毒品及其影响的最新信息。你会看到很多不同的观点，这有助于你和孩子进行很好的讨论。告诉孩子如果他们一旦尝试毒品就会成为瘾君子（或者其他类似的威胁），是一种让你失去可信度的方式。当孩子们了解到准确的信息时，尤其是十几岁的孩子，会帮助他们考虑自己将作出的选择，以及这些选择可能会带来什么后果。

2. 不要掩盖，要如实说出真相。如果你的家里有一个成年人药物成瘾，要用这样的词语：酗酒、吸毒、依赖助成者、暂时丧失意识等等。要接受事实的真相，而不是通过表现得好像一切人和事都会实现你的梦想一样，生活在对现实的否认中。把发生的事情告诉孩子们，对他们来说是一种解脱。他们可以看到家里出现了一个问题，并且他们并不是问题所在，不用承担解决问题的责任。

3. 要理解感受，接受感受，并真实地表达出来。如果你有一种感受或信念，重要的是要将其作为你的观点说出来，但不能作为看待事情的唯一方式。

4. 决定你要怎么做，而不是试图让别人按照你希望的去做。参加匿名戒酒者协会就是你迈出的很好的第一步，你可以看看自己可能怎样助长了一个瘾君子。这与责备无关，而是要帮助你决定自己怎么做，而不是徒劳地试图控制别人的行为。

5. 要知道，并非所有吸毒的孩子都会成瘾。但是，当孩子与人的交往主要与化学物质有关，并且似乎成了解决所有问题的唯一方式时，孩子就成瘾了。当你的孩子表现出使用化学物质方面的问题或依赖时，你就需要向心理咨询师、治疗项目和康复小组寻求帮助了。

预防问题的发生

1. 你无法阻止孩子们尝试毒品，甚至滥用毒品，如果他们决定那么做的话。你能做的是诚实地对待他们，让你的孩子了解毒品的准确知识，通过让你的孩子知道你对他们的爱是无条件的，来保持坦诚的沟通；而且，要和孩子形成一种使他们感到能安全地和你交谈并能听取你对于他们的选择的看法，而不用担心惩罚或评判的关系。

2. 当你不评判孩子时，你的孩子就会知道，如果他们偶然沾染了毒品，你会用真诚、爱和支持帮助他们，这会赋予孩子力量，而不是助长他们吸毒。

3. 讨论媒体中的信息。要和孩子们一起讨论电视广告及其他广告，让他们意识到自己是如何受到"吸毒"信息的轰炸的，包括使用处方药调节或"控制"情绪。

4. 不要害怕和孩子谈你自己使用或滥用毒品的经历。这不会鼓励他们吸毒，但有助于他们了解你也曾经有过挣扎。

5. 不要试图和吸毒者讲道理，也不要听他们发誓。当一个人吸毒时，是不可能理性的。要认为自己是在和毒品说话，而不是在和一个人说话，并且要寻求专业帮助。你或许不得不面对一个残酷的事实，那就是你的孩子必须借助于戒毒康复计划才能好起来，而这无论是在家里还是社区都无法做到。

孩子们能够学到的生活技能

孩子们能够知道，他们不必隐藏自己的感受，或保守某些"家庭秘密"。他们能知道，没有毒瘾的那个父母会支持而不是评判他们，并且会教给他们面对另一个吸毒或酗酒父母的方法。孩子们会知道，如果他们陷入了药物滥用的麻烦，父母会为他们寻求专业帮助。

养育要点

1. 吸毒是一个家庭的事情。没有人能够逃脱其影响；只是每个人遭受痛苦的方式有所不同。在有人吸毒或酗酒的家庭里，家人关注的要么是毒品，要么是吸毒的人。在这样的家庭里，养育往往是不一致的、不可预料的，有时还会出现虐待行为。家里的人会感到隔绝和孤独，无法明确各种界限并设立尊重的限制。参加支持团体，有助于打破这种恶性模式。

2. 令人吃惊的是，人们对依赖和助成依赖的了解竟如此贫乏，并存在很多误区。诸如匿名戒酒者协会之类的团体能够提供这方面的信息和支持，能帮助你放弃病态模式，并学会能促进康复和成长的健康相处模式。

3. 当毒品的使用成为一种经常行为或日常模式，并且孩子试图用化学药品来改变自己的感受并解决问题时，使用毒品就不再是社交或试验性的了，而是变成了一种生活方式。这些孩子需要专业人员的帮助，来打破其成瘾的模式，无论是住院治疗、十二步治疗法，还是作心理咨询。

开阔思路

诺玛·吉恩以前总是因为前夫在和孩子们见面时喝得醉醺醺的，而与他大吵一场。她在匿名戒酒者协会的聚会上听到一条建议，决定试试。她告诉前夫："我教孩子们要保护自己的人身安全和自我尊重。从现在开始，在你跟孩子们见面的日子，我们可以在麦当劳见。我会在停车场等着。如果孩子们因为闻到了酒味或认为你喝醉了而害怕坐你的车，他们可以回到我的车里。如果他们拒绝和你走，你可以下周再试一下。"

诺玛说："我认为他能看出来我是认真的。我们已经有三个星期没那么吵过了。"

幼儿园和日间照料中心

"我一直在考虑送我的孩子去幼儿园，但我不知道这对她好不好。我怎样才能知道我的孩子是否准备好了去幼儿园呢？而且，怎样才能找到一所好幼儿园呢？"

理解你的孩子、你自己和情形

有些父母无法选择待在家里陪孩子，而必须找一家全天的幼儿园。但是，即使你能待在家里，幼儿园对孩子和父母来说可能都有好处，这取决于孩子的年龄和幼儿园的质量。小至 2 岁左右的孩子，都能从每天离开父母几个小时中获益。在一家好的日间照料中心或幼儿园里，孩子们能够有时间和其他孩子一起在一个专为儿童设计的环境中度过，并开始一步一步地学习自立。一些享有盛誉的大学进行的研究证实，孩子们在一所"好"的幼儿园里会做得非常出色。了解这一点，或许有助于你对把自己的孩子送到一家"好"的幼儿园的决定感到更有信心。这对父母来说也是有益的，他们每天可以有几个小时孩子不在身边的时间，去追求他们自己的兴趣，并知道孩子不在他们身边也会过得很好。

建议

1. 一旦你作好了找一家好幼儿园的准备工作（见下面"预防问题的发生"第 1 条），就要对自己的决定有信心。孩子们会从你的心态中吸收能量并作出反应。如果你感到害怕，孩子也会害怕。如果你觉得内疚，孩子就会感觉到这是一个操纵你的机会。

2. 一个轻松的早晨日常惯例会有帮助，孩子就不会因为太匆忙而感到压力。要早点动身，在你送孩子到幼儿园和接孩子时，要留出 5~10 分钟的过渡时间。

3. 早晨到幼儿园时，要让孩子带你看一些她最喜欢的东西，并且（或者）把你介绍给她的朋友。在接孩子回家时，要让孩子给你看她这一天做的事情。

4. 如果孩子在你离开时有困难（哭或黏着你），你要尽快离开。孩子们通常在父母离开后会很快适应。把你的一件物品放在孩子的口袋里（一只耳环、一条洒有你所用的香水或须后水的手帕），直到你来接他，或许有帮助。要记住，你的信心是关键。

预防问题的发生

1. 找一所好幼儿园。

　　a. 核实一下幼儿园管理人员和工作人员的资质。最低的要求是应该取得儿童早期教育的两年制学位。
　　b. 与幼儿园的工作人员面谈，了解其管教孩子的方式。确保他们不提倡惩罚，或任何羞辱或不尊重孩子的办法。
　　c. 在你找到一所看上去比较满意的幼儿园时，要问对方是否能让你和孩子在那里待至少三个小时，以便你能够实际观察工作人员的行为，并看看孩子对这些行为的反应。这也给了你一个机会，了解工作人员所说的是否属实。如果这违反幼儿园的规定，就再找一所欢迎家长观察的幼儿园。

2. 你或许想考虑送孩子去一所父母合作的幼儿园（家庭园）。在这种幼儿园中，你可以和自己的孩子一起待在里面、节省开支，并且能参加父母教育班。然而，如果你有一个占有欲非常强的孩子，不希望和其他孩子分享你，这就会成为一种有很大压力的经历。

3. 对于2~3岁的孩子来说，每周2~3个上午就是很好的幼儿园体验了。对于3~5岁的孩子来说，将他们在幼儿园的时间延长到每周5个上午或3天，大多数孩子都能够做得很好。哪一种情况适合你和你的孩子，需要你作出判断。而且，如果你需要全日托，就要知道如果你已经花时间找到了一所好幼儿园，你的孩子就会没问题。

4. 要帮助你的孩子为分离作好准备。要花时间通过角色扮演进行训练。假装你们快要到幼儿园门口了，问孩子是否会在进去之前给你一个大大的拥抱。然后，让孩子假装抱着你的腿大哭。之后，要让孩子知道，在你们去幼儿园时，她有一个选择——给你一个拥抱告别，还是哭闹着告别。当你坚决执行时，你的行动会胜过语言。

孩子们能够学到的生活技能

孩子们能够知道，当父母不在身边时，他们能感到安全和父母的爱，并且能够自己玩得很开心。父母关心他们，但不会受他们操纵。父母喜欢能有一些孩子不在身边的时间，但这并不意味着父母不爱他们。

养育要点

1. 许多父母都在爱的名义下剥夺了孩子们培养勇气、自信和自立能力的机会。他们过度保护自己的孩子，而不让孩子体验到一点苦恼并发现自己有能力处理。
2. 孩子们很容易就能知道你对他们和你自己是信任还是缺乏信任。如果你以一种认为他们很无助的方式对待他们，并陷入到被他们的哭闹或其他形式的操纵中，他们就会表现得很无助并试图操纵你。这并不意味着在平静的时候你不应该倾听孩子的担忧。如果孩子在你准备离开时哭闹，要给她一个拥抱，说："我会在三小时之后回来。"然后就离开。

开阔思路

　　一位年轻的母亲选了两所听起来非常适合自己儿子的幼儿园。在观察了其中的一所之后，她意识到那里的工作人员没有实行他们宣称的理念。他们要求2岁的孩子坐在椅子上的时间，比这个年龄孩子适合的时间要长得多，然后当孩子不遵守时，他们对待孩子的方式就好像孩子有什么不良行为一样。

　　和儿子在第二所幼儿园待了三个小时之后，她很高兴。这所幼儿园有很多能帮助孩子感觉自己很能干的日常惯例。在购买了日常用品之后，幼儿园园长将她的旅行车倒进了院子，让孩子们每人每次把一件物品拿到厨房里。孩子们轮流帮助厨师准备热气腾腾的午餐，并允许他们把自己的食物盛到盘子里。吃完饭之后，每个孩子会打扫、清洗自己的盘子。幼儿园里有小马桶，她的儿子似乎很喜欢和其他孩子一起去"嘘嘘"，然后在小洗手池洗手，这是他们的日常惯例的一部分。到了该离开时，她的儿子不想走。他显然很喜欢能有这么多让自己参与并感到自立的机会。

　　2岁的曼蒂所在的日间照料中心几乎每天都给她的妈妈苏珊打电话，说曼蒂一直哭个不停。老师试过安慰曼蒂，抱着她坐在自己的腿上，并和她说话，但这个小女孩没法安慰。妈妈无计可施，因为她无法放下工作去接女儿，而且，她了解了很长时间才好不容易找到这个日间照料中心，并相信这一家很好。她该怎么办呢？

　　苏珊向她的朋友帕翠莎寻求建议。帕翠莎问苏珊，是不是每天早晨她要离开时，曼蒂都会哭。"是啊，我一朝大门走，她就开始哭,所以我会坐下来等到她不哭,然后再悄悄溜走。有时,我要等半个小时。我猜从她发现我离开的那一刻起,她就又开始哭了,并且怎么都停不下来。"

帕翠莎说:"我有个建议。让老师在门口接你们,并立刻带曼蒂进去。你很快地亲她一下,然后就走开。我打赌她会没事的。我认为是你待的时间太长才造成了这个问题。"

苏珊非常迫切地要解决这个问题,她采纳了朋友的建议。令人惊讶的是,曼蒂从那一天起在日间照料中心再也没有哭过。

再婚家庭

"我有两个孩子,最近我和一个有三个孩子的女人结了婚。我们的孩子似乎适应得不太好。她的两个孩子在大多数时候似乎都怨恨我,而我的儿子在大多数时候似乎都怨恨她。这让我们的关系很紧张。我们不知道该怎么办。"

理解你的孩子、你自己和情形

家庭的融合是一个需要花费时间的过程。由于人与人之间各种复杂变化的关系,以及繁重的日常事务,出现一定的压力是难免的。孩子们不得不适应新的身份以及不同的养育风格。大人经常会觉得自己被拿来和对方的前配偶进行比较,或者觉得自己被排除在了应该一起作的决策之外。父母和继父母不得不找到融合养育风格的办法,以及对待各自责任的办法。除了这些变化中的关系之外,每天还可能会有对方原来家庭的孩子来你的家里探望他们的父亲或母亲,这种探望造成的一系列复杂影响都需要你处理。如果你抱有电影《脱线家族》①中的那种心态，认为每个人都会立即融入到一个欢乐的大家庭，你注定会非常失望。

建议

1. 要为这个过程的自然展开留出时间。要预计到会有愤怒、嫉妒、竞争和悲伤，但要知道，如果谨慎处理，这些情感不会持续到永远。知道适应变化需要一定的时间，能够缓解你的失望。

2. 要允许你的孩子们（以及你的配偶）表达他们的感受，而不要批评或评判。要表现出理解，而不是告诉他们不应该有他们感觉到的那种感受。要做一个好的倾听者，但不要通过干涉孩子和继父母之间的关系来试图解决问题。

3. 如果有一些通过倾听不能解决的严重问题，要安排一个每个人都在场的时间进行讨论。要让你的孩子们知道，如果他们害怕自己把问题提出来讨论，你可以帮助他们提出来，但他们不可以回避与涉及到的人一起讨论问题。

4. 当孩子们去探望另一位父母时，要给他们留出从一个家庭到另一个家庭的适应时间。你可以带他们出去吃汉堡，或让他们和朋友一起玩，或者待在他们自己的房间里。要避免问他们问题，但如果他们愿意说，要随时倾听。

5. 在安排家务活时，要灵活、有创造性地适应每个孩子的时间安排（见"家务活"，第 168~176 页）。

预防问题的发生

1. 要尊重孩子爱自己亲生父母的需要。不要说他们的坏话。

---

① Brady Bunch，美国 1970 年代风靡一时的家庭处境喜剧，描述一个带着三个儿子的鳏夫和一个带着三个女儿的寡妇再婚重组家庭的故事。——编者注

不要让孩子们觉得自己必须作出选择。对于孩子来说，爱两边的父母，要比必须从他们当中作出选择容易得多。

2. 对于重新组成家庭的夫妻来说，致力于在爱和管教所有孩子方面负有同等责任的问题上达成一致，是很重要的。有些人认为，应该由孩子的亲生父母负责管教孩子。另外一些人则认为，继父母应该通过少量管教来维护自己的权威。这两种做法都会在夫妻之间造成裂痕，而不是互相尊重的伴侣关系。形成统一战线是很有益的。当管教是非惩罚性的，并且让孩子们参与解决问题的过程时，他们就不大可能感到怨恨。

3. 孩子们会学会你的心态。健康的心态是"我知道这很难。我理解你为什么感到伤心和生气。这种新关系对我来说很重要，而且我知道，经过一段时间，我们能创造一个健康、充满爱的家"。

4. 父母中的任何一方将自己的孩子看得比配偶或配偶的孩子更重要，都是错误的。这对于两人的关系或者孩子们之间的关系来说，都是不健康的。孩子们需要知道，自己的父母和继父母重视两人之间的关系，并对彼此忠诚。孩子们需要知道，他们是被父母爱着的，但他们无法操纵父母相互作对。

5. 安排好定期召开的家庭会议，让每个人都能通过头脑风暴来解决问题，并制定新的日常惯例。（有些孩子讨厌"家庭"这个词，你可以称之为会议或者计划会。）要承认现在的情况与原来家庭的情况有所不同，并表达出你需要孩子们帮助制定适用于新家庭的新原则。

孩子们能够学到的生活技能

孩子们能够学到，当生活被打乱时，他们感到伤心和生气没关系，而且是正常的。他们可以以一种富有成效的方式来处理这种伤心和愤怒。

养育要点

1. 如果管教是非惩罚性的，并且是和善而坚定的，无论是亲生父母还是继父母，都能以尊重的方式对待管教孩子的问题。

2. 作为孩子的亲生父母，如果你为孩子对待你的配偶的方式感到尴尬，要相信你的配偶和你的孩子能够想出克服困难的办法，而无需你的介入或保护你的配偶。

开阔思路

约瑟和玛丽结婚时，两人各自带着三个孩子组成了新的家庭。这六个孩子最小的 6 岁，最大的 14 岁。显然，很多方面都需要作出调整。

玛丽有全职工作。她真的很喜欢这个新家，一下班就盼着回家去见他们——除了一个问题。她进家后首先看到的将是一片狼藉。孩子们从学校回来后，将他们的书、毛衣和鞋子扔得到处都是。除此之外，还有饼干屑、空牛奶杯和玩具。

玛丽会开始唠叨，并哄劝："为什么你们就不能把自己的东西收拾好？你们知道这会让我生气。我喜欢和你们在一起，但当我看到这么乱糟糟时，我会很生气，会忘记高兴。"孩子们会把东西收拾起来，但这时玛丽已经很生气了，对孩子们和自己都感到不高兴。

终于，玛丽将这个问题放到了他们每周一晚上召开的家庭会议上。她承认这是她自己的问题。很明显，孩子们不会因为屋里乱而心烦，但是她请求他们帮忙解决这个问题。

孩子们提出了一个"安全保管箱"计划。这是一个大纸板箱，他们打算放在车库里。所有遗留在公共房间里的东西，比如客厅、家庭活动室和厨房,可以被任何人捡起来放进保管箱。这些东西必须在保管箱里放一个星期,主人才能拿回。

这个办法的效果非常好。乱扔东西的问题有人管了,保管箱里塞满了各种物品。因为是孩子们一起制定的这个规矩,所以他们坚持执行,甚至当一个孩子的鞋子被放到保管箱里后,他不得不穿着拖鞋上了一星期学!一起参与解决问题,还使孩子们彼此之间更亲近了。

早晨的烦恼

"每天早上,到了孩子们该上学的时候,我的神经都会紧张得要死,实际上,为了让孩子们准备好上学而引起的争斗让我都快哭了。然后,当他们终于出家门之后,我要面对满屋子需要收拾的狼藉,自己还要匆匆忙忙地准备上班。我怎样才能让孩子们在早晨合作,并让他们自己为上学作好准备呢?"

理解你的孩子、你自己和情形

家里的氛围是由父母建立的,而全天的基调是在早晨奠定的。很多孩子和父母以争斗开始每一天,因为,正如我们说过很多次的那样,孩子们会一直做管用的事情。对孩子们来说,忽视父母的唠叨和说教,并让父母为自己做所有事情,在太多的情况下都很管用。下面的建议有助于你得到孩子们的合作,从而帮助每个人都感觉更好,让每个人一天的生活都更加顺利。

建议

1. 现在，你可能已经知道了我们最喜欢的一个养育工具就是让孩子参与建立日常惯例（见下面"预防问题的发生"第1条）。不要唠叨或说教，要让日常惯例说了算。你只需问："你的日常惯例表的下一项是什么？"

2. 要为每天早上该做的事情设一个最后期限。在很多家庭，早饭时间就是最后期限。你可以设定一个非言语信号提醒孩子还有事情没有完成。把孩子的空盘子倒扣在餐桌上（作为一个提前商量好的非言语提醒信号），就是一个不错的办法。

3. 把你的时间用来做你自己的事情，让自己作好准备。不要唠叨或提醒孩子们需要做什么。要让他们体验忘记事情的后果。如果一个孩子在来吃早餐时还有没完成的事情，就将她的盘子倒扣过来，让她在和家人一起吃早餐之前先把事情做完。如果孩子错过了校车，就让他们步行去学校。（一位母亲在让孩子练习自己照料自己的事情时，孩子没赶上校车，她让孩子自己步行去学校，而她自己开车跟在后面，以确保孩子的安全。）如果孩子忘记了带家庭作业或带午餐，要让他们从老师那里体验后果或挨饿（不太可能出现这种情况，因为其他孩子会分给他们午餐）。

4. 如果你很难克制住唠叨，就在孩子为上学作准备的时候，多花点时间冲淋浴。

5. 要和孩子约定好，早晨不能看电视，除非他们做完了该做的事情。如果孩子在看电视，而该做的事情还没有完成，只需关掉电视。

预防问题的发生

1. 制订一个早晨的日常惯例表。在你感觉很平静的时候和孩子一起坐下来，帮助他们用头脑风暴列一份每天上学之前需要做的事情的清单。要帮助孩子做成一张表，这有助于他们记住清单上的事情。（要了解有创意地制作惯例表的办法，见第 25~28 页"建立日常惯例"。）这张表应当被用作是对孩子的一种提醒，而不能用来对他们按时完成任务进行奖励。

2. 孩子一开始上学，就要为他们准备一个闹钟，并教给他们怎样使用。

3. 如果孩子的清单上包括一项帮助家人的简单小事，他们就能学着承担责任并作出贡献，比如：布置餐桌、烤土司、倒果汁、打鸡蛋或开洗衣机。

4. 要让孩子自己决定完成清单上的每一件事情需要多长时间，然后，要计算出闹钟需要设定的时间。让孩子们从自己的错误中学习。

5. 通过对早晨闹铃响起之后该做的事情进行角色扮演，花时间训练孩子并享受其中的乐趣。

6. 要避免解救那些需要一点时间才知道自己能够承担起责任的孩子。要与孩子的老师联系，并解释你想帮助孩子学会为自己早晨起床和去上学承担起责任的计划。要问老师是否愿意让孩子体验上学迟到的后果。通常需要迟到一两次，才能改变一个人早晨磨蹭的习惯。孩子或许不得不在课间或放学后留在教室里把所缺的课补上。

7. 作为孩子睡前惯例的一部分，应当包括为第二天早晨作好准备，比如决定想穿什么衣服（对于年龄小的孩子来说，要把衣服放在床边，摆成人体的形状），并将家庭作业放在门口。早晨的很多麻烦都可以通过头天晚上的准备得以避免。

8. 不要忘记在家庭会议上讨论早上的烦恼，并让全家人一起做头脑风暴，找出使早晨成为一种积极体验的办法。

孩子们能够学到的生活技能

孩子们能够学到如何计划自己的时间，并为家庭作出贡献。他们能够学到，他们能够控制自己的时间，并能选择是匆匆忙忙还是有条不紊。他们很能干，无需别人像照顾婴儿那样包办他们的事情。

养育要点

1. 不要替孩子做他们自己能做的事情。要通过教给孩子技能，而不是替孩子做所有的事情，赋予孩子力量。
2. 有些父母在孩子为上学作准备时会睡懒觉。不要把这看成是对孩子的忽视，我们注意到，孩子们往往很有责任感。如果这种办法适合你，要确保在一天中另外找到专门时间与孩子待在一起。

开阔思路

6岁的吉布森用纸盘在硬纸板上画了一个很大的圆形，制成了一个大钟表形状的日常惯例表，画出了早晨一个小时（6：30～7：30）该做的事情。然后，他列出了一份上学前必须要做的所有事情的清单，并算出了完成每件事情所需的时间。爸爸在吉布森做每件事情时都为他拍了照，吉布森把照片贴到了惯例表相应的时间旁边。在这个钟表的正上方，他写上6：30，并贴了一张自己醒来时的照片。沿着顺时针方向，他写上了6：34，因为他确定自己可以在4分钟之内穿好衣服，并在这个时间旁边贴上一张自己穿衣服的照片。在6：36旁边，他贴上了自己整理床铺的一张照片（2分钟）。在6：36~6：46之间，是他吃早饭的照片（10分钟）。在6：48旁边，是他刷牙的照片。在6：48~6：53之间，是他为自己准备午餐的照片。吉布森很高兴地发现，在6：53~7：25这段时间内（32分钟），他可以玩玩具。（在做这张惯例表之前，他似乎整个早晨都试图在完成早上的每件事情之间玩玩具，并听着爸爸不停地唠叨他抓紧时间做完早上的事情。）他让爸爸给自己拍了几张玩不同玩具的照片，贴满了大半个钟形惯例表。在7：25旁边，是他穿上外套背上双肩包出发去学校的照片。吉布森喜欢遵守这张早晨的惯例表——而爸爸也认为自己进入了一个"没有唠叨的王国"。

注意力缺乏症

"一位老师说我的儿子可能有注意力缺乏多动症（ADHD）。她抱怨说，他一会儿站起来，一会儿坐下去，并且不能集中注意力。我在家也注意到了同样的问题。他难以集中注意力，做事有始无终。学校的心理专家说他可能需要药物治疗，但我讨厌让孩子吃药。还有其他办法吗？"

理解你的孩子、你自己和情形

对注意力缺乏多动症的传统看法，认为这是一种神经缺陷，其特征是大脑内部控制注意力、行为和冲动的区域发育不完善。[1]我们的研究表明，那些表现出注意力缺失症或注意力缺乏多动症症状的孩子，有可能是因为他们的父母说得太多，而做到的太少。我们希望，所有与孩子打交道的人，在给孩子贴标签时都能非常谨慎。

有些孩子集中注意力的时间比其他孩子长一些吗？是的。有些孩子比其他孩子精力更旺盛吗？是的。有些孩子性格更外向，而有些孩子性格更内向吗？是的。有些孩子摄入的糖分太多，会造成他们的身体发生生理变化，从而造成他们过度活跃。有些父母和老师采用的是逼得孩子们"发疯"的教育和管教方法。孩子们需要学会社会可接受的行为和技能，但事实是，孩子们之间千差万别，并非每个孩子都能达到成年人对于一个好孩子的期望。

疾病模式是理解行为的一种方式。我们在此将介绍另一种方式。我们知道这里讨论的是一个备受争议的话题，而且我们确信，你肯定还会研究其他理论。当你阅读相关资料时，一定要看看有关药物的严重副作用的所有最新研究结果。同时，要试试下面的一些建议，并观察有多少"多动"会消失（或得到尊重的对待），以及你怎样能帮助孩子们学会处理让他们陷入麻烦的注意力短暂和其他行为。

建议

1. 要当心注意力缺乏症或注意力缺乏多动症这些术语，因为这些术语常常被当做一个筐。要避免给你的孩子贴标签，因为标签会变成一个自我实现的预言，让你看不到孩子身上真正在发生

---

[1] 了解关于注意力缺乏多动症的更多传统见解，参见约翰·泰勒所著《帮助你的过动或注意力缺失的孩子》，Prima Publishing，1990年出版。——作者注

的其他事情。

2. 优先安排特别时光，并找出在这段时间里真正欣赏孩子的办法。一定要注意到并祝贺孩子取得的任何一点成功，并鼓励孩子发展自己的兴趣。

3. 要愿意根据你的孩子的需要来帮助他或她，这些需要应该基于孩子的实际状况，而不能基于对其年龄段或智力水平应该怎样的期待。如果你的孩子上了幼儿园还不会自己系鞋带，不妨让孩子穿尼龙搭扣的鞋子，直到孩子学会系鞋带为止，即便他比所有孩子都需要更长的时间。不要因为孩子不"正常"而惩罚他。

4. 要使用电脑，以便孩子能按照自己的步调学习，并避开常见的书写困难。有些用手书写困难的孩子，或深受拼写折磨的孩子，使用电脑却能做得很好。你会期待自己的孩子在能使用手表看时间之前就能用日晷吗？我们认为不会，但对于允许你的孩子通过使用电脑而不是铅笔或钢笔写字来感受到成就感，你可能会畏缩。

5. 要确保孩子的全部注意力都在你身上，并且每件事要只说一次。当孩子分神时，要用一些简单而尊重的提示让孩子重新集中注意力，比如轻敲一下桌子、拍一下孩子的肩膀或用一个字提醒。

6. 要注意你那些可能会否认孩子的独特性的言行，或给孩子施加太大压力的言行——要求孩子根据你的标准而不是孩子自己的能力行事。

预防问题的发生

1. 要使用正面管教工具，最大限度地减少孩子的不良行为，并且要鼓励孩子作出最大的努力。可以参加养育小组，阅读、实践并反复看本书中的每个主题。不要偏离正面管教的轨道，不要接受基于奖励或惩罚的建议。

2. 最重要的一件事情，是要注意你的行为。这么说并没有责备你的意思，而只是要你意识到自己正在做什么。你是否太忙，以致没有时间和精力教育并鼓励孩子？你是否总是对孩子提要求，而不是让你的孩子参与寻找问题的解决办法？你是否在家里放了太多的糖？你的孩子是否吃了太多"快餐"？你是否说得太多，而行动太少？孩子是否感觉到的是有条件的爱，而不是你对其长处和独特之处的欣赏？如果你注意到了自己有这些行为，就能选择作出改变。当你改变时，你将会看到孩子行为的巨大变化。

3. 要运用错误目的的信息，理解孩子不良行为背后的错误"信念"，以及鼓励孩子的方法，以便孩子不再需要不良行为。（要了解更多的信息，见第1部分。）

4. 要帮助孩子控制其注意力集中的时间和行为，为孩子提供时间和空间的其他安排。要运用你和孩子一起制定的简单而一致的日常惯例。要帮助孩子学会如何收拾东西，以方便取放。可以在门的旁边划定一个区域放回家和出门时需要的东西，比如鞋子、外套、书包、午餐盒等。要教孩子使用活页夹、清单和便条来记事；教孩子学会利用日历、时钟和计时器来安排时间；要为孩子提供一些特别的器具，比如矮粗或底部较厚的杯子，只装半杯水，以避免水洒出来。

5. 要观察孩子的玩耍，看看他们喜欢以怎样的方式学习。他们在身体活动方面更活跃吗？他们喜欢触摸吗？他们是通过短时间内高度集中注意力来学习的吗？要利用这些信息设计一些能够突出孩子的长处或偏好的活动。

6. 通过让孩子参加一些需要全神贯注、记住动作顺序以及身体和精神自律的身体训练，来锻炼孩子集中注意力的能力（你和孩子一起参与这些活动，效果会更好）。建议进行有氧运动、跳舞、武术和体育活动。要帮助孩子找到他或她喜欢并能做好的活动。

7. 要帮助孩子学会一些保持专注的方法。鼓励孩子利用学校和社区的各种资源，比如老师和自习室。要倾听孩子对于与自己存在问题的老师和问题科目的担忧，并鼓励孩子思考上好这些课的其他办法，包括独立学习。孩子的自尊以及你和孩子的关系比任何成绩都重要。

8. 要探讨孩子在学校里的其他学习机会。要了解你的孩子对哪个老师教的课学得好，并要与学校讨论这件事。最有帮助的老师是有爱心而灵活的，同时是有条理的。小班教学和学生人数少的学校也有助于促进孩子成功。如果你发现老师或学校不愿意或不能满足你的孩子的需要，就要采取任何必要的措施，保护你的孩子不因他或她与别的孩子不同而受到惩罚。

9. 当孩子在学校出现问题时，要让孩子参与决定他们该怎么做。要召集一次父母、老师和孩子参加的会议，共同找到非惩罚性的解决办法。有些孩子认为，如果自己能在教室里随意走动几次，然后回到自己的座位而不陷入麻烦，是最好的办法。其他孩子可能需要一个安静的角落，使他们能花更多的时间做一项任务。

10. 要按照事情的优先顺序安排你的时间和精力。一份活动过多或没预留合理的时间来完成日常惯例的时间表，很快就会导致灾难性的后果。

孩子们能够学到的生活技能

孩子们能够知道，他们身边有大人考虑他们的个人需求，并帮助他们学习技能，使他们对自己的生活有一定的控制感。孩子们就不会感觉他们成了自己行为的牺牲品，而是有了一个控制自己行为的计划。他们会知道，做一个独特的人也很好。

养育要点

1. 要确保你没有将所有的时间和精力都放在一个孩子身上，而忽略了自己或其他孩子。要为自己留一些时间，并与家里的其他人度过特别时光。

2. 要记住，大多数具有会被贴上注意力缺乏多动症标签特点的孩子，成年后都学会了将自己的"多动"导入取得职业成功的途径。

开阔思路

查尔斯夫人是一位优秀的教师，她能够做到真正尊重孩子的独特性，而且不相信给孩子贴标签。在教室的后面，她在一张桌子里装上了粘土，并告诉孩子们，当他们感到坐立不安的时候，就可以去拍打粘土。当她注意到孩子们的注意力开始不集中时，她就请孩子们都站起来，跳两分钟"摇摆舞"；她有几张"单间"书桌，如果孩子们觉得自己需要阻挡让自己分心的事情，就可以去那里（当然要孩子自己选择）；她请有"独特"天赋的孩子辅导别的孩子。比如，让那些更活跃的学生带领大家进行体育活动，让那些有数学天赋的学生辅导那些需要更多帮助的孩子，等等。她的所有学生都为自己感到很特别。

自杀和割腕

"我的十几岁的孩子总是威胁说要自杀。我很害怕。我想不出还有什么比孩子因为自杀而离开我更可怕的事情。"

理解你的孩子、你自己和情形

自杀和割腕，在青春期孩子中比在更小的孩子中要普遍。自杀的威胁，任何时候都要认真对待。并不是所有的威胁最后都会导致自杀，但是你不会希望因为忽视其威胁，而拿自己的孩子冒险。割腕和自残往往不只是一种时尚，尽管有些年轻人自残是因为他们的朋友或者他们崇拜的人（娱乐圈人士等）经常这么做。大多数割腕是为了努力让自己感觉一种力量感，或者为了缓解痛苦。青春期的荷尔蒙会造成情绪的剧烈波动。如果孩子在情绪低落时伴随着对自己实现大人期望的能力缺乏信心、缺乏解决看似无法解决的问题的技能，感受不到无条件的爱，或涉及到吸毒，自杀就会是一种真实的危险。孩子们需要勇气、信心和技能来对待生活中的起伏坎坷。

建议

1. 要了解自杀的前兆，如果你注意到下列任一情形，要寻求专业帮助：

    a. 口头威胁要自杀；

b. 长时间抑郁、没有胃口、比平时睡得多、不讲究卫生、用大量时间一个人待着以及对任何事情都很绝望；

c. 做出极端行为，比如偷东西、纵火、变得很暴力、不上学、呕吐、滥用药物或将吸毒用具随意乱扔；

d. 企图自杀的迹象、割腕或者伤害自己的身体、怀孕，或者不断地喝醉；

e. 把生活安排得井井有条，并且把自己的东西都送给别人。

2. 很多十几岁的孩子都会出现上面的一些迹象，这是青春期骚动的一部分。如果你怀疑孩子表现出的迹象很严重，或者如果你的孩子出现了割腕或自残，就要寻求专业帮助。要确保你咨询的是采用非药物治疗的专业人员。让一个荷尔蒙旺盛或吸毒的十几岁孩子（而且如果你的孩子向你隐瞒，你或许对此全然不知）服用处方药物，必然会导致问题恶化。研究表明，那些服用抗抑郁药物的荷尔蒙分泌旺盛的年轻人，自杀的比例更高。

3. 在和孩子谈论自杀的时候，重要的是要使用诸如"自杀"和"死亡"之类的词，不要因为害怕让孩子知道这些你认为他们从未有过的想法，而回避这些词。

4. 如果你怀疑你的孩子在考虑自杀，要问他或她是否已经有了计划，或者是否已经尝试过。搞清楚孩子是否有了自杀计划，能让你知道他们已经考虑了多久。如果孩子已经有了计划，要立即寻求专业帮助。

5. 要问孩子，自杀会改变什么事情。他们的回答能让你知道什么事情在困扰着他们。

6. 在陪伴威胁自杀或割腕的孩子时，要请孩子跟你说说其生活中四个方面的情况：学校、家庭、朋友以及爱情。如果这其中有任何一方面不顺利，并且孩子打算以自杀或自残的方式来处理，你的孩子可能需要专业的帮助。

7. 如果你注意到任何自残的迹象，或者注意到你的十几岁孩子不管天气如何都穿着长袖衣服，要对孩子说你很担心、很害怕，并且你想尽快为孩子寻求帮助，以便你能理解问题之所在，孩子也可以学到更加健康的处理方式。不要因为孩子自残而惩罚他。

预防问题的发生

1. 要一次又一次地教给孩子，犯错误只是让我们学习和再次尝试的机会——无论是什么样的错误。经常练习并想到把错误当成机会，会减少完美主义的心态——这种心态是自杀的一种常见动因。

2. 家庭会议是对自杀的一种极好的免疫剂，因为孩子们有机会经常感觉到自己的归属感和价值感，而且他们能学会专注于问题的解决方法，而不是感到自己受到了指责或者指责别人。

3. 要让孩子知道（在自杀还没有成为问题之前），自杀是对一个暂时问题的一种永久性解决办法。

4. 要跟孩子说说你曾经感到失望的那些时刻，让他们知道这些时刻终会过去。一位怀疑自己的女儿在考虑自杀的母亲，告诉女儿："宝贝，我还记得我有过几次想自杀。我当时感觉太糟糕了，无法想象事情会好转。但是，确实好转了。我不敢想如果当时我自杀了，会失去多少好东西。起码有一点，我会失去你。"

孩子们能够学到的生活技能

孩子们能够知道，有一个自己可以信赖并且不会评判自己的人倾诉，是件很好的事情。孩子们还能够学会对待生活中的起伏坎坷的更好办法，并且会明白自杀是对一个暂时问题的一种永久性解决办法，是一种错误的方式。

养育要点

1. 要认真对待孩子们。要鼓励他们向你或者其他人说出自己的感受，如果这能让他们感觉更舒服的话。让他们告诉你，是否曾经觉得想伤害自己，你不会指责或者评判他们，但你会努力帮助并理解他们。

2. 让孩子具有自杀免疫力的最好方式之一，就是确保他们参与一些为他人着想的活动。他们的心理健康会随着其关心别人能力的增强而提高。

3. 不要让你作为父母的尴尬或内疚阻止你从外界寻求帮助。一个想要自杀的十几岁孩子并不一定反映了你的养育方法不当。十几岁的孩子会因为失去一个朋友或者男朋友或女朋友而极度苦恼。不要低估荷尔蒙的作用。

开阔思路

下面的对话表明的是当十几岁的孩子表达其感受时，父母的错误回应方式。我们之所以把这个案例放在这里，是因为，很不幸，这是一种极为有害但非常典型的父母的回应：缺乏同情，抱着评判的心态，并且没有倾听。

柯利弗：没有人在乎我是死是活。

爸爸：你总是为自己感到这么难过。

柯利弗：是啊，你和妈妈分开了，而你希望我和那个自称是我继母的恶心的人一起生活。

爸爸：你怎么敢这么说你的继母？她已经尽到最大努力了！

柯利弗：哦，是吗？那她为什么总是对我大喊大叫？

爸爸：柯利弗，我了解她，我知道你说的不是事实。你为什么要撒这种谎呢？

柯利弗：没有人相信我。我恨你们所有人！我希望我已经死了！那样你们就在乎了！

爸爸：柯利弗，你看你又开始夸张了。你知道自己只是说说而已。现在安静下来，想想该怎么和你的继母好好相处。

柯利弗没有自杯，但他在14岁的时候离家出走了，再也没有回来。

🌀

13岁的肖娜被家人发现在割腕。父亲冲她喊叫，妈妈打了她耳光，弟弟妹妹在大哭。当她又一次割腕时，亲戚送她去见一位心理治疗师。

在一次治疗中，有几件事情呈现了出来：肖娜的几个朋友曾经割腕，她想看看这是什么感觉。她发现自己很喜欢这种感觉，因为这让她不再想自己作为青春期女孩所经历的痛苦，而只关注当时身体的疼痛。这位治疗师还发现，她觉得父母恨她，因为他们不停地唠叨她的功课，在她无礼时打她耳光，并且禁止她参加全家的外出活动，原因是她总是因为不良行为而被禁足。她觉得自己已经没有家了。（啊，一个13岁孩子的智慧！）肖娜的一些朋友被诊断患了躁郁症，并被迫服药。肖娜想知道自己是否也是同样的问题。

肖娜的治疗师想当着肖娜的面和她的父母一起讨论这些问题，问肖娜是否允许。她说，如果谈过后父母有任何不良反应，肖娜可以给她打电话，她会找肖娜的父母谈。

肖娜同意了，并且在两次令人感动得痛哭的讨论后，父母同意不再对她禁足、扇耳光和情感虐待，肖娜同意了不再割腕。肖娜继续和治疗师见了几次面，但生活对她来说渐渐变得更好了。肖娜觉得自己得到了更多的理解和爱。她的父母也没有因为她将他们的问题告诉治疗师而报复她，家里的其他孩子也因为看到姐姐渡过了一段困难时期而轻松了很多。

自慰

"这太尴尬了。我3岁的女儿看电视时总是摸自己。她似乎不在意别人能看见她在做什么。我该如何制止她呢？"

理解你的孩子、你自己和情形

当婴儿探索自己的手指和脚趾时，父母们会认为非常可爱。然而，当孩子探索自己的生殖器时，很多父母却认为孩子性异常。某些形式的自慰（往往只是孩子在探索自己的生殖器）对于6个月至6岁的孩子来说是正常的。大多数孩子在6~10岁期间会对自己的生殖器失去兴趣。到11岁左右的某个时候，这种兴趣会再一次显现出来，而且，在整个青春期，大多数孩子都会试验自慰。

建议

1. 对于2~6岁的孩子，不要理会这种行为，这种兴趣很可能像孩子对身体其他部位的兴趣那样很快消失。对自慰小题大做会使事情更糟糕。如果你告诉孩子玩脚趾不好，他们就可能会对自己的脚趾变得痴迷起来。

2. 如果你很难对此置之不理（你小时候得到的讯息可能很难克服），要给孩子提供一个选择："我希望你关掉电视，去你自己的房间做这种私密的事情，或者有其他人在场时不要抚弄你的生殖器。"这个年龄的孩子通常更喜欢有人陪伴，所以，停止这种行为对他们来说是更好的选择。

3. 另一个可能的办法，是教给孩子合适的社会行为。当你的孩子在公共场合摸自己的隐私部位时，要说："在公共场所抚弄身体隐私部位是不合适的。"

4. 不要告诉孩子，如果他们用"肮脏的方式"摸自己，手心就会长毛。

5. 通常，6~10岁的孩子不会对自慰感兴趣，所以，不要用威胁或恐吓的办法制造本来不存在的问题。如果你对这种事有很强的宗教观念，要记住，让孩子内疚、羞辱和恐吓的方法更可能产生长期的负面结果，而不是积极的结果。用坦率和真诚，你会做得更好。要用"我觉得_____因为_____我希望_____"的陈述句，说出你的想法和感受（见第15~16页"列一个感觉词汇表"）。

6. 对于10~18岁的孩子，要允许他们在自己的房间里有隐私。不要在夜间进入孩子们的房间，看他们在睡觉时是否把手放在了被子外面。

7. 教给孩子使用洗衣机和烘干机，让他们自己清洗床单、整理床铺。

预防问题的发生

1. 要确保孩子没有因不清洁而造成生殖器过敏和发痒。

2. 要帮助孩子做一些有趣的活动。自慰常常出现在孩子觉得无聊的时候。

3. 如果你在看了本节内容之后，担心孩子对自慰的兴趣似乎过度了，你可能希望能咨询一个心理治疗师。在有些案例中，过度自慰可能是孩子受到性虐待的一个征兆。

孩子们能够学到的生活技能

孩子们能够知道，他们有权力搞清楚在性方面什么对自己最好，只要不伤害别人。他们不会因为对自己身体的正常探索而成为坏孩子或恶魔。

养育要点

1. 要避免过度担忧。
2. 研究表明，98%的成年男性都承认自己自慰过。专家们相信，另外2%的人是在撒谎。
3. 试图将你的宗教或道德信念强加给孩子，可能会造成孩子公开的反叛或偷偷摸摸地自慰。因为正常的人类行为而让孩子认为自己坏，是毫无益处的。

开阔思路

我们想引用耶鲁大学弗里茨·雷德利克博士对这个问题的看法。在他的《真相——精神病学和日常生活》一书中，对于可以不理会孩子的自慰行为，他提出了以下几个论据：

"首先，你的孩子不会因为次数有限的自慰行为而受到身体上的伤害。那些关于手淫会导致失明、精神失常、气色差等等的老一套说法，都已被科学证据否定了。其次，父母情绪激烈地禁止孩子自慰,有导致孩子压抑性冲动的危险,使孩子长大后在这方面功能不正常。第三,相当危险的是,当孩子发现自己无法(在半睡眠状态)完全避免做那些父母竭力告诉自己不正常和邪恶的事情时,就可能产生可怕的自我厌恶感,并缺乏自信。如果我们从来不用自慰吓唬孩子,当学校里的小朋友对他动手动脚(有时候学校里的小朋友的确会这样做)时,孩子就会愿意随时告诉我们,这样我们才能保护他。"

自尊

"我的孩子相信自己长得丑。她对自己的看法很差。我应该如何帮助她提高自尊呢?"

理解你的孩子、你自己和情形

自尊,是孩子们对自己是谁的一系列描述,以及自己是否符合这种描述的一系列想象,在孩子小时候就形成了。尽管孩子们是在内心作出这些认定的,但父母对孩子们形成的这种下意识认定具有巨大的影响。父母的沟通方式,无论是语言的还是行为上的,会让孩子们对自己形成健康或不健康的认定。当父母通过给孩子机会来体验自己的能力,以表明父母对孩子能力的信任时,孩子们通常会形成健康的自尊。当父母创造一种允许孩子做出贡献的环境,并且通过让孩子们参与做出决定从而影响发生在自己身上的事情时,孩子们就能够茁壮成长。当孩子们认为自己得到的爱是有条件的,或者当父母为孩子做得太多而导致他们没有机会体验自己的能力时,孩子们往往会形成不健康的自尊。作为父母，你或许认为自己的孩子本来就很好，但更关键的是孩子们自己的认定。

建议

1. 当孩子表达低自尊的感受时，比如"我很笨"，只需倾听并认可她的感受。要相信孩子不用你的解救也能够度过这个阶段——这最终会增强她的自尊感。

2. 不要试图说服孩子相信她应该有不同的感受。一个安慰的拥抱就足够了。

预防问题的发生

1. 绝对不要辱骂孩子。不要说他们愚蠢、懒惰、不负责任，或者任何不尊重的羞辱。当出现问题时，要专注于寻找解决方案，而不是责备。要将孩子的行为与孩子区分开，要处理行为，要让孩子明确地知道你爱他，但你不喜欢他在墙上画蜡笔画。要记住，错误是学习和成长的机会，而不是孩子的性格缺陷。

2. 要避免赞扬。在事情进展顺利并且孩子取得成功时，赞扬或许看上去有效果。然而，你的孩子可能由此学会成为一个"过度寻求赞同"的人。这意味着，他们相信只有别人说他们好，他们才好。如果你过度赞扬孩子，在孩子失败的时候你怎么做呢？那是孩子最需要鼓励的时刻——要用一些话语或动作让孩子知道"你很好"！

3. 孩子们每天都在形成着自己的观念和看法。他们今天怎么想或许会和明天有所不同，但是他们仍然需要父母的倾听和支持。他们需要确认自己的观点得到了倾听和认真对待。

4. 不要在孩子之间相互比较。每个孩子都是一个不同的独特的人，都应当受到珍惜，并且有自己的行为方式。

5. 要当心对孩子期望过高，或孩子行为好时就爱孩子，行为不好时就不爱。

6. 定期召开家庭会议，让孩子们有一个场所说出自己的观点，并确保他们有归属感和价值感。用头脑风暴找出问题的解决方案，以便孩子们知道错误是学习的好机会。要为他们安排作出贡献和体验自己能力的机会。

7. 要给每个孩子单独的特别时光，提醒他们知道自己的独一无二，以及你是多么欣赏他们的特殊品质。

8. 不要对孩子们厚此薄彼。

9. 当你的孩子受到兄弟姐妹、老师、同学、朋友和其他家庭成员贬低或奚落时，要体贴孩子。要和孩子们谈谈他们的感受，并分享你的感受。要让孩子知道，人们的某些刻薄言行是由于他们的不安全感，而与孩子无关。

10. 如果某个老师采用的方法对孩子形成健康的自尊有害，你可以选择将孩子调到别的班级。然而，过度保护和警惕消极环境之间是有明确界限的。

11. 不要忘记和你的孩子快乐地玩耍。

孩子们能够学到的生活技能

孩子们能够学到，他们无需证明自己有人爱，他们本身已经足够好了。而且，他们还能够知道自己有能力解决问题、处理生活中的起伏坎坷，并作出贡献。

养育要点

1. 要珍惜每个孩子的独特性。避免互相比较，要努力发现孩子是什么样的人，而不是试图让他们变成你认为他们应该成为的样子。

2. 要努力提高你的自尊。你越喜欢并接受有着各种错误和缺点的自己，你就越能更好地为孩子树立一个自我接纳的榜样。

开阔思路

有时候，要始终对十几岁的孩子抱着积极的心态真的很难。以16岁的杰西为例，他的家人因为各种原因都不顺心。妈妈很生气，因为他的学习成绩在下降。奶奶很担心，因为他打耳孔。爸爸很烦恼，因为他不遵守承诺，他的继母因为他把衣服留在洗衣机、烘干机、门厅和汽车里而恨不得掐死他。

幸亏了爷爷！在大家最需要的时候，爷爷来了。爷爷看到家里每个人都在唠叨、说教，并回避杰西，而他什么都没说。但是，不知怎么回事，杰西开始在很奇怪的地方看到一些小纸条，上面写着同样的内容："杰西，你很好！"

有时候，当全家人围坐在餐桌旁边时，爷爷会看着杰西说："杰西，你猜猜怎么着？"

杰西的嘴会咧到耳朵上，笑着说："我很好？"

"对，永远不要忘记这一点。"

祖父母、外祖父母

"我的父母和我在如何养育我的孩子的问题上无法达成一致。他们认为，当孩子们去看望他们时溺爱没关系，但他们希望我在我们家能更严厉一些，当孩子们作出不良行为时就该打孩子的屁股。我发现,当孩子们在身边时,真的很难和我的父母相处。"

理解你的孩子、你自己和情形

对许多人来说,成为祖父母或外祖父母是其生命里最精彩的时刻。他们喜爱自己的孙辈,喜欢和孩子们在一起。这就是说,他们也会带来自己关于如何做父母的想法,而这些想法与你的想法不同并不是不寻常的。你们的想法不一致真的没关系,但不能以不尊重的方式相互对待。大多数人会因为在祖父母或外祖父母身边长大并感受到其无条件的爱,而感觉真的很幸运。因此,重要的是你要想清楚如何确保孩子从祖父母和外祖父母那里得到最大的益处,而你又不会在这个过程中感到苦恼。

建议

1. 要以充满爱而坚定的方式告诉你的父母,你重视他们的看法,但是,你可能决定在自己家里按照不同的方式做,并且你希望他们支持你。你愿意倾听他们的想法,但也期望他们听听你的看法,而不要争吵。

2. 问问你的父母,当孩子和他们在一起时,是否愿意遵循你的惯例,尤其是当孩子还是婴儿的时候。要告诉他们,你意识到他们在他们的孩子一个月大时可能就会给孩子喂麦片粥,但你更愿意自己的孩子再大一些才开始吃固体食物,等等。

3. 当你带着孩子去看望祖父母或外祖父母时,要带着食物和纸尿裤等等,以便你的父母能使用你喜欢的东西,而不必出去购买。

4. 当孩子的年龄再大一些时,要相信他们能够和自己的祖父母和外祖父母建立一种不同于在你自己家的特别关系。如果孩子们说（外）祖父或（外）祖母允许他们晚睡或吃垃圾食品，不要干涉，但要明确表明这在你们自己的家不行。

5. 不要害怕请你的父母帮忙照看孩子。要说出你的期望，并相信他们会根据自己的安排来表示同意或不同意。

6. 对于有些祖父母或外祖父母来说，一次有不止一个孩子来看望会有困难。要尊重这一点，并帮助安排与每个孙辈在一起的专门时间。

7. 如果你的父母和你一起生活，或在帮助你养育孩子，要明确各自的角色。你是父母，他们是祖父母或外祖父母。有时候，需要很多人帮助孩子成长，因此，如果孩子们得到一屋子大人的爱以及和善而坚定的对待，并没有坏处。

预防问题的发生

1. 要和祖父母和外祖父母明确哪些事情没有商量的余地。如果他们想开车带你的孩子外出，就必须有合适的汽车座椅或借用你的。如果孩子们要在车里小睡或过夜，备一张轻便的婴儿床会有帮助。要帮助他们挑选适合孩子年龄的玩具。

2. 你或许希望和孩子的祖父母或外祖父母在他们家或你自己的家里待一段时间，直到他们感到与孩子相处的时间很充裕。是的，他们养育过孩子，但那已经是一段时间以前的事了，他们会感激你让他们看到你如何做这些事情。

3. 如果你的父母愿意，可以每月或每周设立一个祖父母或外祖父母日，以便你的孩子知道他们什么时候能和祖父母或外祖父母在一起。

4. 随着你的父母身体逐渐衰老，要确保你的孩子找出时间帮助祖父母或外祖父母，去看望他们，或带他们去买东西、看病，或仅仅带他们开车兜风。

孩子们能够学到的生活技能

孩子们能够知道，他们是一个大家庭的一分子，这些家人爱他们，并且有很多东西可以教给他们。每个祖父母或外祖父母给孙辈的是不同的礼物，这能让孩子们知道，他们是重要而特别的，值得得到无条件的爱。

养育要点

1. 如果你对孩子的祖父母和外祖父母怀有一种感激的心态，你的孩子就会体验到许多积极的东西，而且你自己也能休息一下。

2. 想一想每位祖父母、外祖父母是什么样的人，以及他或她能给孩子提供什么。这样，你就能搞清楚每位祖父母、外祖父母会与你的孩子建立一种怎样的特殊关系了。

开阔思路

比伊奶奶带着孙子孙女们去上大提琴课、钢琴课、参加糖尿病健康营。琼奶奶有个地下室，里面装满了玩具、电视、录像机、视频游戏和为留下来过夜的孩子们准备的睡袋。泰德爷爷有一个工作间，孙子孙女们可以在他的指导下使用那里的工具。巴特爷爷有一辆野营车，他每年都会带每个孙子孙女进行一两次露营。朗尼奶奶带孩子们去美术馆，乔治爷爷带孙子孙女们乘火车旅行。玛丽外婆喜欢购物，给孩子们买最漂亮的衣服。肯恩外公带全家人去迪士尼乐园。朵拉外婆和孩子们打扑克并让孩子们赢，康妮外婆教孩子们如何烘焙。卢爷爷给孩子们买涂有巧克力的炸面包圈,并在孩子们感到难过时拥抱他们。李奶奶每周四都请假带孙子,全天专心致志地照顾孩子。很多祖父母和外祖父母都为自己的孙子、孙女设立了大学基金,或随时准备在需要时照看自己的孙辈。这些祖父母和外祖父母都在向孙辈传递这样的信息:他们是特别的、被无条件地爱着——这极大地提升了孩子的自我价值感,并会影响孩子的一生。这些记忆会永生难忘。

《正面管教》

如何不惩罚、不娇纵地有效管教孩子

畅销美国 400 多万册 被翻译为 16 种语言畅销全球

自1981年本书第一版出版以来,《正面管教》已经成为管教孩子的"黄金准则"。正面管教是一种既不惩罚也不娇纵的管教方法……孩子只有在一种和善而坚定的气氛中,才能培养出自律、责任感、合作以及自己解决问题的能力,才能学会使他们受益终生的社会技能和生活技能,才能取得良好的学业成绩……如何运用正面管教方法使孩子获得这种能力,就是这本书的主要内容。

简·尼尔森,教育学博士,杰出的心理学家、教育家,加利福尼亚婚姻和家庭执业心理治疗师,美国"正面管教协会"的创始人。曾经担任过10年的有关儿童发展的小学、大学心理咨询教师,是众多育儿及养育杂志的顾问。

本书根据英文原版的第三次修订版翻译,该版首印数为70多万册。

[美]简·尼尔森 著
玉冰 译
京华出版社出版
定价:29.00元

《孩子顶嘴,父母怎么办?》

简单4步法,终结孩子的顶嘴行为

全美畅销书

顶嘴是一种不尊重人的行为,它会毁掉孩子拥有成功、幸福的一生的机会,会使孩子失去父母、朋友、老师等的尊重。

本书是一本专门针对孩子顶嘴问题的畅销家教经典。作者里克尔博士和克劳德博士以著名心理学家阿尔弗雷德·阿德勒的行为学理论为基础,结合自己在家庭教育领域数十年的心理咨询经验,总结出了一套简单、对各个年龄段孩子都能产生最佳效果,而且不会对孩子造成伤害的"四步法",可以让家长在消耗最少精力的情况下,轻松终结孩子粗鲁的顶嘴行为,为孩子学会正确地与人交流和交往的方式——不仅仅是和家长,也包括他的朋友、老师和未来的上级——奠定良好的基础。

本书包含大量真实案例,可以让读者在最直观而贴近生活的情境中学习如何使用四步法。

奥黛丽·里克尔博士,美国著名心理学家,既是一名经验丰富的教师,也是一名母亲,终生与孩子打交道。卡洛琳·克劳德博士,管理咨询专家,美国白宫儿童与父母会议主席,全国志愿者中心理事。

[美] 奥黛丽·里克尔
卡洛琳·克劳德 著
张悦 译
北京联合出版公司
定价:20.00元

《孩子，把你的手给我》
与孩子实现真正有效沟通的方法

畅销美国500多万册的教子经典，以31种语言畅销全世界
彻底改变父母与孩子沟通方式的巨著

本书自2004年9月由京华出版社自美国引进以来，仅依靠父母和老师的口口相传，就一直高居当当网、卓越网的排行榜。

吉诺特先生是心理学博士、临床心理学家、儿童心理学家、儿科医生；纽约大学研究生院兼职心理学教授、艾德尔菲大学博士后。吉诺特博士的一生并不长，他将其短短的一生致力于儿童心理的研究以及对父母和教师的教育。

[美]海姆·G·吉诺特 著
京华出版社出版
定价：24.00元

父母和孩子之间充满了无休止的小麻烦、阶段性的冲突，以及突如其来的危机……我们相信，只有心理不正常的父母才会做出伤害孩子的反应。但是，不幸的是，即使是那些爱孩子的、为了孩子好的父母也会责备、羞辱、谴责、嘲笑、威胁、收买、惩罚孩子，给孩子定性，或者对孩子唠叨说教……当父母遇到需要具体方法解决具体问题时，那些陈词滥调，像"给孩子更多的爱"、"给她更多关注"或者"给他更多时间"是毫无帮助的。

多年来，我们一直在与父母和孩子打交道，有时是以个人的形式，有时是以指导小组的形式，有时以养育讲习班的形式。这本书就是这些经验的结晶。这是一个实用的指南，给所有面临日常状况和精神难题的父母提供具体的建议和可取的解决方法。

——摘自《孩子，把你的手给我》一书的"引言"

《孩子，把你的手给我(Ⅱ)》
与十几岁孩子实现真正有效沟通的方法

《孩子，把你的手给我》作者的又一部巨著
彻底改变父母与十几岁孩子的沟通方式

本书是海姆·G·吉诺特博士的又一部经典著作，连续高踞《纽约时报》畅销书排行榜25周，并被翻译成31种语言畅销全球，是父母与十几岁孩子实现真正有效沟通的圣经。

十几岁是一个骚动而混乱、充满压力和风暴的时期，孩子注定会反抗权威和习俗——父母的帮助会被怨恨，指导会被拒绝，关注会被当做攻击。海姆·G·吉诺特博士就如何对十几岁的孩子提供帮助、指导、与孩子沟通提供了详细、有效、具体、可行的方法。

[美]海姆·G·吉诺特 著
张雪兰 译
京华出版社 中央编译出版社
定价：21.00元

《孩子,把你的手给我(Ⅲ)》

老师与学生实现真正有效沟通的方法

《孩子,把你的手给我》作者最后一部经典巨著
以 31 种语言畅销全球
彻底改变老师与学生的沟通方式
美国父母和教师协会推荐读物

本书是海姆·G·吉诺特博士的最后一部经典著作,彻底改变了老师与学生的沟通方式,是美国父母和教师协会推荐给全美教师和父母的读物。

老师如何与学生沟通,具有决定性的重要意义。老师们需要具体的技巧,以便有效而人性化地处理教学中随时都会出现的事情——令人烦恼的小事、日常的冲突和突然的危机。在出现问题时,理论是没有用的,有用的只有技巧,如何获得这些技巧来改善教学状况和课堂生活就是本书的主要内容。

书中所讲述的沟通技巧,不仅适用于老师与学生、家长与孩子之间的交流,而且也可以灵活运用于所有的人际交往中,是一种普遍适用的沟通技巧。

[美]海姆·G·吉诺特 著
张雪兰 译
京华出版社　中央编译出版社
定价:27.00 元

《培养孩子大能力的 210 个活动》

让孩子具备在学校和人生中取得成就的品质

本书介绍的这些大能力,也是指导我们终身的自尊、道德、伦理和精神准则的基础。

——希拉里·克林顿

本书作者是教育学博士,美国家庭与学校协会创始人,会长。她是一名资深家庭教育专家,深受父母们的称赞与欢迎。她研发的"大能力"开发训练课程,被美国及其他国家 4000 多所学校采用。她一生致力于家庭教育事业,旨在帮助家庭和教育工作者共同造就孩子们在学校乃至整个人生中获得成功。

在本书中,作者介绍了培养孩子一生成就的 12 大能力和学业能力的 210 个活动,适合父母们在家里、老师们在学校开展。

[美]多萝茜·里奇 著
蒋玉国　陈吟静 译
北京联合出版公司　出版
定价:32.00 元

《如何培养孩子的社会能力》
教孩子学会解决冲突和与人相处的技巧

简单小游戏 成就一生大能力
美国全国畅销书（The National Bestseller）
荣获四项美国国家级大奖的经典之作
美国"家长的选择（Parents'Choice Award）"图书奖

[美]默娜·B·舒尔 特里萨·弗伊·迪吉若尼莫 著
张雪兰 译
京华出版社出版
定价:22.00元

社会能力就是孩子解决冲突和与人相处的能力，人是社会动物，没有社会能力的孩子很难取得成功。舒尔博士提出的"我能解决问题"法，以教给孩子解决冲突和与人相处的思考技巧为核心，在长达30多年的时间里，在全美各地以及许多其他国家，让家长和孩子们获益匪浅。与其他的养育办法不同，"我能解决问题"法不是由家长或老师告诉孩子怎么想或者怎么做，而是通过对话、游戏和活动等独特的方式教给孩子自己学会怎样解决问题，如何处理与朋友、老师和家人之间的日常冲突，以及寻找各种解决办法并考虑后果，并且能够理解别人的感受。让孩子学会与人和谐相处，成长为一个社会能力强、充满自信的人。

默娜·B·舒尔博士，儿童发展心理学家，美国亚拉尼大学心理学教授。她为家长和老师们设计的一套"我能解决问题"训练计划，以及她和乔治·斯派维克（George Spivack）一起所做出的开创性研究，荣获了一项美国心理健康协会大奖、三项美国心理学协会大奖。

《如何培养孩子的社会能力(Ⅱ)》
教8～12岁孩子学会解决冲突和与人相处的技巧

全美畅销书《如何培养孩子的社会能力》作者的又一部力作！
让怯懦、内向的孩子变得勇敢、开朗！
让脾气大、攻击性强的孩子变得平和、可亲！
培养一个快乐、自信、社会适应能力强、情商高的孩子

[美]默娜·B·舒尔 著
刘荣杰 译
北京联合出版公司出版
定价:28.00元

8～12岁，是孩子进入青春期反叛之前的一个重要时期，是孩子身体、行为、情感和社会能力发展的一个重要分水岭。同时，这也是父母的一个极好的契机——教会孩子自己做出正确决定，自己解决与同龄人、老师、父母的冲突，培养一个快乐、自信、社会适应能力强、情商高的孩子——以便孩子把精力更多地集中在学习上，为他们期待而又担心的中学生活做好准备。

本书详细、具体地介绍了将"我能解决问题"法运用于8～12岁孩子的方法和效果。

《从出生到 3 岁》

婴幼儿能力发展与早期教育权威指南

畅销全球数百万册,被翻译成 11 种语言

没有任何问题比人的素质问题更加重要,而一个孩子出生后头 3 年的经历对于其基本人格的形成有着无可替代的影响……本书是唯一一本完全基于对家庭环境中的婴幼儿及其父母的直接研究而写成的,也是惟一一本经过大量实践检验的经典。本书将 0~3 岁分为 7 个阶段,对婴幼儿在每一个阶段的发展特点和父母应该怎样做以及不应该做什么进行了详细的介绍。

本书第一版问世于 1975 年,一经出版,就立即成为了一部经典之作。伯顿·L·怀特基于自己 37 年的观察和研究,在这本详细的指导手册中描述了 0~3 岁婴幼儿在每个月的心理、生理、社会能力和情感发展,为数千万名家长提供了支持和指导。现在,这本经过了全面修订和更新的著作包含了关于养育的最准确的信息与建议。

伯顿·L·怀特,哈佛大学"哈佛学前项目"总负责人,"父母教育中心"(位于美国马萨诸塞州牛顿市)主管,"密苏里'父母是孩子的老师'项目"的设计人。

[美] 伯顿·L·怀特 著
宋苗 译
京华出版社出版
定价:35.00 元

《让你的孩子更聪明》

5 岁前,将孩子的智商再提高 30 分

做正确的游戏和活动
吃正确的食物
避免环境毒素和不当用药
让孩子感受到关爱、安全、快乐和放松

人的大脑在出生时尚未完成发育,但很多父母错过了增进孩子智力和情感幸福的关键时期,不是因为他们疏于自己的责任,而是因为不了解。你只要让孩子在感受到关爱、安全、快乐和放松的同时,和孩子做正确的游戏和活动、吃正确的食物、避免环境毒素和不当用药,就很容易将孩子的智商在 5 岁前再提高 30 分,开启孩子的聪明基因,帮助孩子成为一个聪明、能干、成功的成年人。

[美] 大卫·普莫特 博士 著
林欣颐 译
京华出版社出版
定价:28.00 元

《实用程序育儿法》

宝宝耳语专家教你解决宝宝喂养、睡眠、情感、教育难题

《妈妈宝宝》、《年轻妈妈之友》、《父母必读》、"北京汇智源教育"联合推荐

本书倡导从宝宝的角度考虑问题,要观察、尊重宝宝,和宝宝沟通——即使宝宝还不会说话。在本书中,她集自己近30年的经验,详细解释了0~3岁宝宝的喂养、睡眠、情感、教育等各方面问题的有效解决方法。

特蕾西·霍格(Tracy Hogg)世界闻名的实战型育儿专家,被称为"宝宝耳语专家"——她能"听懂"婴儿说话,理解婴儿的感受,看懂婴儿的真正需要。她致力于从婴幼儿的角度考虑问题,在帮助不计其数的新父母和婴幼儿解决问题的过程中,发展了一套独特而有效的育儿和护理方法。

梅林达·布劳,美国《孩子》杂志"新家庭(New Family)专栏"的专栏作家,记者。

[美]特蕾西·霍格
梅林达·布劳 著
京华出版社出版
定价:39.00元

《如何培养情感健康的孩子》

孩子必须被满足的5大情感需求

畅销美国250000多册的家教经典

孩子的情感健康,取决于情感需求是否得到满足。每个孩子都有贯穿一生的5大情感需求,满足了这些需求,会为把孩子培养成为自信、理智、有同情心和有公德心的人提供一个良好的基础,让他们更有可能在学业、职场、婚姻和生活中取得成功。

杰拉尔德·纽马克博士既是一位父亲,又是一位教育家、研究员,从事与学校和孩子相关的咨询已经超过30年,他在教育领域所取得的卓越成就曾得到美国总统嘉奖。

[美] 杰拉尔德·纽马克 著
叶红婷 译
北京联合出版公司
定价:20.00元

《孩子，妈妈知道你的心理》

0～6岁孩子的魔幻心理世界

畅销50年的经典 心理健康的孩子才有大未来

本书第一版问世于1959年，一经出版，就立即成为了一部畅销至今的经典巨作，并影响了一代又一代的母亲们。弗赖伯格教授长期致力于家长教育和临床儿童早期心理发展方面的研究，本书从这个角度考虑问题，她深入到0～6岁孩子的魔幻心理世界，探微索幽，指出了这个阶段孩子们生活中的兴奋和毛骨悚然，以及孩子们会出现的莫名其妙的恐惧或令人费解的行为，为数千万名家长了解孩子的心理，正确理解、处理孩子在每个发展阶段所面临的问题，培养心理健康的孩子提供了支持和指导。

塞尔玛H·弗拉贝格，儿童心理学教授、旧金山总医院婴儿－父母项目主任，毕业于加州大学医学院。她的文章广泛发表在专业和大众杂志上。

[美]塞尔玛·H·弗拉贝格 著
张庆 巩卓 译
京华出版社出版
定价:25.00元

《蒙台梭利教育法》

（新译·插图版）

**3~6岁孩子教育的圣经
让孩子自主快乐学习的秘诀**

本书是蒙台梭利最具有实用价值的经典著作，是其开创性的教学方法的集大成之作。采用本书中的方法，儿童就会自主而快乐地学习，3~6岁的孩子所能够达到的水平竟然可以超越一般学校中的三年级孩子的水平，而且，孩子是在不知不觉中达到这种水平的，这不仅包括在写字、认字、算术等方面，还包括在语言、阅读、实际生活、感觉、手工、纪律等各方面。

本书对英文原版进行了重新翻译，并配上了原书中的插图，以便于读者更好地理解蒙台梭利的教育方法。

[意]玛丽亚·蒙台梭利 著
丽红 译
京华出版社出版
定价:26.00元

《孩子是如何学习的》

畅销美国 200 多万册的教子经典，以 14 种语言畅销全世界

孩子们有一种符合他们自己状况的学习方式，他们对这种方式运用得很自然、很好。这种有效的学习方式会体现在孩子的游戏和试验中，体现在孩子学说话、学阅读、学运动、学绘画、学数学以及其他知识中……对孩子来说，这是他们最有效的学习方式……

约翰·霍特（1923~1985），是教育领域的作家和重要人物，著有 10 本著作，包括《孩子是如何失败的》、《孩子是如何学习的》、《永远不太晚》、《学而不倦》。他的作品被翻译成 14 种语言。《孩子是如何学习的》以及它的姊妹篇《孩子是如何失败的》销售超过两百万册，影响了整整一代老师和家长。

[美]约翰·霍特 著
张雪兰 译
京华出版社出版
定价:25.00 元

《为了孩子一生的幸福和成功》

教给孩子正确的价值观

全美畅销书第 1 名

本书绝对是一个智慧宝库，是当今的父母们极其需要的。而且，作者的方法真的管用。
——《高效能人士的 7 个习惯》作者
史蒂芬·柯维

价值观是人生的基石，是成功的前提。一个没有良好价值观的人，成功的概率一定是零。

本书详细介绍了将 12 种价值观教给从学龄前儿童到青春期孩子的方法。

[美]琳达·艾尔　理查德·艾尔 著
叶红婷 译
北京联合出版公司　出版
定价:25.00 元

《孩子爱发脾气，父母怎么办》

孩子发脾气的11种潜在原因及解决办法

美国"妈妈的选择"图书金奖

没有哪个孩子会无缘无故地发脾气，也没有哪个孩子在每一件事情上都发脾气。孩子的每一次脾气爆发，都是有原因的，是孩子在试图告诉父母或其他成年人一些什么……有时候，孩子无法用口头方式表达自己的烦恼或不快，而情绪和行为才是他们的语言，为了倾听他们，你必须学会破解这种语言……孩子在小时候改掉发脾气的毛病，在青春期和成年后才能快乐、平和，并有所成就。

道格拉斯·莱利博士，临床心理治疗师，擅长于治疗3~19的孩子。他还投入大量精力对父母们进行培训，教给他们改正自己孩子行为的方法和技巧。

[美]道格拉斯·莱利博士 著
王旭 译
北京联合出版公司
定价：28.00元

《快乐妈妈的10个习惯》

找回我们的激情、目标和理智

尽管家教书籍众多，但真正关注妈妈们的幸福的著作却很少。

本书从理解自己作为一个妈妈的价值、维持重要的友谊、重视并实践信任和信仰、对竞争说"不"、培养健康的金钱理念、抽时间独处、以健康的方式给予和得到爱、追寻简单的生活方式、放下恐惧、下定决心怀抱希望等十个方面介绍了怎样才能做一个快乐的妈妈。

本书作者梅格·米克是医学博士、儿科医生、畅销书作者，著名家庭教育和儿童及青少年健康专家。具有20多年从事儿童临床治疗和青少年咨询经验，美国儿童医学会成员、美国医学所全国顾问委员会成员。她还是一位青少年问题方面的著名演讲家，经常在电视和电台节目中做访谈节目。

[美]梅格·米克博士 著
胡燕娟 译
北京联合出版公司
定价：28.00元

《4年级决定孩子的一生》

（修订版）

我国著名诗人艾青说过：人的一生很漫长，但最关键的却只有那么几步……小学4年级就是孩子成长中最关键几步中的一步。

孩子的生长和发育存在若干关键时期，4年级就是一个重要的时期。4年级是培养学习能力和情感能力的重要时期，是养成良好的学习习惯和改变不良习惯的最后关键时机。4年级是培养孩子学习恒心的关键时期。4年级是小学低年级向高年级的过渡期，孩子开始从被动的学习主体向主动的学习主体转变，学校教育的内容和方式发生的一些明显变化、孩子自身心理和能力的发展都会表现为比较明显的学习分化现象，有些孩子甚至开始出现学习偏科的端倪。

孩子的成长要求父母对孩子教育的内容和方式也要随之改变，正确的教育将会起到事半功倍的作用，为孩子一生的成功打下坚实的基础。

本书自2005年5月出版以来，受到了广大学生家长和教师的热烈欢迎，深圳市将其列为"第六届深圳读书月推荐书目"。

张伟　徐宏江　著
京华出版社出版
定价：24.00元

《给你的孩子正能量》

消除有毒想法，提升亲子关系

父母对孩子的看法影响着孩子的人生。由于各种原因，父母们经常在有意识或无意识中，对孩子抱有"有毒"想法，并且不愿意正视。这些有毒想法会造成负面的情绪和行为，对孩子和家庭幸福造成危害……如何消除对孩子的有毒想法，给孩子源源不断的正能量，就是这本书的主要内容……

[美]杰夫·伯恩斯坦　著
王俊兰　译
北京联合出版公司
定价：28.00元

《8年级决定孩子的未来》

张伟 著
京华出版社出版
定价：18.00元

八年级的学生无论是从生理和心理发育，还是从道德情操、知识能力的形成来看，都处于一个"特别"的时期。

这一时期，孩子们处于由儿童期向青年期过渡的身心急速发展阶段，身心发展的不平衡导致情感和意志的相对脆弱。八年级的孩子很可能会形成诸如打架、恶作剧、逃课、偷窃等不良品德和行为，心理学家把这一时期称为"急风暴雨"时期，有专家则称八年级为"事故多发阶段"。对于八年级的孩子身心所发生的各种变化和带来的各种社会影响，有些教育工作者或者专家形象地称之为"八年级现象"。

八年级的孩子在学习上处于突变期，要求孩子的学习方法也要随之变化，否则就会出现学习上的落伍；在发育上处于青春期，缺乏生活的体验，其道德认识等有待培养；在心理上处于关键期，在关键期引导不当容易造成教育失误。

所有这些都要求家长对孩子的教育及时作出有针对性的调整，帮助孩子度过这一危险而美好的时期，帮助孩子形成良好的道德品质，并取得学业的成功。

《给孩子的10个最伟大礼物》

[美]斯蒂文·W·范诺伊 著
邓茜 王晓红 译
京华出版社出版
定价：24.00元

用5个养育工具培养孩子的10大成功品质

5大养育工具：向前看、传达爱的信息、用"提问"代替告诉、真诚的倾听、树立榜样。

10个最伟大礼物：充分感受、自尊、同情、平衡、幽默、沟通、富足感、诚实、责任心、明智的选择。

斯蒂文·W·范诺伊是一位美国著名的作家，演说家和培训师。"10个最伟大礼物"项目及"Pathways to Leadership?"的创始人和CEO。他倡导的"10个最伟大礼物"的养育理念深受父母们的欢迎，解决了父母们在养育孩子中的很多具体问题。在本书出版并取得巨大的成功之后，他开始在全美及世界各地推广"10个最伟大礼物"的养育和教育理念，为无数父母提供了最有效地养育和引导孩子的方法和技巧。

《莫扎特效应》

用音乐唤醒孩子的头脑、健康和创造力

从胎儿到 10 岁,用音乐的力量帮助孩子成长!
享誉全球的权威指导,被翻译成 13 种语言!

在本书中,作者全面介绍了音乐对于从胎儿至 10 岁左右儿童的大脑、身体、情感、社会交往等各方面能力的影响。

本书详细介绍了如何用古典音乐,特别是莫扎特的音乐,以及儿歌的节奏和韵律来促进孩子从出生前到童年中期乃至更大年龄阶段的发展,提高他们的各种学习能力、情感能力和社会交往能力。对于孩子在每个年龄段(出生前到出生、从出生到 6 个月、从 6 个月到 18 个月、从 18 个月到 3 岁、从 4 岁到 6 岁、从 6 岁到 8 岁、从 8 岁到 10 岁)的发展适合哪些音乐以及这些音乐的作用都进行了详细的说明。

唐·坎贝尔,古典音乐家、教育家、作家、教师,数十年来致力于研究音乐及其在教育和健康方面的作用,用音乐帮助全世界 30 多个国家的孩子提高了学习能力和创造性,并体验到了音乐给生活带来的快乐。他是该领域闻名全球、首屈一指的权威。

[美]唐·坎贝尔 著
高慧雯 王玲月 娟子 译
北京联合出版公司出版
定价:32.00 元

《如何读懂孩子的行为》

理解并解决孩子各种行为问题的方法

孩子为什么不好好吃、不好好睡?为什么尿床、随地大便?为什么说脏话?为什么撒谎、偷东西、欺负人?为什么不学习?……这些行为,都是孩子在以一种特殊的方式与父母沟通。

当孩子遇到问题时,他们的表达方式十分有限,往往用行为作为与大人沟通的一种方式……如何读懂孩子这些看似异常行为背后真实的感受和需求,如何解决孩子的这些问题,以及何时应该寻求专业帮助,就是本书的主要内容。

安吉拉·克利福德-波斯顿(Andrea Clifford-Poston),教育心理治疗师、儿童和家庭心理健康专家,在学校、医院和心理诊所与孩子和父母们打交道 30 多年;她曾在查林十字医院(Charing Cross Hospital,建立于 1818 年)的儿童发展中心担任过 16 年的主任教师,在罗汉普顿学院(Roehampton Institute)担任过多年音乐疗法的客座讲师,她还是《泰晤士报》"父母论坛"的长期客座专家,为众多儿童养育畅销杂志撰写专栏和文章,包括为"幼儿园世界(Nursery World)"撰写了 4 年专栏。

[英]安吉拉·克利福德-波斯顿 著
王俊兰 译
北京联合出版公司出版
定价:32.00 元

以上图书各大书店、书城、网上书店有售。
邮购请汇款至: 北京市三源里邮局 10 号信箱 北京天略图书有限公司收
邮政编码: 100027 请在汇款单附言中注明书名及册数。免收邮挂费。
团购请垂询: 010-65868687
Email: tianluebook@263.net